독일의 재무장과 한국전쟁

독일의 재무장과 한국전쟁

독일의 재무장과 한국전쟁

최 형 식 지음

혜안

책머리에

2001년 가을 구체적으로는 9·11 테러사건 직후 미국은 아프가니스탄의 빈라덴 테러집단을 소탕하기 위한 작전에 3,900명의 독일 군대의 적극적인 참여를 요구하였다. 쉬뢰더 정권은 녹색당과의 연립권의 붕괴를 무릅쓰고 미국의 요구에 긍정적인 태도를 보였다. 이것은 제2차 세계대전 이후 최초로 유럽 이외의 지역에서 그리고 NATO의 작전영역에서 벗어나는 독일연방군의 군사작전이었다.

두 차례의 세계대전을 일으킨 주범으로서 독일 군대는 영원히 그 부활을 금하기로 계획되었지만 1950년 가을 뉴욕 외상회담은 독일의 재무장에 대해 원칙적으로 합의하였고, 결국 1955년 5월 5일 파리 조약의 발효와 함께 서독은 완전한 주권을 회복함과 동시에 군대의 재탄생을 보았다. 유럽의 경제적 부흥을 위해 유럽의 경제협력기구에 서독의 참여가 불가피하였던 것과 마찬가지로 서유럽의 효율적인 안보를 위하여 서독의 군사적 참여의 필요성이 크게 부각되었다. 소련의 위협으로부터 서유럽을 지키려는 전략은 서독의 재무장을 필요로 하였으며, 이것을 시작으로 다양한 분야에서 유럽의 통합이 급진전되었다. 이러한 점에서 독일의 재무장은 유럽 통합을 위한 실질적인 게기가 되었으며 서독에게는 완전한 주권 회복을 가져다주었다.

| 약어표 |

AdG	(Keesing's) Archiv der Gegenwart
AHK	Alliierte Hohe Kommission
BRD	Bundesrepublik Deutschland
CDU	Christlich-Demokratische Union Deutschlands
CSU	Christlich Soziale Union
DA	Deutschland-Archiv
DBfF	Deutsches Büro für Friedensfragen
DBPO	Document on British Policy Overseas
DDR	Deutsche Demokratische Republik
DUD	Deutschland-Union-Dienst
DVdI	Deutsche Verwaltung des Inneren
EA	Europa-Archiv
EAC	European Advisory Committee
EGKS	Europäische Gemeinschaft für Kohle und Stahl
EHR	The English Historical Review
ERP	European Recovery program
EVG	Europäische Verteidigungsgemeinschaft
EWG	Europäische Wirtschaftsgemeinschaft
FAZ	Frankfurter Allgemeine Zeitung
fdK	freie demokratische Korrespondenz
FRUS	Foreign Relations of the United States
HZ	Historische Zeitschrift
ISG	Intergovernmental Study Group on Germany
JCH	Journal of Contemporary History
JCS	Joint Chiefs of Staff
KVP	Kasernierte Volkspolizei
MdI	Ministerium des Inneren
MGFA	Militärgeschichtliches Forschungsamt
MGM	Militärgeschichtliche Mitteilungen
MRP	Movement Répulicain Populaire
NATO	North Atlantic Treaty Organization
ND	Neues Deutschland

NPL	Neue Politische Literatur
NSC	National Security Council
OEEC	Organization for European Economic Cooperation
OMGUS	office of Military Government US
PIAB	Presse-und Informationsamt der Bundesregierung
PVS	Politische Viertelijahresschrift
RIS	Review of International Studies
SBZ	Sowjetische Besatzungszone
SED	Sozialistiche Einheitspartei Deutschlands
SFIO	Section Francaise de l'Internationale Ouvriére
SMAD	Sowjetische Miltäradministration in Deutschland
SPD	Sozialdemokratische Partei Deutschlands
UdSSR	Union der Sozialistischen Sowjetrepubliken
UNO	Untied Nations Organization
UNCOK	United Nations Temporary Commissions on Korea
USA	United States of America
VfZ	Vierteljahresheft fur Zeitgeschichte
WEU	Westeuropaische Union
ZfH	Zentrale für Heimatdienst
ZfK	Zeitschrift für Kulturaustausch

I. 들어가는 말

1950년 8월 31일의 독일연방공화국 내각회의는 회의 기록인의 참여조차 배제하면서 비밀리에 진행되었다. 여기에서 독일 재무장의 실현을 위한 구체적인 논의가 이루어졌으며 장관들은 예외 없이 재무장을 지지하였다. 그리고 독일이 패전한 이후 5년 3개월 23일 만에 새로운 독일군대의 탄생은 그 토대가 마련되었다.

제2차 세계대전 직후 연합국들의 지상과업은 30년 사이에 인류 역사상 유례를 찾아볼 수 없는 처참한 세계대전을 두 번씩이나 주도한 독일에게 다시는 무기가 주어져서는 안 된다는 것이었다. 특히 제1차 세계대전 이후 승전국들의 독일 재무장에 대한 불충분한 통제의 뼈아픈 경험은 '독일의 완전한 무장해제와 비군사화 그리고 전쟁물자와 전쟁에 이용될 수 있는 모든 산업의 무력화'라는 포츠담 선언의 배경이 되었다.

그러나 서방 승전국들은 전쟁의 상흔이 채 가시기 전 1950년 가을 뉴욕 외상회담에서 서독의 재무장을 원칙적으로 승인하였다. 이러한 합의를 초래한 결정적 계기는 한국전쟁의 발발이었다. 한국전쟁은 일반적으로는 공산주의의 위협을 고조시켰을 뿐만 아니라 구체적으로는 독일에서 동서 이데올로기 전쟁을 유발시킬 수 있는 요인으로 작용하였다. 그 결과 한국전쟁 발발 3개월 후에 공산주의 위협에 대한 효율적인 방어를 위하여 독일 연방공화국의 군사적 참여의 필요성이 미국에 의해 공식적으로는 처음 거론되고 서유럽 국가들의 원칙적인 동의를 얻어내는 데 성공하였다. 이것이 독일 재무장의 시발점이었다.

제2차 세계대전 중에 연합국의 전후 독일에 대한 정책은 세계정치 질서 속에서 안보와 매우 밀접한 관련을 맺고 있었다. 그 가장 중요한 목표는 독일이 유럽의 세력균형을 파괴하고 다시는 강대국으로 일어서지 못하게 하는 것이었다. 이러한 의지는 모겐소 플랜(Morgenthau plan)이나 독일의 배상문제 그리고 독일의 분할정책에 잘 나타나 있다. 승전국들의 서로 다양한 이익과 목적에도 불구하고 독일의 경제적·군사적 잠재력을 영원히 분쇄하자는 데 대해서는 일정하게 일치를 보았고 이는 특별한 어려움 없이 성취되리라 기대되었다. 그러나 동·서 양대 진영의 갈등이 심화되고 소련이 급속도로 미국의 강력한 경쟁자로 부각됨에 따라 전후 독일정책의 수정이 불가피해졌다. 이러한 수정이 냉전의 전략으로 전환하면서 소련과의 전면전 없이 소련의 팽창정책을 봉쇄한다는 것이 미국 외교·안보 정책의 근간을 이루게 되었다. 이것은 동유럽을 포기하는 것을 의미하기도 하였지만 독일을 양대 이데올로기의 확실한 분계선으로 삼아 유럽에서의 자유민주주의를 더 이상 희생시킬 수 없다는 강력한 의지의 표현이기도 하였다.

이러한 봉쇄정책을 정치적으로 실현시킬 수 있는 수단을 둘러싸고 미국 행정부 내에서 심도 있는 논의가 이루어졌다. 국방성을 중심으로 하는 한 그룹은 유럽에서의 군사력 열세를 재래식 무기와 병력의 증강을 통해 공산주의의 위협에 강력히 대처해야 한다고 주장한 반면, 국무성은 소련의 위협에 직접 대항해서는 안 된다고 경고하면서 서유럽 국가들에 대한 경제적 원조를 통해 경제적·정치적 위기를 타개하고 국가 재건과 부흥을 성취하여 유럽에 새로운 세력균형을 형성함으로써 힘의 공백 상태를 메우도록 유도해야 한다고 주장하였다. 이에 트루먼은 유럽경제의 부흥이 미국경제에도 크게 도움이 될 것으로 기대하였을 뿐만 아니라 군사력 증강에 필요한 과도한 경비지출을 고려하여 국무성의 주장을 선호하였다. 이러한 정책이 1947년 6월 마셜 플랜(Marshall plan)으로 구체화되었다. 더욱이 서유럽의 경제 재건에 독일의 역할과 기여가 불가피함을 인식하고 독일의 서부지역을 경제적·정치적 측면에서 서유럽의 자본주의와 자유민주주의 공조체제에 편입시키기에 이르렀다. 그러나 양대 세력의 갈등이 더욱 첨예화되면서 외교·안보 정책으로서 경제적 측면의 해결책은 곧 그 한계를 드러냈다. 특히 1948년 2월 체코에서의 공산당의 권력장악과 그 해 여름 베를린 봉쇄사건으로 미국은 군사적인 측면으로 전환하게 되었다. 적어도 서유럽에서 경제적·정치적 단결과 협조가 어느 정도 성공을 거두었음에도 불구하고 미국은 소련의 팽창을 봉쇄하기 위한 군사·전략적 사고의 필요성을 인식하게 되었다. 1949년 4월의 NATO 창설은 이러한 정책 전환에 대한 의지의 표현이었다. 이로써 미국은 군사적으로 서유럽 국가들과 동맹관계를 맺고 미국의 외교적인 전통과 단절하였다.

그러나 1948년 이후 소련의 위협이 증폭됨에 따라 서방 연합국은 독일을 서유럽 경제·정치 공동체에 편입하도록 허용하였지만, 1949년 9월 독일 연방공화국이 수립된 후에도 대독 정책의 근본 원칙은 여전히 독일은 위험의 진원지라는 것이었다. 그리하여 서방 연합국은 점령조례(Besatzungsstatut)를 규정하고 독일을 자신들의 통제체제 안에 예속시켰다. 이 점령조례에 따르면 외교문제, 안보문제, 경제적 제한조처, 그리고 비무장화 정책 등은 점령국 고등판무관(Hohe Kommissare)들의 실질적인 통제와 관할하에 두어졌다. 이것과 병행해서 소련의 위협에 대처하기 위한 하나의 방책으로 서독의 잠재력을 활용하려는 많은 숙고가 있었지만, 여기서도 독일을 동등한 파트너로서라기보다 충실한 협조자로서의 역할만을 기대하였다. 적어도 한국전쟁 발발 이전까지 독일의 잠재력 활용 논의에서는 군사·전략적 요소보다는 분명 경제적·정치적 요소가 항상 우위에 있었다. 그러던 중 1949년 가을 소련의 핵폭탄 실험 성공과 중국에서의 공산당 정권의 수립은 전 세계적으로 공산주의의 위협에 대한 위기감을 고조시켰다. NATO 체제를 근본적으로 수정하고 서방 세계의 군사력을 증강시킬 필요성이 강조되었지만, 여전히 서독의 군사적 기여에 대한 공식적인 논의는 없었다. 다만 군사전문가들과 몇몇 정치가들 사이에서 독일의 재무장 문제가 거론되었다. 그러나 대부분의 정치가들과 일반 여론은 이 문제에 대해 냉담하였다. 독일의 재무장 문제는 단순히 군사·전략적 측면만을 고려해서 해결될 문제가 아니었다. 즉 독일의 재무장은 서방 정치가들에게 매우 다루기 힘든 일종의 '뜨거운 감자'였다. 소련의 위협이 더욱 증가하면서 서독 재무장의 필요성을 어느 정도 인식하고 있었지만, 어느 누구도 확고한 답은 내놓지 않았다. 소련의 위협에 대처하기 위한 서방 국가들의 군사력 증강 문제도 부상하였지만 미국을 제외한 서유럽 국가들에게는 능력 밖의 일이었다.

한국전쟁의 발발은 이러한 상황을 급변시켰다. 한국전쟁은 소련의 위협에 대한 서방 세계의 위기감을 고조시킴으로써 서독의 경제적·정치적 협조뿐 아니라 군사적 참여의 필요성까지 부각시켜 서독 재무장에 대한 반대자와 지지자들 사이의 비율을 완전히 바꾸어 놓았다. 이는 서독을 군사적으로도 서방 세계체제 안에 편입시키는 데 중요한 조건을 창출하였다. 한국전쟁으로 야기된 소련의 위협에 대한 일반적인 서방 세계의 위기의식은 그동안 서독의 재무장을 반대해 온 정치적 논거들의 설득력을 약화시켰다. 즉 서독이 재무장하게 되면 아직 확고히 뿌리내리지 못한 독일의 민주주의가 붕괴될 것이라는 우려, 서독이 재무장하게 되면 서독의 보수적이고 민족주의적인 정치권력이 부상하여 유럽의 평화를 위협하리라는 우려, 서독이 재무장하면 소련을 자극하여 예방전쟁을 야기하리라는 우려 등이 그것이다. 한국전쟁의 발발은 이렇듯 서방 세계의 정치판도를 완전히 바꾸어 놓음으로써 정치적 측면보다는 군사·전략적 측면을 부각시키는 결과를 낳았다.

또 다른 한편으로 한국전쟁의 발발은 초대 연방공화국 수상 아데나워(Konrad Adenauer)에게 그동안 별 성과 없이 진행되어 온 구상, 즉 서독 재무장을 통한 완전한 주권회복의 실현에 좋은 기회를 제공하였다. 재무장을 반대하였던 국내의 논거는 독일의 재무장이 소련을 자극하여 예방전쟁을 야기할 수 있으며, 국내에서 군국주의의 발흥을 초래할 수 있고, 독일의 분단을 고착화시켜 통일을 불가능하게 만든다는 것이었다. 반면 아데나워의 주장은 서유럽 방위체제에 서독의 군사적 참여는 서방체제로의 완전한 편입을 가속화시켜 궁극적으로는 완전한 주권 회복을 가능케 한다는 것이었다. 그러나 국내외 정세는 재무장 정책의 시도를 계속 제한하였다. 그러던 것이 한국전쟁이 발발하면서 이러한 분위기를 반전시키고 재무장으로 파생될 수 있는 정치적 이득에 귀를 기울이게 하였다.

독일의 재무장과 한국전쟁의 관계는 많은 내용을 포함하고 있다. 한국전쟁과 여기서 야기된 독일의 재무장에 대한 논의가 활발히 전개됨에 따라 유럽의 정치적 상황은 새로운 단계에 접어들게 되었을 뿐만 아니라, 이 두 사건이 이데올로기로 양분된 세계 정치구도의 배경 속에서 탄생되었다는 점은 우리에게 역사적 연속성을 엿보게 해준다.

이러한 점에서 독일 재무장은, 몇몇 역사가들이 주장하는 것처럼 거론조차 안 되던 것이 한국전쟁으로 갑자기 솟아난 것까지는 아니라 하더라도 적어도 원칙적인 결정을 이끌어 내는 데 한국전쟁이 매우 중요한 역할을 담당하였다는 점은 부인할 수 없다.

본서는 독일 재무장의 탄생에서 중요한 세 개의 주제, 독일 재무장에 대한 서방 강대국들의 태도 변화, 재무장을 통한 아데나워의 안보정책, 그리고 재무장에 대한 독일 언론의 동향 분석에서 한국전쟁이 항상 중요한 동인(動因) 역할을 하였음을 보일 것이다.

주제의 시기적 범위를 1950년 9월 뉴욕 외상회담까지로 한정한 것은, 여기서 독일을 어떻게 재무장시키는가 하는 문제에 대해 완전한 합의를 이끌어 내지는 못했지만 어떠한 방식으로든 서유럽 방위체제에 서독을 군사적으로 참여시킨다는 원칙이 결정되었기 때문이다.

Ⅱ. 전후 독일에 대한 구상

1. 독일의 분할

전후 독일에 대한 결정적 구상은 연합국 세력들의 정책에 의해 좌우되었다. 독일이 소련에 대해 공격을 가한 직후 1941년 여름에 결성된 반(反)히틀러 동맹(Anti-Hitler-Koalition) 안에서 연합국 세력들은 각각 그들의 장기적 이해관계에 근거하여 다양한 태도를 보였지만 독일에 대항하는 동맹관계의 결속력에 큰 문제는 없었다.

연합국들의 전후 독일에 대한 첫 번째 선언은 1941년 8월 14일의 대서양 헌장이었다. 루즈벨트(Franklin D. Roosevelt)와 처칠(Winston Churchill)은 미국 전함 '오거스트'(*August*)에서 전후정책에 대한 원칙적 선언에 서명하였다. 이 공동선언은 연합국의 승전시 독일의 분할에 대한 언급이 전혀 없을 뿐만 아니라, 해당 민족이 원하지 않는 한 어떤 영토의 변경도 고려하지 않고 있음을 천명하였다. 그러나 전쟁 양상이 전면전으로 치닫고, 정서적 분위기가 격앙된 이후 처칠과 외상 이든(Eden)은 대서양 헌장에서 규정한 영토 변경에 대한 불가침 권리를 독일에 대해서는 예외로 할 것을 크게 고려하였다.[1] 소련도 9월 24일 영

---

1) Deuerlein, Emst : Die Einheit Deutschlands, Frankfurt a.M., 1957, S.22f., Hilgruber, Andreas : Der 2. Weltkrieg, Stuttgart 1982, S.68ff.

국의 입장에 동조하는 입장을 보였다. 대서양 헌장은 이처럼 매우 일반적이고 원칙적인 성격만을 띠고 있었고, 따라서 헌장의 의미는 그저 독일에 대항하는 전쟁 안에서 이루어진 공동선언이라는 것 정도였다.

독일 분할에 대한 문제는 1941년 12월 이든이 모스크바를 방문하였을 때 스탈린에 의해 구체적으로 제기되었다. 스탈린(Joseph V. Stalin)은 모스크바가 독일의 강력한 공격에서 벗어나게 되자 독일 분할에 대한 구체적인 구상을 천명하였다. 1941년 소련의 경계를 인정함과 동시에 라인란트(Rheinland)를 프로이센에서 분리시켜 독립국가나 보호령으로 삼거나 바이에른(Bayern) 지방을 독립국가로 만들 것을 주장하였다.

또한 동프로이센은 폴란드에, 그리고 수데텐란트(Sudetenland)는 체코에 할양되고 오스트리아는 독립국가가 되어야 했다. 이든과 스탈린이 본질적인 점에서 의견일치를 보였다고는 해도, 독일 분할을 둘러싼 확고하고도 체계적인 구상은 여전히 영국 내에서 미흡하였고, 미국 외무성 역시 대서양 헌장을 근거로 하여 부정적인 태도를 보이면서 독일 분할에 대한 공식적인 지지는 불확실한 상태였다.

반히틀러 동맹은 사실 처음부터 서로 간의 불신 때문에 어느 정도 한계를 안고 있었다. 서방 연합국 세력들과 소련은 마지막 순간까지도 상대방이 먼저 독일과 단독강화조약을 체결할지도 모른다는 우려를 안고 있었다. 이러한 상황을 불식하고 동맹관계를 확고히 하며 상호 신뢰의 토대가 마련된 것은 1943년 1월 24일 카사블랑카 회담이었다. 여기에서 루즈벨트는 독일의 무조건 항복을 요구하였다.[2]

무조건 항복의 원칙으로 연합국 세력들 사이에 동맹관계가 확고해지면서 전후 독일에 대한 구상들은 카사블랑카 회담 이후 점진적으로

2) Zieger, G. : Alliierte Kriegskonferenz 1941-1943, Hannover 1964, S.81ff.

그 윤곽을 잡아가고 있었다.[3] 그리고 독일 영토에 대한 완전한 분해가 전면화되면서 연합국 세력들 간에 원칙적인 지지를 이끌어 낼 수 있었다.

1943년 10월 말, 모스크바 외상회담에서 헐(Cordell Hull : 미국), 이든(Anthony Eden : 영국), 몰로토프(Wjatscheslaw Molotow : 소련)는 독일을 1937년 12월 31일 시점의 경계선으로 다시 축소하고, 동프로이센을 포기하는 문제에 대해 우선적으로 의견일치를 보았다. 그러나 구체적인 독일의 분할을 둘러싸고는 다양한 입장 차이가 노정되어 3국 외상들은 전후 독일 문제의 해결을 위한 유럽자문위원회(European Advisory Committee : EAC)의 설치에만 합의하였다. 이 유럽자문위원회에서는 패전 독일의 문제뿐 아니라 독일의 국경선 문제, 독일의 분할 문제가 구체적으로 논의되었다.[4] 제2차 세계대전 중에 연합국 정상들 사이에서는 많은 회담이 열렸다. 1943~44년까지는 전쟁을 승리로 이끌기 위한 군사전략 문제에 큰 비중이 두어졌다.[5] 이때에도 전후 독일을 어떠한 형태로든 분할한다는 공식적인 구상은 이미 제기되어 있었기는 하지만, 전후 독일에 대한 문제는 일반적인 구상 정도로만 그쳐 초미의 관심사에서 제외되기 일쑤였다.

그러나 몇 가지 점에서는 쉽게 합의에 도달하기도 하였다. 독일의 비무장화, 전쟁에 이용될 수 있는 모든 물자의 파괴, 독일민족의 재교

---

3) Marienfeld, W. : Konferenzen über Deutschland, Hannover 1962, S. 81ff.

4) Zieger, G : Die Teheran Konferenz, Hannover 1967, S. 9f.

5) Meissner, B. : Rußland, die Westmächte und Deutschland, Hamburg 1954, S. 27ff. ; Deuerlein, E. : a.a.O., S. 36ff ; Marienfeld,W.,a.a.O., S. 90ff. ; Holch, Martin : Die Konferenz von Teheran 1943 und ihre Vorgeschichte seit Casablanca, Diss., Köln 1967,S.106ff. ; FRUS, Diplomatic Papers, The Conferences at Cairo and Teberan 1943, S. 459-652 ; Fischer A. (Hrsg.) : Teheran-Jalta-Potsdam, Köln 1985, S. 15ff.

육을 통한 국가사회주의 사상과 군국주의적 이상들의 완전 제거를 통해 독일을 완전한 민주화시키는 토대를 마련한다는 것이었다. 또한 독일 분할에 대해서도 원칙적으로 합의가 이루어졌으며, 소련이 요구한 대로 소련의 서쪽 경계선으로서 커즌 선(Curzon Linie)에 대한 보상으로 폴란드의 서쪽 경계선을 독일 지역인 서쪽으로 크게 이동하는 데에도 쉽게 의견일치가 이루어졌다.[6] 그러나 테헤란 회담 마지막 날, 독일 분할의 형태와 그 규모를 둘러싸고 다양한 의견들이 상충하였다.

루즈벨트의 구상은 독일을 5개의 서로 다른 자주독립국가로 분할하는 것이었다. 승전국들은 ① 프로이센(Preussen) ② 하노버(Hannover)와 북서독일 ③ 작센(Sachsen) ④ 헤센(Hessen) ⑤ 바이에른(Bayern), 바덴(Baden) 그리고 뷔르템베르크(Württemberg) 그리고 킬(Kiel), 함부르크(Hamburg), 루르(Ruhr)와 자르(Saar) 지역을 신탁통치 하에 두는 계획을 세웠다.[7]

처칠은 반대로 독일을 단순히 프로이센(Preussen)과 도나우(Donau) 연합지역으로 분할하는 구상을 선호하였으며, 스탈린은 처칠의 구상보다는 루즈벨트의 계획 쪽에 지지를 보내는 경향을 보였다.[8] 이렇게 의견 차이가 노정되게 되자 전후 독일문제는 유럽자문위원회에 위임되었다. 세 정상이 독일의 패색이 짙어진 1945년 2월 4일에서 11일까지 크림 반도(Krymsky Poluostrov)의 얄타(Yalta)에서 회합을 하였을 때, 전후 독일의 운명에 대한 구체적인 합의가 더욱 절실하였기 때문에 최

---

6) 커즌 선은 제1차 세계대전 이후 민족구성비율을 기준으로 당시 영국 외상 커즌 경이 경계를 구분하여 국제연맹위원회에 제의한 것을 결정하여 커즌의 이름을 따서 명명한 것이다. Fischer, A. : a.a.O., S. 86 ; Churchill, W. : Der Zweite Weltkrieg, Bd. V/2, S. 98.

7) Churchill, W. : a.a.O., S. 96.

8) FRUS, a.a.O., S. 602.

초로 전후 독일문제에 대한 패러다임이 제시되었다. 또한 여기서 스탈린에 대한 서방 연합국의 불신이 노골적으로 드러나기 시작하였다. 특히 처칠은 동유럽 지역이 소련의 직접적인 영향력 하에 들어가는 데 대해 크게 우려를 표명하였다.9) 그러나 소련 적군(Rote Armee)이 연이어 군사적 승리를 거두면서 스탈린은 얄타 회담(Yalta Conference)에서 우월한 위치에 섰고, 미국과 영국은 부분적으로 스탈린의 요구를 무시할 수 없었다. 특히 독일 분할에 관한 규정을 항복조건에 포함시켜야 한다는 스탈린의 요구를 적극 검토할 수밖에 없었다.10) 이때 처칠은 독일을 두 개의 지역으로 분할한다는 과거의 주장을 반복하면서 독일 분할에 대해서는 원칙적으로 동의를 표하였지만 즉각적이고 구속력 있는 결정에는 반대하였다. 독일의 분할에는 대단히 복잡한 역사적·인종적 그리고 경제적 개별 문제들을 함께 고려해야 한다는 것이 그 이유였다.11) 루즈벨트도 독일의 분할을 지지하고 세 정상들이 적어도 표면상으로는 분할에 합의하였지만 스탈린이 요구한 구속력 있는 결정에는 합의에 이르지 못하였다. 결국 루즈벨트의 제안에 따라 독일 분할을 구체적으로 분석할 독일분할위원회(Dismemberment Committee)가 탄생하였다.12) 더불어 3국 외상들에게도 독일의 분할을 항복조건에 포함시키는 문제를 구체적으로 검토하도록 임무를 부여하였다.

미국의 국무장관 스테티니어스(Edward R. Stenttinius), 영국의 이든, 소련의 몰로토프 외상은 결국 항복문서 12a항에 '분할'(dismemberment)이라는 단어를 삽입함으로써 최소한의 공동합의는 이끌어 낼 수 있었다. 합의의 내용은 다음과 같다.

---

9) Clemens, D. : Yalta, New York 1970, S. 130ff.
10) Ebenda, S. 141.
11) Fischer, A. : a.a.O., S. 107f.
12) Ebenda, 189ff.

영국, 미국 그리고 소련은 독일에 대한 최고의 주권을 행사한다. 주권을 행사하는 데 있어서 장래의 평화와 안보를 위해 필수적인 비무장화, 비군사화 그리고 독일의 분할을 내용으로 하는 일련의 조치들을 취한다.[13]

이로써 독일의 분할문제가 문서상으로는 최초로 항복조건에 실리게 되었다. 사실 1944년 7월 이래로 독일의 분할문제는 예외로 하고 독일의 비무장화와 비군사화 문제는 유럽자문위원회가 작성한 항복문서 초안에 이미 제시되어 있었다. 얄타 회담에서 추가된 독일의 분할에 관한 12a 조항은 새로운 질서에 대한 매우 중요한 시금석이었다.

그러나 세 정상들은 이를 제외한 다른 점들에 대해서는 의견이 갈렸다. 특히 스탈린은 프랑스를 네 번째 점령국으로 인정하고 연합국관리위원회의 한 자리를 프랑스에게 내주는 문제에 대해서 부정적인 태도를 취하였다. 더욱이 전쟁 배상문제에 대한 소련의 태도는 확고한 것이었다. 배상문제는 아마도 전쟁에서 가장 큰 피해를 보았던 소련에게는 가장 시급한 문제였을 것이다. 여기에는 단순히 경제적 재건을 위한 보상이라는 의미뿐 아니라, 독일의 경제적·군사적 잠재력을 오랜 기간 동안 침전시킬 수 있으리라는 정치적 의도도 다분히 내재되어 있었다.

배상문제에 커다란 관심을 보이지 않았던 영국과는 달리 루즈벨트는 배상액의 규모와 분배에 대해 확고한 의지를 표명한 소련의 태도에 동조하였다. 그리하여 이 문제를 해결할 기구로서 '연합국위원회'를 모스크바에 설치할 것을 결의하였다.[14]

---

13) Heinrich von Siegler(Hrsg.) : Dokumentation zur Deutschlandfrage, Hauptband I, S. 24.

14) 이 비밀 합의는 1947년 3월 24일에야 공개되었다. FRUS, The Conferences at

이외에도 독일의 동쪽 경계선 문제는 특히 연합국 세력들의 현격한 견해 차이를 보여주었다. 스탈린은 폴란드의 서쪽 경계선으로 괼리처 나이세(Görlitzer Neiße)를 요구한 반면, 서방 연합국 세력들은 경제적·인종적 이유로 이 경계선이 정당하지 못하다고 생각하였기 때문인데 결국 결정은 유보되었다. 결정된 사항은 폴란드의 경계선이 북쪽과 서쪽으로 어느 정도 확대되어야 한다는 막연한 원칙과 특히 서쪽 경계선에 대한 궁극적인 확정은 평화회담 때까지 연기한다는 것이었다.[15]

얄타 회담에서 독일 문제를 둘러싸고 세 정상이 공식적으로 합의를 본 중요한 네 가지를 요약하면 다음과 같다.

① 프랑스 점령지역을 포함하는 네 개의 점령지역 확정
② 최고의 주권을 가진 점령기구로서 관리위원회 설치
③ 국가사회주의와 군국주의의 해체
④ 독일에 의해 파괴된 것에 상당하는 배상 의무[16]

전체적으로 보아 얄타 회담은 소련에게는 어느 정도 성공적이었다. 이제 동유럽은 소련의 영향력 안에 들어갈 가능성이 많아졌으며 그 대가로 스탈린은 독일 패배 이후 2~3개월 안에 대일본전에 참전하기로 하였으며 UN 창설에 적극 협조할 것을 약속하였다.[17]

Malta and Jalta, S. 979.

15) Fischer, A. (Hrsg.) : a.a.O., S. 183ff. ; Teheran, Jalta, Potsdam : a.a.O., S. 220ff. ; Die Jalta-Dokumente, S. 348ff.

16) Fischer A. (Hrsg.), a.a.O., S. 192f.

17) Erdmann, K. D. : Das Ende des Reiches und die Neubildung deutscher Staaten, in : Gebhart, Handbuch der deutschen Geschichte, Bd. 22, Stuttgart 1976, S. 28f.

루즈벨트는 전쟁이 완전히 끝날 때까지 연합국 세력들 간의 결속을 유지하기 위해서는 소련과 갈등을 일으키기보다는 다소 애매하고 또는 모순되게도 보일 수 있는 합의를 선택하였다. 그리하여 독일문제와 관련한 많은 미해결 과제들이 포츠담 회담으로 넘겨졌다. 그러나 포츠담의 협상이 양측의 불신으로 대결양상을 보이게 되리라는 것은 이미 예견되고 있었다.

독일군은 1945년 5월 7일 조건 없이 항복하였다. 제1차 세계대전 때와는 달리 독일은 연합국 군대에 의해 점령되었다. 1945년 6월 5일 연합국은 최고의 권력기구를 접수함으로써 공식적으로 독일 주권을 접수하였다. 얄타에서 독일 분할문제를 해결하기 위해 설립된 위원회는 3월 7일에 업무에 착수하였는데, 여기서 영국 외상 이든은 이 위원회의 중요한 목표를 다음과 같이 제시하였다.

첫째 독일의 비무장화와 비군사화, 둘째 필요하다고 판단되면 독일산업의 파괴와 강력한 통제 그리고 부수적으로 독일의 분할 문제였다.18) 그런데 독일을 분할해야 한다는 이전의 원칙은 이제 어떻게 분할할 것인가 하는 문제보다, 독일의 분할이 꼭 필요한가라는 문제로 바뀌어 갔다. 특히 소련 대표 구세프(Gusew)는 독일 분할에 대한 얄타의 결정이 반드시 구속력을 가지는 것이 아니며, 독일에게 다른 방법으로 압력을 가할 수 있는 대안이 있다면 충분히 검토해야 할 것이라고 주장하였다.19) 미국 대표들도 이 같은 견해에 큰 이의를 제기하지 않았다. 이로써 연합국 세력들은 오래 전부터 계획해 왔던 독일 분할 문제를 공식적으로 중요 사안에서 제외시켰다.

---

18) Foschepoth, J. : Britische Deutschlandpolitik zwischen Jalta und Potsdam, in : Vfz 1982, S. 690f.

19) FRUS, Diplomatic Papers, 1945, Bd. III, S. 206 ; vgl. Foschepoth, J. : a.a.O., S. 691.

이처럼 연합국들 내에서 몇몇 정치 현안을 둘러싸고 쉽게 합의를 도출하지 못한 것, 종종 등장한 지그재그 정책은 무엇보다도 연합국 세력들의 서로 다른 이해관계에서 비롯되었다.

2. 소련의 이해관계

소련의 대독정책이 카르타고(Carthago) 평화원칙에서 방향을 전환하게 된 것은 무엇보다도 독일을 희생으로 한 경제 재건을 목표로 하였기 때문이다. 번스(Byrnes)도 얄타 회담에서 소련의 가장 중요한 관심사는 전쟁 배상문제였다고 진술하였다.[20] 전쟁에 참여한 모든 국가들 중 가장 큰 피해를 본 국가가 소련이었다는 사실은 의심할 바 없었다. 공식적인 통계만 보더라도 700만 명이 사망하고, 1천만 명 이상이 부상을 당하고 적지 않은 토지가 황폐화되고 대부분의 산업시설이 파괴되었으며 2500만 명이 집을 잃었다. 소련은 배상을 복수심이나 안보를 위해서라기보다는 생존을 위한 유일한 수단으로서 요구하였을 것이다. 그런 상황이었기 때문에 갈가리 찢긴 독일로부터 받아내는 배상이란 소련에게 큰 만족을 주지 못할 것이었다.[21]

소련에게 배상 다음으로 중요한 문제는 안보였다. 독일의 또 다른 침략을 우려했던 것은 서유럽 국가들만이 아니었다. 소련은 지난 30년 동안 이미 두 차례씩이나 독일의 공격으로 엄청난 피해를 보았으며 스

---

20) Byrnes, James F. : Speaking Frankly, London 1947, S. 26.
21) Graml, H. : Die Alliierten und die Teilung Deutschlands, München 1985, S. 43 ; vgl. Tyrell, Albrecht : Großbritannien und die Deutschlandplanung der Alliierten 1941-1945, Frankfurt a. M.1987, S. 530ff. ; Fischer, A. (Hrsg.) : a.a.O., S. 115ff. ; FRUS, The Conferences at Malta and Jalta 1945, S. 619ff. und S. 901ff.

탈린 자신도 독일이 또다시 15~20년 내에 재건될 것으로 추측하였다. 이런 이유로 소련은 독일의 분할을 주장하고, 나아가 동프로이센을 폴란드에게 양도하고 수데텐란드를 체코에 반환할 것을 요구하였다.[22] 사실 러시아 역사를 통해 보건대 동유럽의 안보는 공간의 문제였다. 독일의 동쪽 경계는 가능한 한 서쪽으로 이동하여 독일 침략시 본토에서의 충돌을 피하는 것이 본질적인 목표였다. 이러한 정책이 성공을 거두기 위해서는 당연히 폴란드와 소련 간의 우호적인 관계가 지속되어야 했다. 이런 점에서 독일 다음으로 소련에게 중요성을 갖고 있었던 것은 폴란드 정부의 구성문제와 국경문제였다. 이는 소련이 독일과 폴란드 사이의 적대감정을 부추기면서 강화될 수 있었다.[23]

또 다른 한편, 스탈린이 독일분할정책을 고수한 것은 장기적인 안목에서 독일인들에게 소련에 대한 증오심을 유발할 수 있고 궁극적으로는 독일과 서방세계와의 우호적인 관계를 야기할 수도 있는 문제였기 때문이다. 분할되지 않은 하나의 독일이 4대 강국의 공동 통제 하에 들어간다는 것은 독일의 위협 뿐만 아니라 서방세력의 위협으로부터 안전을 도모할 수 있으리라는 소련의 계산도 크게 작용하였다. 소련에게 있어서 과도한 배상액은 소련 경제를 재건하는 토대가 될 뿐만 아니라 독일 경제를 장기간 침체의 늪에 빠뜨려 독일의 군사적 잠재력까지 침전시킬 수 있는 기능을 담당할 것이었다. 그리하여 소련의 배상정책은 경제재건과 확실한 안보를 동시에 해결하는 일석이조의 효과를 가져다줄 수 있었다.[24]

---

22) Ebenda, Bd. III, S. 558.

23) Fischer, A. : Sowjetische Deutschlandpolitik im Zweiten Weltkrieg 1941-1945, Stuttgart 1075, S. 134f. ; vgl. Loth, W. : Die Teilung der Welt, München 1980, S. 67.

24) FRUS, The Conferences at Malta an Jalta 1945, S. 177.

3. 미국의 구상

미국 정부가 전후 세계질서에 대한 구체적 청사진을 처음으로 제시한 문서는 대서양 헌장이었다. 여기서는 독일문제가 특별히 언급된 것은 아니지만 전범 국가들에 대한 처리를 다룬 제8항에서 침략국의 비무장화를 언급하였다.[25] 미국의 다음 구상은 국무성이 전후문제 처리를 위해 자문위원회를 구성한 1942년에 모습을 드러냈다. 당시 미국무성 내의 일반적인 분위기는 일정하게 이성적이었으며 온건한 쪽이었다.[26] 특히 이들은 독일을 분할하는 어떤 형태의 정책에도 반대하였다. 이는 독일분할정책이 독일인들에게 수치심과 더불어 증오심을 유발하여 또 다른 전쟁을 초래하리라는 우려에서였다. 그러나 루즈벨트는 처음부터 국무성의 견해와는 달리 독일 분할을 지지했던 것으로 보인다.[27] 1942년 초 루즈벨트에 의해 구성된 전후문제 처리를 위한 자문위원회는 독일 분할문제를 구체적으로 분석한 결과 국무성의 입장에 반대하면서 그 대안으로 독일 재무장을 막기 위한 장기적인 정책의 수립과 자유민주주의적 기구의 설립, 그리고 유럽에서 독일의 경제적 헤게모니를 막기 위한 방안을 제시하였다. 이러한 온건노선은 1943년 8월 17일과 9월 23일의 '독일의 정치적 재조직'에 대한 제안에서 구체화되었다.[28]

---

25) The Axis in Defeat, Dept. of State Publication 2423, Washington 1945, S. 1f.
26) Schoenbaum, David : Deutschland als Gegenstand der amerikanischen Nachkriegsplanung, in : Herbst, Ludolf(Hrsg.) : WestDeutschland 1945-1955, München 1986, S. 27ff. ; Tyrell, A. : Die amerikanische Deutschlandplanung, 1941-1945, in : Hauser, O. (Hrsg.) : Das geteilte Deutschland in seinen internationalen Verflechtungen, Göttingen 1987, S. 45ff.
27) Penrose, Ernest F. : Economic planning for the peace, Princeton Uni. press 1953, S. 225.

이 두 보고서는 독일 분할에 반대하면서 독일인들과 그들에게는 전후의 새로운 평화질서와 화해가 더욱 중요한 것으로 파악하였다.[29]

1944년 여름 이래로 군사 전문가들도 미국 행정부의 전후 독일정책에 대한 구상에 참여하였다. 결국 여기서 루즈벨트와 개인적 친분이 두터웠던 재무부 장관 모겐소(Henry Morgenthau Jr.)가 독일정책에 대한 국무성의 태도를 인식한 직후인 1944년 9월 초 하나의 보고서를 제출하였다.[30]

소위 '모겐소 플랜'(Morgenthau plan)이라 불리는 이 보고서는 패전 독일을 불구자로 만들 엄격한 조치들을 내용으로 하고 있다. "평화를 위한 독일의 길은 농촌으로 인도된다"는 하나의 문장은 독일을 농업국가로 만들고자 한 모겐소 플랜의 전체 윤곽을 간단히 보여준다. 모겐소는 산업시설의 파괴, 대지주들의 소유권 박탈, 교육시스템의 일시적 중단, 외국에서의 독일인의 강제노동뿐 아니라 독일 영토의 엄격한 분할 요구도 결코 잊지 않았다. 소련으로 넘어가서는 안 될 동프로이센(Ostpreussen)과 남부 쉴레지엔(Schlesien)은 폴란드에 양도되며 자르(Saar) 지역은 프랑스에 양도될 것이었다. 루르(Ruhr) 지역, 라인란트(Rheinland), 베스트팔렌(Westfalen) 그리고 북해 연안지역들은 국제관리 하에 두고 그 외 나머지 지역들은 두 개의 다른 독립정부를 구성할 것을 규정하였다.

모겐소 플랜은 1944년 9월 퀘벡 회담(Quebec Conferences)에서 루즈벨트와 처칠에 의해 지지 서명되었다. 모겐소 플랜은 두 정상의 적절한 협상기술 능력의 부족으로 별 구속력을 갖지 못하는 합의수준에

---

28) Abdruck bei Kettenacker (Hrsg.) : Das "Andere Deutschland" im Zweiten Weltkrieg, Stuttgart 1977, S. 221ff.

29) Mosely, P. E. : a.a.O., S. 3035f.

30) Hirsch, K. : Deutschlandpläne, München 1967, S. 192ff.

머무르기는 했지만 1944년 가을 미국 정부의 독일정책 수립에 지속적으로 영향을 미쳤음은 부인할 수 없다. 이러한 사실은 패전 독일 문제 해결을 위한 합참훈령 1067호(Directive JCS 1067)의 탄생과 본질에서 쉽게 확인할 수 있다.[31]

루즈벨트는 다른 동맹국들 특히 소련과의 갈등으로 파생될 수 있는 미국의 외교적 행동의 제한을 우려하여 국무성의 구체적인 청사진에 대해 종종 주저하는 모습을 보여 왔다. 이러한 행정부 내의 갈등으로 결국 1944년도 말 미국은 대독정책을 확고히 규정하기가 더 이상 어려워지게 되었으며, 공동의 독일 점령정책에 대한 연합국 세력들 사이의 구체적인 규정도 방해를 받을 수밖에 없었다. 그러나 1945년 2월 말 루즈벨트가 국무성에 얄타의 결정과 기존의 기본 노선을 조화롭게 조정할 것을 지시한 이후 온건한 독일정책을 수립할 수 있는 계기가 마련되었다. 그리하여 「독일 처리를 위한 훈령」(Draft Directive for the Treatment of Germany)[32]이라는 각서를 작성하여 구상의 전환을 시도하였다. 이 각서는 중앙 통제 하의 점령기구 외에도 중앙집권적 독일 행정기구의 설립을 요구하였으며 정치적·경제적 단일화를 통한 전후 독일경제의 재건을 지지하였다. 그러나 국무성의 이러한 계획은 모겐소와 전쟁성 사이의 공조를 통한 강력한 반대에 부딪혀 곧 무산되고 말았다. 특히 전쟁성은 이 계획이 실행될 경우 점령장군들의 결정권에 줄 심각한 타격을 크게 우려하였다.[33]

3월 22일에는 '전후 독일문제 처리를 위한 미국정책'이라는 새로운

---

31) FRUS, The Conferences at Malta and Jalta, S. 143ff ; Hammond, P. : a.a.O., S. 389ff ; Cornides, Volle : Um den Frieden mit Deutschland, Oberursel 1948, S. 58ff.

32) FRUS, Diplomatic Papers 1945, S. 434ff.

33) Nübel, O. : a.a.O., S. 27.

각서가 국무성·재무성·전쟁성의 서명을 받아 작성되었다. 이 새로운 각서는 독일 정치구조의 탈중앙화뿐 아니라 점령 독일의 최고 통수권을 관리위원회에 위임한다는 점을 명시하였다.[34] 이 각서는 독일의 경제적·정치적 단일화를 유지하면서 연방주의 원칙이 중앙집권체제와 분할체제의 양극단 사이에서 전략적 합의의 수단으로 인정되었다는 점에 중요한 의미가 있었다.

이로써 분할위원회 내에서 독일분할계획이 곧 포기될 수 있는 길이 열렸다. 그러나 루즈벨트는 그의 사망 이틀 전인 4월 10일에 독일분할에 대한 최종 결정을 유예하는 태도를 보였고, 이 때문에 적어도 분할문제에서 승리를 기대했던 국무성의 계획은 정책으로 현실화될 수는 없었다.[35] 루즈벨트가 가장 선호하였던 이러한 '유예정책'(policy of postponement)으로 전쟁이 끝날 때까지 독일 문제들에 대한 구체적인 청사진은 성립될 수 없었다. 루즈벨트의 후계자였던 트루먼(Henry Truman)조차도 초기에는 이러한 분위기에서 크게 벗어나지 못하였다.

4. 영국의 태도

영국의 대독정책에 대한 논의는 이미 1939년 9월에 시작되었는데, 독일과 영국의 역사적 관계뿐만 아니라 세력균형이라는 과거의 외교

---

34) Text in FRUS, Diplomatic Papers 1945, S. 471ff. ; vgl. Moltmann, G. : Zur Formulierung der amerikanischen Besatzungspolitik in Deutschland am Ende des 2. Weltkrieges, in : VfZ 1967, S. 307ff.

35) 독일 분할계획이 이 시점에서 완전히 포기된 것은 아니다. 스탈린은 5월 말 미국 특사 홉킨스로부터 트루먼이 독일 분할을 여전히 선호하고 있다는 이야기를 들었으며 포츠담 회담에도 미국 대표는 여전히 분할계획을 언제든 제시할 준비가 되어 있었다고 회담 관계자가 전하였다. Buttlar, W. : a.a.O., S. 35.

정책의 논리를 근거로 하고 있었다.[36] 그러나 이러한 정책의 원칙들은 소련과 미국이 전쟁에 참여하여 세계대전으로 확대되어 가던 1941년 이후 그 입지를 잃었다. 이제는 국가사회주의뿐만 아니라 독일의 완전한 군사적·정치적 패배만이 영국의 헤게모니 아래 유럽의 안보와 질서를 약속해 줄 수 있다는 데로 의견이 모아졌다. 이를 위해 처칠은 1940년 12월 13일 독일제국을 프로이센과 도나우(Donau) 연방으로의 분할을 요구하였으며, 나아가 전쟁을 통해 영국의 식민지들 사이의 관계를 공고히 하여 세계경제와 금융 강국으로서의 지위를 더욱 강화시키고자 하였다.[37] 그러나 전쟁의 경과와 함께 영국은 서방세계에서 행한 주도적 역할을 결국 미국에게 넘겨주어야 했다.

외무장관 이든이 1944년 11월 27일의 각서에서 독일분할계획을 포기한 반면 처칠은 여전히 얄타 회담에서도 프로이센의 분리를 목적으로 하는 독일분할을 지지하고 있었다. 영국은 승전후 연합국 세력들 공동의 독일정책과 전후질서에 더 큰 의미를 부여하였기 때문에 소련과 직접적으로 갈등을 일으킬 만한 어떤 정책의 수립에도 매우 조심스러운 태도를 보였다. 외무성도 어느 정도 인지하고 있었던 독일분할에 대한 소련 정책의 수정으로 1945년 봄 이후 영국 정치권 내에서는 점진적으로 독일분할과 관련한 외무성의 의도가 관철되어 가고 있었다.[38] 영국을 대신하여 유럽 대륙에서 세력균형의 추 역할을 담당하고자 했던 프랑스는 이미 강대국의 자리에서는 멀어진 것이 명백하였고

---

36) Sainsbury, K. : British policy and German unity at the end of Second World War, in : EHR 1979, S. 787.

37) Tyrell, A. : Die Deutschlandpolitischen Hauptziele der Siegermächte im 2. Weltkrieg, in : APUZ 1985. Nr. B 13, S. 26.

38) Foschepoth, J. : Britische Deutschlandpolitik zwischen Jalta und potsdam, in : VfZ 1982, S. 697 ; Tyrell, A. : Großbritanniens, S. 444ff.

영국 스스로도 강대국이 아님을 인식하고 있던 가운데, 소련군대의 기대 이상의 선전과 소련의 영향력이 점점 서쪽으로 확대됨에 따라 독일 분할로 생겨날 중부 유럽의 권력 공백 상태는 단지 소련의 헤게모니 장악에만 도움을 줄 것이었다. 독일분할에 반대한 두 번째 근거는 경제적 고려였다. 전후 영국과 유럽의 경제적 번영은 경쟁상대로서의 우려에도 불구하고 독일의 경제재건에 달려 있음을 영국 정치가들은 잘 인식하고 있었다.[39] 독일분할은 독일경제의 재건에 걸림돌이 될 뿐만 아니라 점령국들에게 독일인의 부양이라는 부담을 초래할 것이었다. 당시 영국이 처해 있던 경제적·재정적 상황을 고려해 보든 제1차 세계대전 후의 역사적 경험에 비추어 보든 영국이 져야 할 재정적 부담은 결코 적지 않을 것이었다. 이에 비해 영국의 입장에서는 독일의 통합쪽이 분할의 경우보다 좀더 유리할 상황을 만들어 낼 것이 자명했다.

5. 포츠담 합의

세 연합국들의 다양한 이해관계의 충돌은 1945년 7월 17일부터 8월 2일까지 열린 포츠담 회담(Potsdam Conference)에서 더욱 두드러졌다. 정상회담으로서는 마지막이 되었던 포츠담 회담은 무엇보다 독일문제 즉 정치·경제·국경 문제의 해결을 목표로 하였다. 사실 세 정상들은 전후 초기의 독일을 통제·관리하는 데 있어서 정치적·경제적 원칙에 대해서는 빠른 합의를 보았다.[40] 그 중요한 내용으로는 독

---

39) Watt, D. C. : Hauptprobleme der britischen Deutschlandpolitik 1945-1949, in : Scharf/Schröder (Hrsg.) : Die Deutschlandpolitik Großbritanniens und die britische Zone 1945-1949, Wiesbaden 1979, S. 16.

일을 4개의 점령지역으로 분할하되 4대 강대국 통제위원회가 공동으로 수립하고 승인한 중앙통제정책에 따라 독일을 단일한 경제단위로 취급한다는 것이었다.

이러한 합의는 승전국들이 포츠담에서도 독일의 경제적·정치적 단일화를 그 기초로 삼고 있음을 입증하는 것이었다. 또한 외상위원회의 설립에 대해서도 신속한 합의를 보았다. 이 위원회는 유럽자문위원회를 대체하는 기구로서 전후 독일의 평화적인 원칙들을 토의하여 구상하는 임무를 맡았다. 얄타에서 이미 결정된 원칙들, 비무장화, 비나치화, 전쟁에 이용될 수 있는 산업시설의 폐기 문제에 대해서도 쉽게 합의를 보았을 뿐만 아니라 부분적으로는 구체적인 내용의 확정으로까지 진전되었다. 위의 원칙들은 두 가지의 중요 요소들을 내포하고 있었다. 하나는 국가사회주의와 군국주의의 잔재를 완전히 제거하는 것이었으며 또 다른 하나는 또 다시 전체주의와 군국주의적인 사고가 뿌리를 내리지 못하도록 하는 것이었다. 그러나 배상문제와 폴란드의 서쪽 경계선 문제를 둘러싸고는 여전히 의견들이 상충되었다.

승전국들은 독일 이외의 지역 특히 유럽 이외의 지역 문제에서도 쉽게 합의를 보지 못하고[41] 회담의 실패를 우려하여 패전독일을 연합국 세력들의 합의를 위한 희생양으로 이용하려는 분위기가 역력하였다. 특히 미국 국무장관 번스는 배상문제와 국경문제 사이의 고리를 연결시킴으로써 문제해결의 기초를 제공하였다.[42] 여기서 중요한 내용은

---

40) Siegler, H. v. : Dokumentation zur Deutschlandfrage, Bd. I., S. 34ff. ; Rauschning, D. : Die Gesamtverfassung Deutschlands, Frankfurt a. M. 1962, S. 97ff. ; FRUS, Diplomatic Papers, The Conference of Berlin 1945, Vol. II, S. 1499ff. ; Fischer, A. (Hrsg.) : Teheran-Jalta-Potsdam, S. 391ff.

41) Graml, H. : a.a.O., S. 90ff.

42) 미국 대표단의 초안은 소련의 요구를 어느 정도 만족시켜 주기 위해서 여러 번 수정되었다. Faust, F. : a.a.O., S. 123ff.

배상문제는 각각의 점령지역에서 해결하는 것으로 제한하자는 것이었다. 이것은 소련이 들이민 배상요구를 소련의 점령지역과 동유럽 국가들에서의 독일의 채무에 의존할 수밖에 없다는 것을 의미였다. 그러나 이러한 규정은 연합국 세력들의 공동정책을 불가능하게 만들었다. 독일을 경제적으로 단일한 단위로 취급해야 한다는 원칙은 배상문제에서 소련 점령지역과 서쪽 점령지역의 분리를 통하여 크게 훼손되었다. 국경문제를 규정하는 것도 유사하게 많은 문제점을 내포하고 있었다. 독일의 동쪽 경계선에 대해서도 포츠담 회담에 참석한 세 정상은 폴란드의 서쪽 경계선에 대한 최종 결정은 평화회담 때까지 유보한다는 데에만 합의하였다.

전체적으로 보아 포츠담에서의 세 정상은 다양한 동기에서 비롯된 것이기는 하지만 전후독일의 운명과 유럽의 새로운 평화질서에 대한 공동 규정을 위해 노력과 관심을 기울였음이 분명하다. 특히 소련에게 있어서의 배상에 대한 간절한 욕구와 함께 독일 위협에 대한 안보문제는 매우 중요한 것이었다. 영국은 유럽에서의 독일 또는 소련의 영향력을 억제하는 것뿐만 아니라 영국이 주도적 역할을 담당해야 하는 문제에 깊은 관심을 보였다. 그리고 미국은 루즈벨트 시기의 외교정책적 분위기가 여전히 주효하여 국제연합의 성립과 더불어 세계적인 평화질서에 관심을 보였고 동시에 전 세계적인 자유무역 네트워크를 통한 경제적 이해관계에도 초점을 맞추었다. 독일은 이러한 연합국 세력들의 다양한 이해관계를 조정하기 위한 수단, 단지 희생을 감수해야 할 대상일 뿐이었다. 이러한 점에서 포츠담 회담은 정치적·경제적 그리고 영토 문제들을 광범위하게 해결해야 할 시금석이 되는 것이었다.

한편 포츠담 합의는 이전의 합의에서 이미 도출되었던 것으로, 외견상 동맹세력들 간의 정치적 협조의 연장선상에 있었다. 이러한 점에서 포츠담 회담은 연합국 세력들 사이의 협조를 지속하기 위한 가능성과 계기를 의미하였으며 독일을 중심으로 하는 냉전을 막기 위한 역사적 시도라고 분석한 사회주의 이론가들의 해석은 어느 정도 타당하다고 할 수 있다.[43] 그러나 다른 한편으로는 중요한 문제를 둘러싼 의견충돌은 불가피한 것이었다. 포츠담 회담이 전쟁에서의 공동의 적이 사라지면 처음부터 이질적이었던 동맹체제는 분열될 수밖에 없다는 한계를 안고 있다는 것은 이미 예견된 것이었다. 그리고 이러한 적대적 정서의 양립은 점령통치가 시작된 때부터 현실로서 나타났다. 그럼에도 불구하고 포츠담 회담을 통해 통일적인 점령정책의 틀이 마련되었다는 점을 결코 간과해서는 안 된다. 미국의 역사가 김블(John Gimbel)은 포츠담 회담의 내용과 성립에 어느 정도 비판적인 태도를 취하였지만 회담의 의의를 다음과 같이 적절히 표현하였다.

포츠담 회담 이후의 독일은 그 이전과 결코 같지 않았음이 분명하다. 특히 미군정은 조약의 내용을 성실하게 수행하는 데 노력하였고 이는 비무장화와 비나치화의 목표를 경제적 재건의 필요성과 연결시킬 수 있는 유리한 조건을 창출할 수 있으리라고 생각하였다.[44]

포츠담 이후의 공동의 독일정책을 수행하는 데 걸림돌이 된 것은 바로 프랑스였다. 프랑스는 외상위원회에 초대되었으며 네 번째 점령국가로서 프랑스는 포츠담 합의의 많은 부분, 특히 독일 중앙행정기구의 설립과 독일 내에서의 정당 탄생을 방해하는 중요한 요인으로 작용하였다.

---

43) Badstübner, R./Thomas, S. : Restauration und Spaltung, Köln 1975, S. 20f.
44) Gimbel, J. : The American Occupation of Germany, 1945-1949, Stanford 1968, S. 16 und S. 30ff.

6. 프랑스의 비토 전략

포츠담 회담 종료 직전에 연합국 관리위원회의 4개국 대표들, 슈코프(Schukow) 장군(소련), 아이젠하워(Eisenhower) 장군(미국), 몽고메리(Montgomery) 장군(영국) 그리고 쾨니히(Koenig) 장군(프랑스)은 1945년 7월 30일 첫 회담을 가졌다. 프랑스 대표를 제외한 세 대표들은 포츠담 회담에서 일정하게 인식을 같이한 독일을 하나의 단일체로 취급한다는 문제에 이견을 보이지 않았다.[45] 그러나 프랑스는 독일의 중앙행정기구의 탄생에 강력하게 거부 의사를 밝혀 나머지 국가들의 분노를 자아냈다.

1944년 9월 9일 드골(Charles de Gaulle) 장군에 의해 탄생된 프랑스의 새로운 임시정부는 공식적으로 대독 정책의 시행에 나섰다. 이때까지 레지스탕스 안에서는 독일정책을 둘러싸고 두 개의 대립된 개념이 상충하고 있었다. 하나는 드골 파가 추구한 것으로 독·불 간의 역사적 대립구도에 기초한 전통적인 포앙카레식 독일정책이었고,[46] 다른 하나는 사회주의자들이 지지하였던 유럽 연방주의에 기초한 독일화해 정책이었다. 이들은 전후 독일이 민주주의 과정을 거친 후 유럽의 국제기구에 참여하는 데 깊은 관심을 보였다.[47] 첫 번째 개념은 세 가지

---

45) Graml, H : a.a.O., S. 105.

46) Loth, W. : Die Franzosen und die Deutsche Frage, in : Scharf/Schröder : Die Deutschlandpolitik Frankreichs und die französische Zone 1945-1949, Wiesbaden 1983, S. 28 ; Ziebura, G. : Die deutsch-französischen Beziebungen seit 1945, Pfullingen 1970, S. 32ff. ; Lipgens, W. : Bedingungen und Etappen der Außenpolitik de Gaulles 1944-1946, in : VfZ, 4, 1973, S. 52ff. imd 78ff.

47) Lipgens, W.(Hrsg.) : Europa-Föderationspläne der Widerstandsbewegungen 1940-1945, München 1968, S. 177ff. ; Ziebura, G. : a.a.O., S. 24-31 ; Loth, W. : Sozialismus und Internationalismus. Die französischen Sozialisten und die Nachkriegsordnung Europas 1940-1950, Stuttgart 1977, S. 23ff.

명제로부터 출발하였다. 첫째, 독일의 위협이 완전히 제거되기 전에는 프랑스의 부흥과 안전 보장이 불가능하다.[48] 둘째, 경제적으로나 지리적으로 매우 중요한 위치를 차지하는 라인란트는 프랑스에 귀속되지 않더라도 적어도 독일로부터는 분리되어야 한다. 셋째, 루르 지역은 국제관리 하에 두고 자르(Saar) 지역은 적어도 경제적으로 프랑스에 연결되어야 한다. 이로써 독일의 경제적 발전과 정치권력의 상승을 저지할 수 있다.[49]

이러한 세 가지 조건이 독일의 위협을 제거할 뿐만 아니라 나아가 유럽에서의 프랑스의 경제적·정치적 지위를 패권적 위치로 상승시켜 주리라는 확신을 갖고 있었다. 이러한 개념은 드골이 정부 수반으로서 공식적으로 독일정책을 주관한 1946년 초까지 프랑스의 독일정책에 커다란 영향을 미쳤다.

두 번째 개념은 독일의 프랑스 점령시기에 소수의 사회주의자 집단에서 추구되었다. 프랑스 사회주의자들의 외교정책적 개념은 우선적으로 사회주의와 인터내셔널리즘 사이의 연합에 기초하고 있었다. 이러한 집단의 대표였던 블룸(Leon Blum)은 독일문제 해결은 국제적 경제·사회 질서의 탄생을 통해서만 가능하다고 보았다. 강력한 권력과 긴밀한 결속력을 지닌 국제기구의 설립만이 또 다른 전쟁을 저지할 수 있으며 지나치게 강력한 민족주의적 사고와 복수심에 불타는 정서는 평화적인 해결을 방해할 뿐만 아니라 새로운 전쟁을 야기할 수도 있다는 것이었다.[50] 이러한 점에서 두 번째 개념의 지지자들은 독일문제를 다루는 데 있어서 다음과 같은 세 가지 전제의 확인을 요구하였다. 첫

---

48) Grosser, A. : Deutschlandbilanz, München 1970, S. 60f.
49) Ziebura, G : a.a.O., S. 36.
50) Blum, L. : Blick auf die Menschheit, zürich 1947, S. 108.

째 독일 민족주의 탄생의 주 요인을 독일민족 전체에서 찾아서는 안
되며, 둘째 오히려 프로이센의 군국주의와 융커 계급 그리고 독일 중
공업자들의 이해관계 속에서 찾는 것이 더욱 타당하며, 셋째 미래의
독일국가로서 연방제 체제 하의 독일 통일을 지지하는 것이었다.[51] 전
체적으로 이들의 생각에 따르면, 독일을 약화시키거나 프랑스를 강력
한 국가로 만듦으로써 평화가 찾아오는 것이 아니라 모든 국가가 초국
가적 공동체 즉, 국제적 기구를 통하여 협력하는 것만이 진정한 평화
를 획득할 수 있다는 것이었다.

그러나 이러한 정책적 개념은 전후 사회주의 정당을 지지하였던 적
지 않은 유권자들에게서도 강력한 비판을 받았다.[52]

외교정책에 있어서 첨예하게 대립을 보인 이러한 두 개념에도 어느
정도 공통점은 발견된다. 우선 이 두 개념은 공통적으로 프랑스의 강
대국으로서의 지위를 회복하는 데 목표를 두었을 뿐만 아니라 전쟁으
로 인한 폐허와 좌절감으로부터 프랑스 민족을 구해 내며 새로운 자신
감을 불어넣는 데 초점이 맞추어져 있었다. 또한 새로운 초강대국들,
미국과 소련 사이에서 중재자로서의 프랑스의 지위를 획득한다는 데
공동의 목표를 갖고 있었다.

드골의 임시정부가 강대국들로부터 공식적으로 인정을 받으면서
드골의 외교정책이 추진되었다. 드골은 초기에 독일문제에 관하여 세
가지 목표를 두었다. 하나는 독일의 점령과 통제에 참여하는 것이고,
둘째는 전쟁회담에 정식으로 참여하며, 셋째는 다른 승전국들에게 자
신의 독일정책 개념을 관철시키는 것이었다.[53] 프랑스는 1944년 11월

---

51) Loth, W. : Sozialismus, S. 30ff.

52) Hänsch, K. : Frankreich zwischen Ost und West, Berlin/New York 1972, S. 85.

53) Poidevin/Bariéty : Frankreich und Deutschland. Die Geschichte ihrer Bezie-
hungen 1815-1975, München 1982, S. 423f.

유럽자문위원회에 참여함으로써 독일의 통제에 대한 참여를 성취하였고 포츠담 회담의 결과 독일의 한 지역을 점령지역으로 배정 받았다. 그러나 얄타 회담이나 포츠담 회담과 같은 전쟁회담에는 참여할 수 없었다. 전쟁회담에서 프랑스가 배제된 것은 승전국들의 독일 점령정책에 중대한 영향을 미쳤을 뿐만 아니라, 프랑스 민족에게는 1940년 전쟁에서의 패배와 비시(Vichy) 정권 시기에 경험하였던 민족적 수치감을 또다시 맛보게 하였다. 이러한 민족적 수치감은 심리적인 보상을 받기 위해서라도 프랑스의 강대국 지위를 회복시키는 데 이용되었다. 그리하여 프랑스는 얄타 회담과 포츠담 회담의 중요한 결정에 참여하지 않았다는 이유로 결정사항의 실천 과정에서 종종 거부권을 행사하였다. 그러나 무엇보다 독일문제 결정에서 프랑스가 소외되었다는 사실을 배경으로, 프랑스 정부는 자국의 독일정책 개념을 관철시키고자 새로운 논쟁을 일으켰다. 특히 다른 승전국들이 독일을 분할하지 않고 단일체로 구성한다는 데 의견의 일치를 보았을 때 더욱 그리하였다.54)

프랑스의 독일정책은 우선적으로 프랑스의 강대국 지위 부활에 도움을 주어야만 했다. 이를 위한 필수조건은 독일의 위협으로부터 충분히 안전을 보장받고 프랑스의 경제를 다시 부흥시키는 것이었다. 이러한 배경 속에서 프랑스는 우선 독일의 중앙집권적 통일국가의 탄생을 저지하고 1815년의 독일연맹과 같은 느슨한 형태의, 소국가들로 형성되는 국가연합 형태를 요구하였다. 독일정책에서 프랑스의 두 번째 요구는 독일의 동쪽과 서쪽 지역에서의 영토 할양이었다. 동쪽지역에서의 영토 할양은 독일의 동쪽 경계선을 오더-나이세(Oder Neiße) 선으로 규정지음으로써 독일과 폴란드 사이의 영원한 원한관계가 지속되

---

54) Deuerlein, E. : Frankreichs Obstruktion deutscher Zentralverwaltungen 1945,
   in : DA 1971, S. 467.

기를 기대하였다. 이는 프랑스에 대한 독일의 압력을 완화시키는 데
일조할 것이었으며 독일정책에서 소련의 지지를 얻는다는 목적도 있
었다.55) 서쪽에서는 루르 지역을 독일로부터 분리하여 국제관리 하에
두고자 했다. 이 곳에는 5만 명의 연합국 군대를 주둔시키고 베네룩스
(Benelux) 국가들과 함께 국제관리위원회가 지배한다는 구상이었다.56)
그리고 자르 지역을 정치적으로나 경제적으로 독일과 분리시켜 프랑
스와 긴밀하고 우호적인 체제로 만들 것을 요구하였다. 독일 서쪽지역
에서의 영토할양 문제는 '(독일 서부지역인) 마인츠(Mainz)와 자르브
뤼켄이 무슨 이유로 (독일 동부지역인) 브레스라우, 쉬테틴 그리고 쾨
닉스베르크와 달리 취급되는가'라는 슬로건에서도 알 수 있듯이 프랑
스에게는 매우 중요한 문제로서, 독일의 위협을 저지함과 동시에 프랑
스 경제의 부흥과도 직접 연결되어 있었다.

 그러나 포츠담 회담의 결과는 프랑스에게 큰 실망을 안겨주었다. 독
일을 여러 개의 독립국가로 분할하려는 모든 계획이 포츠담에서 무산
되었기 때문이다. 비도(Georges Bidault)는 베를린의 연합국 관리위원
회 프랑스 대표였던 쾨니히 장군에게 독일의 중앙집권체제 수립에 유
리한 어떠한 결정에도 거부권을 행사하라는 지시를 내렸다. 이러한 비
토 전략은 관리위원회의 결정이 다수결제가 아닌 만장일치제였기 때
문에 프랑스에게 매우 효과적인 수단이 되었다. 그리하여 1945년 가을
연합국관리위원회는 독일을 경제적 단일체로 다루려는 원칙, 즉 점령
국 경계를 초월하는 경제적 기구나 제도의 탄생에 대한 어떠한 결정도
내릴 수 없었다.57) 또한 중앙행정기구의 탄생, 예를 들면 교통, 통신,

---

55) Ziebura, G. : a.a.O., S. 37.

56) Poidevin, R. : Frankreich und die Ruhrfrage 1945-1951, in : HZ 1979, S.
    317ff ; Steininger, R. : a.a.O., S. 32.

57) Graml, H. : Die Alliierten in Deutschland, in : Institut für Zeitgeschichte

체신 분야의 기구들과 전 독일적 정당들과 노동조합의 탄생을 저지하
는 데 프랑스의 비토 전략은 큰 힘을 발휘하였다. 다른 국가들은 이러
한 프랑스의 완강한 비토 전략에 강력히 대응하는 데에는 주저하였다.
소련은 프랑스가 서방 연합국들과 동맹을 맺지 못하도록 하는 데 힘을
기울였을 뿐만 아니라 프랑스의 도움으로 루르 지역의 공동 관리에 참
여하고 배상문제를 해결할 수 있으리라는 기대를 갖고 하였다. 영국은
독일이나 유럽에서 위협적인 소련의 우위에 대항하기 위한 파트너로
서의 강력한 프랑스를 원하였으며58) 미국은 프랑스 국내의 불안정한
정치상황으로 공산당이 정권을 획득하게 될까봐 크게 우려하였기 때
문에 프랑스의 비토 전략에 강력히 대처할 수 없었다.59)

(Hrsg.) : Westdeutschlands Weg zur Bundesrepublik, München 1976, S. 35f.
   ; Kiersch, G. : a.a.O., S. 62 ; Deuerlein, E. : Frankreichs Obstruktion, S. 480.
58) Young, John W. : The Foreign Office, the French and the Post-War division
   of Germany 1945-1946, in : RIS 1986, S. 223ff.
59) Gimbel, J. : Die Vereinigten Staaten, Frankreich und der amerikanische
   Vertragsentwurf zur Entmilitarisierung Deutschlands, in : VfZ 1974, S. 275f.
   und 278.

Ⅲ. 전후 독일에 대한 정책

1. 동맹관계의 갈등

포츠담 조약 체결 이후 첫 주에 이미 포츠담에서의 합의가 점령국가들의 통일적인 독일정책을 수행하는 데 충분한 기본 노선이 될 수 없음이 드러났다. 독일을 한 단위로 취급해야 한다는 기본 명제를 기초로 연합국관리위원회가 설치되었지만 독일 중앙행정부의 설치에 대한 프랑스의 부정적 태도는 적어도 독일을 하나의 경제적 단위로 취급하는 포츠담의 합의를 무산시키기에 충분하였다.

미군정은 포츠담 합의를 공동으로 잘 수행할 수 있도록 프랑스에 압력을 행사해 줄 것을 국무성에 강력히 요구하였다. 특히 미국 군정의 사령관 클레이(Lucius D. Clay)는 프랑스의 거부정책에 직면하여 우선 미국, 영국, 소련 점령지역 내에서 중앙행정기구의 설치를 촉구하였다.[1] 미국과 소련은 1945년 가을 이미 중앙행정기구의 설립을 위한 편법으로서 그들 점령지역 내에서 각각 중앙행정기구를 설치하였다. 미 국무성도 포츠담의 결정을 이행하는 데 프랑스가 걸림돌이라는 것을 잘 인식하고 있었지만 프랑스 정권에 결정적인 압력을 행사하는 데는 주저하였다. 앞에서 서술한 바와 같이 무리한 압력은 프랑스에 정치

---

1) Graml, H. : a.a.O., S. 105ff.

적·경제적 불안을 야기할 수 있었으며 결국에는 공산당의 정권 획득에 도움이 될 것이라는 판단이었다. 반면 미국은 프랑스 정부에 단순히 항의를 한다든지, 경제원조나 값싼 루르 지역의 석탄을 제공할 수 있다는 설득을 통해 그들의 완고한 태도를 돌리려고 하였지만 수확은 별로 없었다. 다른 한편으로 미국의 외교정책은 이미 1945년 후반기에 변화의 조짐을 보이고 있었다. 원자폭탄의 독점과 강력한 경제력에 기초하여 미국은 전쟁중에 보여주었던 소련에 대한 양보의 태도를 더 이상 보이지 않았다. 포츠담 회담까지 연합국 세력들의 공동 목표가 일반적으로 독일의 지속적인 약화였다면 JCS 1067의 규정은 이미 포츠담 회담에서 포기되었음을 추론할 수 있었다. 특히 미국 점령지역에서의 굶주림, 시민들의 동요 그리고 질병의 만연 등을 퇴치하기 위하여 클레이는 필요한 조치로서 조심스러운 정치적·경제적 재건정책을 내놓았다.2) 미국무성은 1945년 12월 11일 포츠담 합의와 배치되는 12조항의 독일 경제의 재건과 패전 독일의 배상을 위한 지침을 마련하였다. 그리고 1946년 봄에는 제한적이기는 하지만 독일 경제의 재건 가능성에 대한 긍정적 평가가 미행정부 안에서 점점 힘을 얻고 있었다.3) 이 시기는 특히 독일 서부지역의 혹심한 식량난으로 독일 경제의 단일화가 시급한 것으로 나타났다. 산업계획의 실현과 마찬가지로 점령지역 간의 균형을 갖춘 물품교환은 중앙행정기구의 탄생 없이는 불가능하였기 때문이다.4) 이러한 미국의 급진적인 태도는 프랑스와 소련과

---

2) Frohn, A. : a.a.O., S. 52f. ; Clay, Lucius D. : Entscheidung in Deutschland, Frankfurt a. M. 1950.
3) Benz, W. : Wirtschaftspolitik zwischen Demontage und Währungsreform, in : Westdeutschlands Weg zur Bundesrepublik, München 1976, S. 69-89, Text des Level-of-Industry-Plan, in : EA 1947, S. 65ff.
4) Frohn, A. : a.a.O., S. 57f. ; Latour, Conrad F./Vogelsang, Th. : Okkupation und Wiederaufbau, Stuttgart 1973, S. 80ff.

갈등을 일으키기에 충분하였다.

미국과 영국은 독일의 수출이 매우 부진하였기 때문에 필요한 생필품들을 점령지역 안으로 수입해 오는 비용을 스스로 지불할 수밖에 없었다. 그리하여 이 두 국가는 생산품을 배상을 목적으로 사용하는 데 반대하였으며 소련 점령지역에서 잉여곡식을 받아들이게 되면 그들의 부담을 크게 줄일 수 있으리라고 기대하였다. 또한 점령지역 간의 원활한 상품교역으로 서부지역의 극심한 식량난을 타개할 수 있으리라고 생각하였다. 그러나 소련은 여전히 독일의 배상을 소련 경제재건의 필수요소로 생각하고 있었기 때문에 독일의 생산품을 배상 목적으로 거두어들이는 일을 결코 포기할 마음이 없었다. 이러한 갈등으로 결국 클레이는 미국 점령지역에서 일시적으로 공장시설의 해체를 중지시켰으며 배상을 위한 다른 점령지역으로의 생산품 공급을 중단하였다. 이러한 조치는 프랑스와 소련에게 압력의 수단으로 작용할 것으로 기대하였지만 결국 대립의 형세를 공고히 할 뿐이었다. 더욱이 서방 연합국과 소련은 독일과 관련한 문제에서뿐 아니라 독일의 동맹국들이었던 이탈리아, 핀란드, 헝가리, 루마니아 그리고 불가리아와의 평화조약을 준비하는 문제를 두고도 의견 차이를 보이며 큰 갈등을 빚고 있었다.[5]

이러한 배경 속에서 1946년 4월과 7월 사이에 두 번째 외상회담이 파리에서 열렸다. 여기에서 번스는 점령기간 종료 이후 25년 동안 독일의 완전한 비무장화와 비군사화에 대한 4개국 조약의 초안을 제시하였다. 이 초안의 내용은 포츠담 조약에서 명시한 원칙, 즉 독일 점령 즉시 비군사화를 실시한다는 것과는 근본적으로 달랐다. 모든 군사적 또는 준군사적 기관의 폐지와 모든 무기의 생산과 수입 금지를 통하여

---

5) Graml, H. : a.a.O., S. 133f.

독일 군국주의의 부활 가능성을 막고자 하였다. 단지 경찰의 무장과 평화에 이용될 수 있는 경제적 의미의 폭약의 수요에 대해서는 예외 규정을 두었다. 이를 실현하기 위하여 점령 이후의 일종의 4개국 관리 위원회는 비무장 규정을 엄수하고 있는지를 감시하고 그 감독 결과를 UN 안전보장이사회에 보고하도록 했다. 그러나 여기에는 장차 독일의 정치적 구조에 대해서는 어떠한 규정도 없었다. 이러한 독일의 비무장 화와 비군사화의 토대의 본질 안에는 독일의 분할이나 전체 독일지역 에서 다른 연합국 세력의 희생으로 어느 특정한 연합국 세력의 권력독 점을 철저히 배제하였다. 독일은 하나의 통일된, 단지 승전국들 전체가 보장하는 중립성을 갖추어야 했다. 이러한 결의는 4개국 공동의 통제 에 필요한 연합국 세력들의 협조를 지속시키는 데에도 매우 중요한 과 제였다.6)

이러한 숙고는 1946년 9월 15일의 미국의 독일정책에 대한 정책위 원회의 보고서를 통해서도 확인할 수 있다. 이 보고서의 중요한 요지는 다음과 같다.

미국은 독일의 재통일을 위해 강력하고도 지속적인 압력을 행사해 야 할 것이다. 독일의 분열은 유럽의 안정과 번영을 크게 훼손할 것 이며 독일의 분열을 추진하는 국가는 독일 민족의 항구적인 적대감을 피할 수 없을 것이다.7)

독일의 비군사화에 대한 조약이 추구하는 가장 중요한 본질은 독일 의 위협으로부터의 영국, 프랑스 그리고 소련의 안보에 대한 욕구를

---

6) Ebend, S. 150ff.

7) Backer, J. H. : Die Entscheidung, S. 113에서 재인용.

충족시켜 주는 것이었다. 동시에 공동의 적에 대한 완전한 비무장화의
정책은 최근에 드러난 승전국들 사이의 분열과 갈등의 관계를 회복시
켜 주며 결국 새로운 정치적·경제적 협조의 기초를 형성할 것이었
다.8) 이러한 의미에서 번스 플랜은 평화와 안보의 정착을 위한 연합국
세력들의 협조체계를 다시 부활시키려는 미국의 시도였음을 알 수 있
다. 그러나 이 계획은 동시에 일종의 공격성도 내포하고 있었다. 즉 동
유럽에서의 소련정책을 좀 더 온건화시키고 소련의 영향력 확대를 저
지하려는 의도도 포함되어 있다.9) 이러한 점에서 번스 플랜을 미국의
롤백 전략의 요소로 평가할 수 있으며 미국이 제1차 세계대전 후 보여
준 고립주의 정책으로의 전환을 포기하였음을 보여준다. 한편으로 이
계획은 소련의 대외정책 특히 독일정책에 어느 정도의 팽창적이고 야
욕적 목표를 설정하였는지 가늠할 수 있는 기능을 담당하고 있었다.

　번스 플랜은 1946년 4월 29일에 공식적으로 논의되었다. 몰로토프는
이 계획안에 반대하였으며 베빈은 적극적인 지지를 보이지는 않았지
만 전체적인 대강의 원칙에는 반대하지 않았고 비도는 구체적인 반응
을 보이지 않았다.10) 몰로토프에 의하면 독일은 이전의 합의안대로 즉
시 비무장화되어야 함에도 불구하고 번스 플랜은 점령통치 종료까지
독일의 비무장화 문제를 유예시키는 것이었다. 몰로토프는 우선 번스
플랜에서 규정한 독일의 비무장화 기간이 너무 짧은 것이라고 주장하
면서 40년의 기간을 제안하였다. 그는 특히 번스 플랜이 독일의 점령
을 조기에 종료시키는 데 크게 일조하리라는 점에서 불만을 표시하였

---

8) Link, Werner : Die amerikanische Deutschlandpolitik 1945-1949, in : Göttinger
　　Arbeitskreis(Hrsg.) : Die Deutschlandfrage und die Anfänge des Ost-
　　West-Konflikts 1945-1949, Berlin 1984, S. 8ff.
9) FRUS, Diplomatic Papers, The Conference of Berlin 1945, vol. I, S. 450f.
10) FRUS 1946, Vol. II, S. 166ff.

다. 그 밖에도 번스 플랜은 순수한 비무장화에만 국한된 것이기 때문에 시급히 요구되는 비군사화, 비나치화 그리고 국가·경제·사회구조의 민주화 작업을 소홀하게 만든다는 것이었다.[11]

1946년 7월 10일 몰로토프는 번스 플랜에 공식적인 거부 의사를 밝히면서 독일정책에 대한 소련의 구상을 피력하였다. 여기에서 그는 독일 생산의 증강과 더불어 시급히 해결해야 할 문제로서 배상 요구를 되풀이하였다. 또한 포츠담에서와는 달리 이제 소련은 농업에서뿐만 아니라 산업과 무역을 관장하는 하나의 통일체된 국가로서의 독일의 탄생을 지지하였다. 그 밖에도 몰로토프는 프랑스의 루르 플랜에 역행하는 루르 지역의 분리에 반대하였으며 대신에 강철, 석탄 그리고 완제품의 형태로 배상을 가능하게 하기 위하여 루르 지역의 산업과 독일 생산품의 증강에 대한 연합국들의 통제기구 설립을 요구하였다. 끝으로 그는 원칙적으로 독일과의 평화조약을 지지하였지만 승전국들에게 배상의무를 엄격히 수행할 수 있는 하나의 독일정부가 탄생해야 한다고 강조하였다.[12]

확실히 소련은 1946년 여름 현재 현상유지를 해칠 수 있는 어떠한 논쟁이나 결정에도 전혀 관심을 보이지 않았다.

파리 외상회담에서 나타난 사실은 독일문제가 이데올로기 측면과 경제적 측면에서 대립되는 두 시스템 사이의 갈등으로 전환되어 갔다는 것이다. 결국 이러한 양상은 합의를 불가능하게 만들면서 독일의 분할을 고착시키는 역할을 하였다. 특히 파리 회담을 통해 미국과 영국은 소련이 새로운 이득 없이는 독일과의 즉각적인 평화조약 체결에

---

11) Molotow, W. M. : Fragen der Außenpolitik. Reden und Erklärungen April 1945-Juni 1948, Moskau 1949, S. 59ff.
12) FRUS 1946, Vol. II., S. 869ff.

전혀 관심이 없다는 사실을 확신하게 되었다.

1946년 7월 11일 번스는 미국 점령지역에 다른 점령지역들이 경제적으로 통합하는 문제를 제기하였다. 번스는 이 제안이 적어도 경제적 위기와 혹심한 식량난을 해결할 수 있는 독일경제의 단일화를 위한 마지막 가능성으로 인식하였다. 이미 클레이 장군은 1946년 5월 26일의 보고서에서 모든 점령지역에서의 공동의 경제정책의 실시와 독일 중앙행정기구의 설립을 요구하였다.13) 클레이에 의하면 이러한 요구가 조만간에 실현되지 않으면 독일경제의 붕괴는 자명하며 그 결과 공산주의의 득세를 방관할 수밖에 없는 상황에 이르러 미국이 기대하였던 독일에서의 민주화 작업은 결국 실패로 돌아갈 것이라고 경고하였다. 이때 클레이는 영국의 지지를 확신하였으며 이러한 구상이 포츠담 합의와도 일치하는 것이기 때문에 소련의 지지도 이론적으로는 가능하다고 생각하였다. 그러나 프랑스의 강력한 저항은 어느 정도 예상한 것이었다.14) 그리하여 번스는 프랑스의 지지를 받기 위해 자르란트(Saarland)를 연합국관리위원회의 관리에서 프랑스 관할지역으로 전환시킬 의사가 있음을 천명하였다. 그럼에도 프랑스의 부정적인 태도는 바뀌지 않았다. 소련은 지지도 반대도 하지 않으면서 이 문제를 또다시 배상문제와 연결시켰다. 이로써 단지 영국만이 조건없이 미국의 제안을 받아들였다. 사실 영국은 세계대전의 결과 재정난에 허덕이고 있었으며 영국제국의 해체가 시작되면서 미국의 차관에 크게 의존하였기 때문에 독자적인 독일정책의 수행에는 처음부터 한계가 있었으며 1946년 이후부터는 미국의 입장에 불가피하게 동조하는 경향을 띠기 시작하였다.15)

---

13) Clay, Lucius D. : a.a.O., S. 90ff.
14) Ebenda, S. 90ff.

오랜 협상 끝에 1946년 12월 2일 미국과 영국 점령지역의 경제적 통합, 즉 바이조니아(Bizonia) 협정이 체결되어 1947년 1월 1일부터 효력을 발생하였다. 이것으로 미국과 영국은 필요한 비용의 반씩을 각자 부담하게 되었으며 1949년까지 이 지역의 경제적 자급자족을 목표로 하였다. 두 지역의 이러한 경제적 통합은 정치적 통합과는 무관한 것이었지만 불가피하게 정치적 결과를 초래하였다. 이제 점령국들의 관리위원회의 업무는 결과적으로 마비되어 각각의 점령지역에서의 서로 다른 정책 수행이 더욱 불가피하게 되었다. 바이조니아의 탄생이 점령국가들의 통일적인 독일정책에 대한 합의를 이끌어 내는 압력수단으로 작용하기를 기대하였지만 궁극적으로는 독일의 분단으로 가는 결정적인 갈림길이 되고 말았다. 이러한 점에서 틸레니어스(Richard Thilenius)의 분석은 적절하였다.

> 미국과 영국은 바이조니아의 탄생으로 완전히 다른 길을 갈 수밖에 없음을 확실히 알고 있었다. 이 길은 지금까지의 점령국가들의 독일정책, 관리위원회, 포츠담합의 등과 결코 일치할 수 없는 것이었다. 그래서 이 길은 정치적으로 결국 독일의 분단으로 이어질 수밖에 없었다.16)

이러한 전환은 1946년 9월 6일 번스의 슈투트가르트 연설에서 이미 예고되었다. 여기에서 번스는 장래의 바이조니아가 독일정책의 분명한 토대가 될 것이라고 주장하였다. 특히 1946년 말 닥쳐올 혹독한 겨울을 예상하여 독일의 식량상황이 최악의 상태에 놓여 있었기 때문에 그

---

15) Kretzschmar, Winfried W. : Auslandshife als Mittel der Außenwirtschafts- und Außenpolitik, München 1964, S. 158ff.
16) Thilenius, R. : a.a.O., S. 147.

의 연설은 우선 경제적 동기에서 비롯되었다. 더불어서 그는 또다시 독일 중앙행정기구의 설립과 경제통합을 촉구하였을 뿐만 아니라 미국 점령군의 지속적인 주둔을 암시하였다. 이때 번스는 군사적 점령의 주요한 목표가 독일을 비군사화하고 비나치화하는 것일 뿐 결코 독일 국민이 평화적인 경제재건에 노력하는 일을 방해하는 것이 아님을 천명하였다.[17] 많은 역사가들은 번스의 연설이 미국의 전후 유럽정책에 있어서 매우 중요한 전환점이라는 데 의견의 일치를 보인다.[18] 동시에 이 연설을 통해 미국의 정치가들이 소련의 유럽정책에 대해 공식적으로는 처음으로 공격성을 보여주었다고 평가한다. 그러나 이 연설이 소련의 독일 점령정책에 대한 강력한 대응 그리고 독일의 정치적·경제적 재건을 가능케 하는 정책의 시도로 평가될 수 있더라도 미국은 여전히 포츠담 합의가 점령국가들 공동의 독일정책에 기초가 되어야 하며 독일 문제에 있어서 4개 국의 협조가 가능하다는 기본 전제에는 큰 변화를 보이지 않았다.

2. 동맹관계의 종말

1) 트루먼 독트린

파리 회담의 실패에도 불구하고 승전국들의 협조는 더 이상 불가능한 것은 아니었다. 이러한 조짐은 1946년 7월 29일과 10월 15일 사이에

---

17) Frohn, A. : a.a.O., S. 72ff.

18) 이러한 해석에 반대해 김블(J. Gimbel)은 번스의 연설이 명확한 반(反)소련주의를 의미하기보다 프랑스의 비토 전략에 대응하는 것으로 해석하면서 미국의 유럽 정책은 이 시기에도 커다란 변화를 보이지 않았다고 주장하였다. Gimbel, J. : a.a.O., S. 39-62.

열렸던 파리 회담과 제3차 외상회담이었던 1946년 11월 4일과 12월 11일까지의 뉴욕 회담에서 나타났다.

여기에서 과거 독일의 동맹국들과의 평화조약에 대한 합의가 이루어져 1947년 2월 10일 파리에서 조약에 서명하기에 이르렀다. 그러나 이러한 연합국 세력들의 협조적 분위기는 1946년 11월 5일의 미국 의회선거에서 공화당이 승리함으로써 불투명하게 되었다.[19] 공화당은 소득세 20%의 삭감과 재정지출의 삭감을 선거공약으로 내세워 승리하였다. 트루먼은 1947년 1월 초, 7월 1일부터 시작되는 예산연도에 대한 재정지출안을 새로 구성된 의회에 제출하였지만 예산위원회는 315억 달러만을 승인하면서 60억 달러를 삭감하였다. 그 중에서도 군사비 지출은 112억 달러에서 90억 달러로 크게 삭감되었다.[20] 이러한 사실은 전후 서유럽 지역이나 특히 서부독일 지역에서의 파국적인 상황을 고려해 볼 때 유럽정책의 원활한 실현의 가능성을 희박하게 했다.

1946년 말 프랑스, 벨기에 그리고 네덜란드는 산업생산이 전쟁 전의 85%에 달했으며 이탈리아는 60%, 영국과 스칸디나비아 국가들은 거의 100%에 육박하였지만 독일은 겨우 31%에 그쳤다. 미국은 1947년 100억 달러의 국제수지 흑자를 기록하였지만 유럽 대부분의 국가들은 75억 달러의 적자를 기록하였다. 그 밖에도 1946년의 극심한 흉작으로 식량난은 가중되었으며 1946~47년의 혹심한 겨울의 석탄난은 위기를 가중시켰다. 이러한 보편적인 유럽의 경제적 위기는 또 다른 한편으로는 공산주의의 득세에 이용되어 결국 소련의 영향력 확대에 크게 기여할 수도 있었다. 특히 오랜 기간 동안 유럽경제의 중요한 역할을 담당

---

19) Frohn, A. : a.a.O., S. 84.
20) Gaddis, John L. : The United States and the Origins of the Cold War 1941-1947, New York, S. 341ff.

하였던 독일산업의 침체는 전 유럽의 위기를 초래하지는 않았다고 하더라도 적어도 위기를 심화시키는 데 중요한 영향을 미쳤다.[21] 독일경제의 신속한 재건은 이러한 상황 속에서 더욱 절실하였다. 미행정부 내에서도 소련의 정책을 공산주의의 세력 확대를 위해 유럽의 빈곤화를 촉진하는 것으로 판단하면서 소련에 대한 강경 분위기가 확대되어 갔다. 1947년 1월초 번스가 마셜(George C. Marshall) 장군으로 교체되면서 독일정책은 점점 구체화되어 갔다. 특히 중국에서 미국의 중재자 역할이 실패로 돌아가면서 유럽에서의 미국의 지위를 더욱 공고히 하려는 시도가 본격화되었다.[22] 그러나 이러한 시도가 원활히 실현되기 위해서는 앞에서 언급했던 것처럼 의회의 협조가 필수적이었지만 공화당이 다수를 차지하고 있었던 의회의 도움은 쉬운 일이 아니었다. 유럽에 대한 적절한 원조를 위하여 의회를 설득하기 위해서는 여론에서의 반공산주의 정서를 불러일으키고 소련의 팽창에 대한 위기감을 의도적으로라도 고조시키는 방법이 필요하였다.[23]

이러한 배경 속에서 1947년 2월 21일 영국은 국내 경제의 위기로 말미암아 그리스와 터키를 위한 군사적·경제적 원조를 3월 31일을 기해 불가피하게 중단할 수밖에 없음을 선포하였다. 이로써 그리스에서는 알바니아, 불가리아 그리고 유고슬라비아로부터 원조를 받고 있던 공산주의자들이 영국의 퇴각으로 생겨난 권력의 공백을 차지하려는 시도가 이어졌으며 국내의 경제 위기도 소련정책의 유리한 수단으로 이용될 수 있었다.[24] 그리고 그리스가 공산화될 경우 터키도 쉽게 소련

---

21) Abelshauer, Werner : Wirtschaft in Westdeutschland, Stuttgart 1975, S. 37ff.
22) Ferrell, Robert H. : George C. Marshall, New York 1966, S. 213 ; Tang Tsou : America's Failure in China 1941-1950, Chicago 1963.
23) Freeland, Richard M. : The Truman Doctrine and the Origins of McCarthyism, New York 1972, S. 10ff.

의 영향력 하에 들어갈 것으로 미국은 판단하였다. 지중해 동쪽에 위치한 이 두 지역은 흑해에서 지중해로의 진출로서의 보스포루스(Bosporus)와 다르다넬즈(Dardanelles) 해협의 안전을 위해 그리고 근동지역의 석유 생산의 안전을 위해 매우 중요한 위치를 차지하고 있었다. 미행정부는 이 두 지역의 안전을 위한 책임과 지금까지 영국에 의해 이어져 왔던 원조를 기꺼이 담당하는 데 주저하지 않았다.

트루먼은 국무성·전쟁성과 합의하고, 두 지역에 대한 원조를 결정하여 1947년 3월 12일 의회에서 '트루먼 독트린'(Truman Doctrine)으로 잘 알려진 연설을 하였다. 재정적 원조를 위한 트루먼의 요구는 연설 내용에서 소련이라고 지칭하지 않았음에도 반소련적인 색채가 농후하였다는 점에서 정치적 원조의 의미를 함께 내포하고 있었다. 이로써 소련과의 합의에 기초하였던 루즈벨트의 정책은 공식적으로 공산주의의 확산을 막아내고 서방 의회민주주의 체제와 자본주의적 경제질서의 확립을 목표로 하는 정책으로 교체되었다. 트루먼이 기대했던 것은 바로 '힘의 정치'(eine Politik der Stärke)였다.

공산주의 팽창 억제정책의 정신적 아버지로서 케난(George F. Kennan)은 이미 1945년 1월 말 승전국들 공동의 점령통치와 독일정책이 위험한 환상에 불과함을 깨닫고 전체주의자들의 득세를 막기 위하여 적어도 서쪽지역에서만이라도 독립적 형태의 행정지역의 탄생을 추구해야 한다는 현실적 주장을 내세웠다.[25] 또 그는 1946년 2월 22일에 유명한 '8000단어 전보'를 통하여 소련에게 연합국 세력들 간의 협조는 말뿐인 허구에 불과하며 그의 정책은 비타협적이고 부정적이며

---

24) Gaddis, John L. : a.a.O., S. 348.
25) Kennan, George F. : Memoiren eines Diplomaten, München 1982, S. 264f. ; Mayers, David : Soviet War Aims and the Grand Alliance, George Kennan's Views, 1944-1946, in : JCH 1986, S. 57ff.

파괴적이기 때문에 소련과의 협조방식(Modus Vivendi)은 존재할 수 없다는 강경한 입장을 보였다. 그리하여 이제 세계는 2개 지역으로의 분리가 불가피하며 서방세력을 소련의 영향력 범위로부터 분명히 구분하는 정책만이 효율적이라고 강조하였다.26) 케난은 1947년 7월 잡지 *Foreign Affairs*에 'X'라는 익명으로 소련의 팽창을 억제하는 이론적 근거를 체계적으로 제시하였다.27) 이러한 그의 '봉쇄이론'(Containment Theory)은 트루먼 독트린의 탄생에 큰 영향을 미쳤다.28) 트루먼 독트린은 케난의 구상을 실제적으로 응용하여 정책에 반영하는 것이었다. 이런 점에서 자연스럽게 마셜 플랜과 연결될 수 있었다.

2) 모스크바 회담

트루먼 독트린은 소련의 요구에 대한 서방세력의 태도를 경화시켰다는 점에서 모스크바 외상회담에 미친 영향은 매우 컸다. 이 회담에서는 포츠담 회담 이후 처음으로 독일문제가 가장 중요한 테마였다. 특히 1947년 3월 31일 영국외상 베빈이 제출한 베빈 플랜은 그 가운데서도 핵심 의제였다. 1946년 봄과 여름 사이에 영국의 독일정책은 근본적인 변화를 겪었다. 이러한 변화는 무엇보다 포츠담에서 합의된 독일경제의 단일화가 실현되지 못하고 그 결과 영국 점령지역에서의 심각한 경제위기에서 비롯되었다. 그 밖에도 영국 외무성은 소련이 독일 내의 공산주의자들의 도움으로 전 독일을 장악하려는 분명한 의도를 가지고 있다고 판단하고 있었다.29) 그 결과 1946년 여름에 이미 소련

---

26) Ebenda, S. 552ff.
27) Foreign Affairs, New York, Vol. XXV, Nr. 4, Juli 1947, S. 566.
28) Truman, Harry S. : Memoirs, Bd. 2, Garden City, N. Y. 1956, S. 101.
29) Steininger, R. : Die Deutschlandpolitik in den Jahren 1945/46, in : APuZ

의 요구에 반대하는 서부지역만의 강경한 정책의 수립을 결정하였다. 이러한 배경 속에서 1947년 3월 21일과 23일 베빈은 외상위원회에 장래 독일의 정치적 구조에 대한 영국정부의 구상을 내용으로 하는 문서를 제출하였다. 이 문서에서 독일의 국가조직을 단계적으로 실현하고 중앙행정기구의 수립을 요구하는 내용이 제시되었다. 이를 위하여 독일국민의 참여 하에 임시헌법을 제정하고 정해진 검증 기간을 거쳐 독일국민이 최종적으로 비준한 헌법에 기초하여 새로운 정부를 구성하는 것이었다. 이 헌법은 정치권력의 비중앙화의 원칙을 기초로 연방제 수립을 규정하는 것이었다.[30]

소련 대표 몰로토프는 이러한 독일연방제 구상 안에 독립국가로서의 독일을 파괴하려는 의도가 숨어 있다고 비난하였다. 또한 이러한 계획의 실현은 독일의 민주화 작업과 세계 평화의 이해관계에도 합치되지 않을 뿐만 아니라 나아가 연방제에 기초한 독일의 재탄생은 군국주의자들을 자극하여 통일운동을 일으키게 할 것이며 원한의 감정에 휩싸이도록 독일국민들을 악용할 것이라고 주장하였다. 그리하여 연방제가 탄생할 경우 승전국들에게 보상해야 할 독일의 의무와 책임을 감당할 수 있는 강력한 독일 중앙정부가 사라지고 만다는 것이었다.[31] 여기서도 몰로토프는 여전히 배상문제에 집착하면서 회담을 파행으로 몰아갔다. 이러한 의견의 대립으로 승전국들은 독일의 경제적·정치적 새 질서에 대한 원칙에 합의하는 데 실패하였다. 다만 프로이센의 해체와 더불어 비군사화, 비나치화, 민주화 그리고 강제 노역자들에 대한 대우의 일반적인 원칙만이 타결되었을 뿐이었다.[32]

1982, Nr. 1-2, S. 33 ; Pingel, F. : a.a.O., S. 104f.

30) EA 1947, S. 694ff.

31) Ebenda, S. 697.

32) EA 1947, S. 672 ; FRUS 1947, Vol. II, S. 237ff.

3) 마셜 플랜

미국무장관 마셜은 1947년 4월 28일 라디오 방송의 대국민 연설에서 모스크바 회담의 실패에 대한 입장을 밝혔다. 여기에서 마셜은 소련의 배상요구가 독일의 경제조건을 더욱 악화시킴으로써 결국 가까운 장래에 미국의 경제원조가 불가피할 것이라고 주장하면서 빠른 시일 내에 극단의 조치를 요구하였다.

> 우리는 시간이라는 요인에 큰 영향을 받는 문제에 대해 절대 간과해서는 안 된다. …… 의사들이 서로 상의하고 토론하는 가운데 환자의 병세는 더욱 악화될 것이다. 시급한 문제를 해결하기 위하여 즉시 가능한 조치가 취해져야 한다.[33]

미국 외교정책의 대표격이었던 애치슨(Dean Acheson)도 1947년 5월 8일 유럽과 아시아, 즉 독일과 일본의 거대한 공장들이 다시 재건되어야 한다고 주장하였다. 왜냐하면 독일과 일본의 경제적 부흥은 전 유럽과 전 아시아의 경제부흥과 직접적으로 연결되어 있기 때문이었다.[34]

1946년 파리 회담의 실패 이후 득세하고 있었던 미국의 봉쇄전략의 정서가 확산되어 가고 있었음을 인식해 볼 때 모스크바 회담의 실패는 이미 예정되어 있었다. 이러한 정서 변화의 궁극적 표현은 서유럽 경제의 복구를 위한 미국의 원조계획이었다. 이 계획은 1947년 6월 5일 마셜의 하버드 연설을 거쳐 마셜 플랜으로 잘 알려진 유럽부흥계획(European Recovery Program)으로 이어졌다. 이 연설에서 마셜은 건

---

33) EA 1947, S. 748ff.
34) Meissner, B. : Rußland, S. 131.

전한 경제발전 없이 어떠한 정치적 안정과 어떠한 평화도 존재할 수 없다고 느끼는 모든 유럽 국가들에게 경제적 원조를 천명하였다. 이러한 원조는 공산주의에 대한 저항이나 전쟁을 의미하는 것이 아니라 유럽사회의 경제 회복과 힘의 복구를 의도하는 것이었기 때문에 어느 특정 국가나 이데올로기를 반대하는 것이 아니며 굶주림, 가난, 절망 그리고 혼란을 극복하는 것이라고 주장하였다. 또한 미국의 경제가 양차 세계대전 사이에 큰 위기를 겪었던 것처럼 이 계획을 통하여 유럽의 경제가 부흥하면 미국 경제에도 큰 이득이 될 것이라는 점도 숨기지 않았다.[35]

1947년 5월 미국 무역부 장관 해리먼은 미국은 제2차 세계대전 동안 산업생산과 농업생산이 놀라울 정도로 상승하여서 더욱 확대된 세계시장이 필요하다고 역설하였다.[36] 애치슨도 미국이 이전보다 더욱 규모가 큰 세계무역과 직접적으로 연결되어 있음을 암시하였다. 유럽은 의심할 바 없는 미국의 가장 중요한 시장이었다. 미국의 대유럽 수출 비중이 1947년 초 35%에서 38%로 증가하였지만 이 중 거의 43%가 외상으로 거래된 것이었다. 특히 프랑스와 독일, 이탈리아는 신용거래에 기초한 수입에 크게 의존하였다. 이러한 점에서 유럽 국가들의 경제발전으로 미국으로부터의 수입품에 대한 지불 능력을 갖추게 되면 미국의 경제에도 도움이 될 것이었다. 유럽의 국제수지 균형은 이렇게 유럽경제 재건을 위한 필수적 조건이었다. 또 다른 한편으로는 미국의 원조목적에 정치적 계산도 포함되어 있었다. 경제환경이 호전되고 생활필수품들이 확보되면 공산주의의 위협으로부터 자유로워져 유럽의 정치적 안정을 도모할 수 있을 것이기 때문이었다. 1946년과 1947년의

---

35) EA 1947, S. 821.
36) Claude, Henri : Der Marshallplan, Berlin 1949, S. 21f.

혹독한 겨울 추위는 대부분의 유럽 국가들에게 산업 재건의 발목을 잡았으며 실업자 수는 증가하였고 사람들 사이에 불만과 좌절이 만연했다. 특히 체코와 오스트리아에서는 공산주의운동이 득세하였으며 프랑스에서는 1946년 선거에서 공산당이 가장 큰 성장을 보였으며 이탈리아도 예외는 아니었다. 단지 경제적 위기를 극복하는 길만이 민주주의의 몰락을 막을 수 있다는 생각이 명백해졌다. 이러한 점에서 미국 원조의 정치적 목적도 경제적 의미를 내포하고 있었다.

마셜 플랜에 대한 평가는 매우 다양하여 지금까지도 논쟁거리이기는 하지만 전후 지배세력으로서 미국의 역할에 있어서 마셜 플랜이 미국의 전후 외교정책의 전환점이었다는 사실은 많은 역사가들의 일치를 보았다. 미국의 역사가 김블(J. Gimbel)은 마셜 플랜에 있어서 독일문제가 결정적 역할을 하였다고 주장한다. 그에 의하면 마셜 플랜은 소련의 위협에 대한 반응도 아니었고 냉전의 한 요인으로 작용하지도 않았으며 단지 독일정책의 딜레마를 해결하기 위한 하나의 시도였다.37) 독일의 역사가 크납(M. Knapp)도 마셜 플랜의 탄생에 있어서 독일문제가 매우 중요한 의미를 가지고 있다는 데 동의하였다.38) 마셜 플랜에 의한 경제적 부흥의 길을 통해 서유럽 국가들은 무엇보다도 자유민주주의 토대 위에서 정치적으로 안정을 도모할 수 있었으며 이로써 소련에 의해 사주되는 공산주의 반란을 방지할 수 있으리라는 기대가 분명히 존재했다는 사실은 부인할 수 없다. 또한 마셜 플랜이 미국의 경제적 이득을 고려하여 미국의 과잉생산에 대한 유럽의 건전한 시장을 확보하려는 의도를 갖고 있었다는 것도 어느 정도 설득력이 있

---

37) Gimbel, J. : The Origins of the Marshall plan, Stanford 1976, S. 179-206.

38) Knapp, M. : Das Deutschlandproblem und die Ursprünge des europäischen Wiederaufbauprogramms. Eine Auseinandersetzung mit John Gimbels Untersuchung, in : PVS 19(1978), S. 48-65.

다. 여하튼 마셜 플랜은 결과적으로 서방세계와 소련에게 화해할 수 있는 가능성의 폭을 크게 줄였다. 몰로토프는 마셜 플랜에 나타난 서유럽의 블록 형성의 위험성을 경고하면서 마셜 플랜이 유럽을 두 개의 서로 대치되는 집단으로 갈라놓았다고 비난하였다. 더불어 그는 독일의 자원을 배상 목적과는 다른 용도로 사용하는 것을 경고하였다.[39]

1947년 7월 12일부터 15일까지 소위 '마셜 플랜 회담'이라고 불렸던 유럽 경제협력을 위한 회담이 파리에서 열렸다. 여기서 서유럽 대부분의 국가들이 참여하여 유럽경제협력위원회(Committee on European Economic Cooperation : CEEC)가 결성되었다. 독일도 장래에 이 기구에 참여할 것이 예상되었다. 소련이 이에 대한 참여를 거부하자 독일 점령지역은 동서 유럽의 경제적 경계를 이루게 되었다. 미국무성은 7월 17일 독일의 참여를 위한 점령정책의 조건을 조성하기 위해 독일정책에 대한 새로운 훈령을 발표하였다. 이 새로운 훈령은 JCS 1779로 탄생되어 과거 모겐소 플랜에 기초한 JCS 1067을 대체하였다. 이 훈령에서 미행정부는 유럽의 번영과 안보에 기여할 독일의 정치적·경제적 구조의 탄생에 노력할 뜻을 밝혔다. 독일의 발전과 의회 민주주의에 기초한 정치적 안정은 유럽의 번영에 필수적 조건이었기 때문이다.[40]

마셜 플랜의 성립에 있어서 특기할 만한 점은 미국과 영국의 독일정책에 장애물이었던 프랑스가 점진적으로 협조적이고 유화적인 태도를 보이기 시작했다는 점이다. 사실 프랑스도 경제 재건에서 다른 유럽국가들처럼 근본적인 대안이 없었을 뿐만 아니라 외부의 원조 특히 미

---

39) Ebenda, S. 913 ; Molotow, W. M. : a.a.O., S. 509f.
40) Cornides/Volle (Hrsg.) : Um den Frieden mit Deutschland, in : EA, Dokumente und Berichte, Bd. 6, 1948, S. 100f.

국의 차관에 크게 의존하고 있었다는 점에서 예견된 일이기도 했다.
1944년 6월에 이미 드골은 미국의 정책에 종속되지 않기 위해서라도
소련에게 적절한 원조를 구하였지만 별 성과는 없었다. 이러한 점에서
프랑스는 독립적이고 자유로운 전후정책에 대한 요구와 전쟁으로 인
한 사회경제적 구조의 붕괴라는 현실 사이에서 커다란 혼란을 겪었다.
이러한 모순은 동서 이데올로기의 갈등 속에서 프랑스의 자유로운 활
동영역을 크게 제약하였음은 당연하였다.[41] 이러한 점에서 파리 회담
은 서유럽 세계의 통합이 시작됨을 의미하였다. 더욱이 독일의 서쪽
점령지역이 마셜 플랜에 포함된다는 것은 독일 산업생산의 경제적 제
약을 완화한다든지 프랑스 점령지역이 바이조니아에 통합됨으로써 경
제적 안정의 첫 걸음을 내딛게 되었다.

이로써 1947년 여름 독일 분단에 대한 경제적 결정이 먼저 이루어졌
다. 서방세계의 트루먼 독트린과 마셜 플랜에 대한 소련의 첫 번째 반
응은 1947년 가을 코민포름(Kominform)의 탄생으로 나타났다. 소련은
코민포름의 창설로 동유럽과 프랑스, 이탈리아의 공산당들과 규합하여
사회주의로의 국가적 특징을 강조한 것으로부터 소련의 모델을 따르
는 절대적 실천으로의 정책적 전환을 시도하였다. 이로써 유럽 대륙은
실질적으로 두 개의 서로 다른 블록으로 분리되었으며 특히 서부독일
이 마셜 플랜에 편입된 사실은 결국 앞으로 탄생될 연방공화국이 유럽
경제협력 기구에 가입하는 것뿐만 아니라 동시에 미국이 주도하는 서
유럽의 동맹체 대안으로 서독이 진입하는 데 초석을 마련하였다는 데
의의가 있다.[42]

---

41) Gantzel, K. J.(Hrsg.) : Kapitalistische Penetration in Europa, Hamburg 1976,
 S. 59f.

42) Knapp, M. : Deutschland und der Marshallplan, in : Politische und ökonomische
 Stabilisierung Westdeutschlands 1945-1949, Wiesbaden 1977, S. 42.

4) 런던 외상회담

이러한 과정을 배경으로 독일문제의 해결을 위한 조건은 1947년 겨울 런던 외상회담에서 더욱 악화되었다. 서방세계는 런던 회담에서 유익한 결실을 기대하지는 않았다고 하더라도 독일문제 해결을 위한 마지막 기회로 생각하였다. 그러나 여기에서 그 이전보다 더욱 격렬한 논쟁이 이어졌다.

베빈은 또다시 '베빈 플랜'을 제기하였지만 몰로토프는 과거의 주장을 되풀이하였다. 그는 루르 지역 관리에 소련의 참여를 숨김없이 요구하였으며 독일 중앙행정기구와 경제 단일화의 탄생 조건으로 철저한 배상요구를 강력히 주장하였다. 서방세계는 베빈 플랜을 기초로 연방제 형태의 중앙정부의 단계적 설립과 산업생산계획의 수정 그리고 현재 생산되고 있는 물품으로의 배상에 대한 거부를 주장하였다.[43] 이때 주목할 만한 사실은 독일문제에 대한 프랑스의 비타협적 태도가 처음으로 누그러지기 시작하였다는 점이었다. 이 회담에서 비도는 라인 지역과 루르 지역을 독일로부터 완전히 분리하는 과거의 주장을 더 이상 반복하지 않았다. 뿐만 아니라 독일의 철강생산 증강에 더 이상 거부적인 태도를 보이지도 않았다. 그러면서도 비도는 독일경제의 재건이 결코 서유럽 국가들의 경제부흥에 선행되어서는 안 된다는 주장을 잊지 않았다.[44] 어쨌든 런던 회담의 유일한 결실은 미국과 영국의 독일정책에 협조하는 프랑스의 변화된 태도였다. 사실 프랑스 내에서도 프랑스의 독일정책이 미국과 영국과의 협조 속에서도 충분히 가능성이 있음을 인식하기 시작하였다.[45]

---

43) EA 1948, S. 1076-1084 ; Cornides/Volle : a.a.O., S.23ff.
44) Cornides/Volle : a.a.O., S. 30.
45) Hänsch, K. : a.a.O., S. 97.

결국 회담은 서방세계와 소련 사이의 심각한 의견 차이, 특히 배상 문제로 기약 없는 중단으로 이어졌다. 또한 회담의 결렬은 반(反)히틀러동맹이 더 이상은 회복될 수 없음을 의미하였다. 회담에 참석하였던 클레이는 회담 결렬의 의의를 자서전에서 다음과 같이 적고 있다.

런던 외상회담의 중단은 새로운 싸움의 시작이었다. 이 전쟁은 무기로 싸우는 것이 아니라 이제는 경제와 이데올로기가 싸움의 중요한 수단이 되었다.46)

마이스너(B. Meissner)도 런던 외상회담의 결과에 대한 역사적 의의를 다음과 같이 요약하였다.

런던 외상회담은 서방세계와 소련 간의 협조시대의 종말을 의미하였으며 결국 새로운 평화적 질서를 수립하는 데 있어서 두 집단 사이의 소외 그리고 전쟁과 평화 사이의 위험한 줄다리기의 시작이었다. 그리하여 독일의 분단뿐만 아니라 전 세계의 분단을 야기하였다. 회담의 결렬로 서방세계는 이러한 분단이 소련의 냉전전략으로 야기된 것으로 인식하였으며 하나의 현실로 받아들였다. 결국 서부독일을 포함하는 서유럽 세계의 안전과 재건에서 서방세계는 소련의 협조에 더 이상 큰 의미를 부여하지 않았다.47)

소련측 입장에서도 런던 회담 결렬 직후 자신의 점령지역에 더욱 집중하면서 전체 독일지역에 대한 영향력을 기대하는 일은 현실적으로 불가능함을 인정했다.

---

46) Clay, Lucius, D. : a.a.O., S. 387.
47) Meissner, B. : Deutschland, S. 156.

5) 프랑스의 태도 변화

앞에서 언급했던 것처럼 서방세계가 소련의 요구에 대해 비타협적인 태도로 일관했던 것은 무엇보다도 프랑스의 독일정책이 어느 정도 유화적인 태도를 보인 것에서 비롯되었다. 런던 회담이 결렬되자 프랑스의 이러한 유화적 태도는 더욱 구체화되었다. 그러나 이미 1946년에 들면서 전통적이고 완강한 프랑스의 독일정책은 외교무대 뒤에서 어느 정도 변화의 조짐을 보였다. 표면적으로 비도는 이 시기 동안에도 여전히 안보와 세력균형의 측면에서 라인 지역과 루르 지역의 분리와 경제적인 요구 측면에서 루르 지역의 석탄 수입의 증가, 자르 지역의 프랑스 편입을 줄기차게 주장하면서 프랑스의 전통적 독일정책 노선을 고집하였다.[48] 그리고 1947년 초에도 프랑스는 공식적으로는 이러한 노선을 고수했 나갔다. 그 증거는 1947년 1월 17일의 독일재건에 관한 두 개의 보고서와 2월 1일의 루르 보고서에 잘 나타나 있다.[49] 그러나 프랑스는 비공식적으로 독일정책에 대한 태도가 조금씩 완화되면서 우선적으로는 독일 각 지역의 느슨한 결합 형태의 통합체제에 동의하였다. 프랑스는 이때 1815년의 독일영방제를 염두에 두었다.

프랑스의 독일에 대한 정책 변화의 요인들은 매우 다양하였다. 우선은 드골과 비도가 요구하였던 카르타고식 독일정책 개념이 특히 점증하는 소련의 위협에 직면하여 프랑스 여론과 내부적 논의에서 설득력을 잃어 가고 있었다.[50] 동유럽 지역에서의 소련의 팽창, 프랑스의 자르 정책에 대한 소련의 거부 그리고 무엇보다 마셜 플랜에 대한 소련

---

48) Schreiner, R. : a.a.O., S. 91ff.

49) EA 1946/47, S. 622ff.

50) Weisenfeld, E. : Welches Deutschland soll es sein? Frankreich und die deutsche Einheit seit 1945, München 1986, S. 29ff. ; Loth, W. : Die Franzosen, S. 39ff. ; Schreiner, R. : a.a.O., S. 131ff.

의 공격적인 태도 등은 프랑스에서 독일의 위협 못지않은 소련의 위협을 부각시키기에 충분하였다.[51] 둘째는 미국에 대한 프랑스 경제의 종속 문제였다. 미국의 경제원조의 중요한 대상지역 중에 하나가 프랑스였다. 이때 미국은 두 가지 목적을 추구하였다. 하나는 프랑스 내의 공산주의의 득세를 막는 일이었으며 또 다른 하나는 미국의 경제원조를 무기로 프랑스의 비타협적인 독일정책 노선이 완화되기를 기대하였었다. 프랑스는 미국의 이러한 목표들을 교묘히 이용하였다. 독일정책에 대한 프랑스의 비현실적 요구가 끊임없이 이어지고 국내 공산당의 득세가 비도에 의해 어느 정도 과장되면서 미국과의 경제원조 협상 테이블에서 프랑스는 유리한 고지를 차지하게 되었다. 미국 외의 다른 어느 국가도 경제적으로 프랑스를 도울 능력이 없었다는 점에서 프랑스는 실질적으로 미국의 경제원조에 의존할 수밖에 없었다. 비도는 처음부터 마셜 플랜에 긍정적인 태도를 보이고 현실을 직시하면서 독일정책에 대한 거부적인 태도를 거두기 시작하였다. 또한 과거와 같은 강대국의 지위를 되찾으려는 드골식의 민족주의적이고 전통적인 정책의 요구와 전후 정치적·경제적 현실 사이의 극복할 수 없는 격차를 인정하면서부터 프랑스는 점점 현실을 인정하는 방향으로 기울어졌다. 특히 마셜 플랜에서 추구하고 있는 서부독일을 포함하는 서유럽의 통합에 대한 비전은 이러한 점에서 좋은 해결책이 될 수 있었다. 프랑스는 이러한 서유럽의 통합을 이용해서 서부독일의 경제적·정치적 그리고 궁극적으로는 군사적 재건을 통제할 수 있으리라고 기대하였다.[52]

---

51) Hänsch, K. : a.a.O., S. 121f.

52) Loth, W. : Die Franzosen und die deutsche Frage, in : Scharf/Schröder (Hrsg.) : Die Deutschlandpolitik Frankreichs und die französische Zone 1945-1949, Wiesbaden 1983, S. 40f ; Poidevin, Raymond : Die französische Deutschlandpolitik, in Scharf/Schröder(Hrsg.) : Die Deutschlandpolitik Frank-

이러한 배경 속에서 1948년 봄 런던 6개국 외상회담에서 프랑스의 변화된 태도는 확연하게 드러났다.[53] 1947년 마셜 플랜과 런던 회담에서 프랑스의 외교정책이 미국과 영국의 독일정책에 유화적인 태도를 보이기 시작한 토대가 형성되었다면 1948년의 런던 회담은 프랑스 정책의 결정적 전환을 가져왔다. 1948년 2월 23일 런던에서 미국, 영국, 프랑스 그리고 베네룩스 3국의 대표들이 모여 독일문제 해결을 위한 회담을 개최하였다. 전후 처음으로 소련은 독일문제 해결을 위한 회담에서 제외되었다. 회담 직전에 이미 프랑스 외무성은 독일문제에 대한 과거의 요구를 다음과 같이 크게 축소하였다.

① 루르 지역의 생산에 대한 국제관리
② 서부독일의 연방제 실시
③ 독일의 위협에 대한 프랑스의 안전보장을 위한 조약 체결

그러나 프랑스에게 독일문제 해결을 위한 합의는 그렇게 쉬운 것이 아니었다. 프랑스 대표는 루르 지역의 정치적 국제화에 대한 요구를 철회할 수밖에 없었으며 루르 지역의 관리를 연합국들에게 넘겨주는 문제도 거부되었다.[54]

런던 회담 기간 동안 체코 프라하에서 공산당은 정부를 전복하고 정권을 차지하였다. 이 사건으로 서방세계는 유럽에서의 소련의 팽창을 억제하려는 의지를 공고히 했다. 특히 이 사건은 프랑스의 외교정책이 미국과 영국에 협조하는 노선으로 전환하는 결정적인 계기가 되었

reichs, S. 25.
53) Willis, F. R. : France, Germany and the New Europe 1945-1967, London 1968, S. 20-24.
54) Schreiner, R. : a.a.O., S. 154f.

다.55) 1948년 6월 7일 회담의 첫 번째 공식선언문이 작성되었다. 그 내용은 다음과 같다.

① 독일경제는 유럽부흥계획에 독일의 참여를 쉽게 하기 위하여 서부독일 지역들의 긴밀한 협 조하에 발전되어야 한다. 루르 지역은 미국, 영국, 프랑스 그리고 베네룩스 3국이 공동으로 관리한다. 루르 국제관리위원회의 탄생은 결코 루르 지역이 독일로부터 정치적으로 분리되는 것을 의미하지 않는다.

② 독일민족에게 스스로 자유주의적 그리고 민주적 질서를 수립하는 기회가 제공되어야 한다.

③ 바이조니아와 프랑스 점령지역에서의 경제정책은 서로 긴밀한 협조 하에 동등하게 실시되어야 한다.

④ 점령국 군대의 철수는 유럽에서의 평화와 안정이 전제되어야 하며 탈군사화와 산업생산의 통제에 대한 조약 체결이 반드시 선행되어야 한다.56)

이러한 공식선언문에 대한 반응은 관리위원회에서 소련의 협조거부로 나타났다. 소련은 런던 회담 결과를 포츠담 합의에ˊ역행하는 것으로 규정하였다. 연합국관리위원회에서 소련 대표 소코로프스키(Marshall Sokolowski) 장군은 런던 회담의 내용에 대한 서방연합국들의 해명을 요구하였다가 거부 당하자 곧 자리를 떠나고 말았다. 이로써 연합국관리위원회의 업무는 마비되면서 포츠담 조약에서 합의하였던 내용, 즉 독일을 승전국들이 공동으로 통치한다는 명제는 결국 실

---

55) Hänsch, K. : a.a.O., S. 107ff.
56) EA 1948, S. 1437-1439.

패하였다.

런던 6개국 회담에서 독일문제를 해결하기 위해 실현 가능한 결정들이 처음으로 등장하였다. 소위 '런던 회담의 제안'(Londoner Empfehlung)으로 불리는 합의 내용들은 서유럽 국가들의 경제적 기대와 안보에 대한 욕구가 적절히 혼합된 것이었다. 특히 프랑스는 서유럽국가들의 동맹과 독일에 대한 경제적 통제 그리고 서부독일을 서유럽에 통합하는 방식을 통하여 안전을 보장받을 수 있다면 그들의 전통적 목표들, 즉 루르 지역을 정치적으로 국제관리 하에 두는 문제와 라인강 서안지역을 독일로부터 분리하는 요구 등을 포기할 수 있었다.57) 특히 안보 측면에서 프랑스는 브뤼셀 조약과 1949년 4월의 나토(NATO) 조약에 서명함으로써 독일 위협에 대한 위기감에서 어느 정도 벗어나자 프랑스 외교정책은 공식적으로 현실적 감각을 띠기 시작하였다.

6) 브뤼셀 조약과 NATO 창설

프랑스 외교정책의 변화는 앞에서 언급한 것처럼 독일의 위협뿐만 아니라 소련의 팽창에 대한 공동방어의 필요성에 의해 결정되었다. 그 사이에 영국에서는 전략적 논의가 있었다. 이미 영국은 1947년 3월 4일 덩커크 조약(Treaty of Dunkergue) 체결로 유럽 대륙의 가장 중요한 파트너로서 프랑스를 전략적 동반자로 끌어들일 수 있었다. 이 조약은 명목상 여전히 독일을 가상의 주적으로 명시하였으며 독일의 공격시 두 파트너의 군사적 원조체계를 확립하였다. 이 조약의 의의는 구체적인 전략적 구상을 포함하지는 않았다고 하더라도 서유럽의 안

---

57) Ziebura, G. : a.a.O., S. 47ff.

보 측면에서 중요한 첫 걸음이었다. 그 이후 베빈, 비도 그리고 벨기에의 스파크(Paul Henri Spaak)의 접촉이 빈번해지고 전략적 구상에 대한 의견 교환이 많아지면서 전략적 기구의 필요성에 합의하였다.

이들은 공산주의의 팽창과 위협에 대항하기 위해서는 물질적 방어만으로는 불충분하다는 것을 인식하고 유럽의 힘을 광범위하게 집결시킬 수 있는 하나의 기구 '서유럽 연합'(Westeuropäische Union)의 창설에 합의하였다. 그리하여 베빈은 1948년 1월 22일 영국 하원에서 덩커크 조약의 확대를 주장하였다. 이는 우선 베네룩스 국가들과 이탈리아 그리고 궁극적으로는 서유럽 모든 국가들을 포함하는 것이었다.[58] 이러한 일련의 과정을 더욱 촉진한 것은 1948년 2월 24일의 체코 공산당의 정권 장악이었다. 서유럽 국가들은 이 사건을 통해 서유럽의 안보가 소련의 위협에 무방비 상태로 노출되어 있음을 실감하면서 그들의 자유와 안전을 보장해줄 기구의 필요성을 인식하였다. 3월 4일 영국, 프랑스 그리고 베네룩스 국가들의 대표들은 상호원조에 관한 조약을 맺기 위한 막후 협상을 위해 브뤼셀에 모였다. 이들의 협상은 3월 17일에 결실을 맺어 브뤼셀 조약의 탄생과 소위 '서유럽연합'(West-union)의 설립으로 이어졌다. 이 조약의 목적은 군사적 공동 방어 시스템을 구축하고 경제적·문화적 교류를 강화하는 것이었다.[59] 브뤼셀 조약의 전문은 인간의 권리, 민주주의, 자유의 원칙 그리고 법치주의 헌법에 대한 신앙고백을 내용으로 하고 있으며 또한 독일의 공격적 위협에 대한 공동 대처에 대해서도 잊지 않았다. 그러나 처음부터 독일을 가상의 주적으로 결정하는 데는 많은 논쟁을 겪었다. 여하튼 명목

---

58) Azzola, Axel Christian : Die Diskussion um die Aufrüstung der BRD im Unterhaus und in der Presse Großbritanniens, Meisenheim 1971, S. 13f. ; FRUS 1948, Vol. Ⅲ, S.1ff.
59) EA 1948, S. 1263f.

상으로도 소련의 위협에 대해 거론하지 않았던 것은 공연히 소련을 자극할 필요가 없다는 데서 비롯된 것이었다. 이 조약에 서명하였던 스파크는 그의 자서전에서 이 문제에 대해 다음과 같이 서술하였다.

소련을 자극하거나 소련에게 의혹을 살 만한 어느 것도 행해서는 안 된다. 이런 점에서 독일의 위협을 분명히 명시하고 서유럽이 하나의 조직이나 기구 안에서 단결해야 하는 의지와 더불어 나아가서는 동유럽과도 동맹관계를 맺을 상황을 조성할 필요성을 역설하는 것이 절실하다.[60]

이로써 유럽에서 전후 처음으로 독일의 위협에 대항하는 것이 아니라 실질적으로 소련의 팽창 야욕에 대항하는 동맹체제로 브뤼셀 조약이 성립되었다.

그러나 서유럽 국가들만의 동맹체제는 미국의 적극적인 협조 없이는 실질적으로 아무런 의미가 없었다. 트루먼이 이 동맹을 전폭적으로 지지한다고 천명하였음에도 불구하고 구속력 없는 단순한 지지는 동맹국가들을 만족시킬 수 없었다. 이들은 소련의 위협을 극복하는 데는 마셜 플랜과 유사한 형태의 군사적 원조계획으로는 불충분함을 인식하고 미국의 실질적이고 직접적인 참여를 요구하였다. 미국정부는 군사적 보호, 군사원조 그리고 더욱 긴밀한 군사적 협력과 같은 서유럽의 요구에 대해 처음에는 냉담한 태도를 보였다.[61] 미국방성 장관 포러스틀(Forrestal)은 이러한 서유럽의 요구가 현실적으로 불가능하다는 뜻을 내비쳤다. 사실 미국정부는 당시 소련의 위협을 그렇게 심각

---

60) Spaak, Paul Henri : Memoiren eines Europäers, Hamburg 1969, S. 200.
61) Loth, W. : Die Teilung, S. 225.

한 정도로 받이들이지 않았으며 서유럽 동맹체제에 적극적인 참여 문제가 의회에서 쉽게 통과될 수 있으리라고 확인할 수 없었다.[62] 특히 국무성은 서방세계를 목표로 하는 소련의 공격을 전혀 가능성 없는 것으로 평가하고 있었다.[63] 소련은 기술적인 측면이나 산업적 측면에서 크게 뒤져 있기 때문에 미국에 직접적 피해를 입힐 정도가 못 된다는 점을 근거로 내세웠다. 소련은 분명 서방세계에 위협적인 존재이기는 하지만 군사적 공격을 감행할 정도의 능력은 보유하지 못한 것으로 평가하였던 것이다. 특히 미국이 유일하게 보유하고 있던 원자폭탄의 위력은 당분간 전쟁 가능성을 일소하기에 충분하였다. 구체적인 평가에 따르면 10년 또는 15년 안에 미국과 소련의 직접적인 군사적 충돌의 가능성은 배제되었다. 그때까지 소련의 목표는 서방세계를 분열시키고 약화시키는 것이었다.[64] 이러한 분석으로 미국정부는 소련의 위협에 대항하는 가장 효과적인 무기는 강력한 경제적 원조임을 되풀이하였다. 또한 마셜 플랜을 통한 경제적 부흥은 당연히 군사적 재건과 정치적 안정을 초래하여 결국 공산주의의 확산을 막는 데 크게 기여할 것이라고 보았다. 이러한 점에서 군사적 원조와 적극적인 개입은 미국 외교정책에서는 차선책으로 간주되었다. 케난의 판단도 소련의 공격적 위협을 막는 수단으로서 군사적 원조나 적극적인 군사 개입은 전혀 고려하지 않았다.[65] 그 밖에도 앞에서 언급했던 것처럼 유럽에 대한 미국의 지속적인 군사적 개입안이 의회를 통과하기 위해 필요한 전체 의

---

62) Loth, W. : Die Formierung der Blöcke. Strukturen des Ost-West-Konflikts 1948-1950, in : Wiggershaus, Norbert/Foerster, Roland G. : Die westliche Sicherheitsgemeinschaft 1948-1950, Boppard 1988, S. 9.
63) FRUS 1947, Vol. I, S. 770ff.
64) Geiling, M. : a.a.O., S. 63f.
65) Kennan, G. F. : a.a.O., S. 358f.

원의 75%의 지지를 얻는 것은 매우 불확실한 일이었다.

그러나 체코에서의 공산당의 정권 획득과 같은 일련의 사건에 직면
하면서 미국의 구상은 매우 더디긴 하지만 불가피하게 변화되어 가고
있었다. 그 첫 번째 반응은 국방성 예산이 30억 달러 증액된 140억 달
러로 결정되었으며 의회는 유럽부흥계획을 위한 입법 처리를 신속히
하였다.[66] 더욱이 1948년 6월의 베를린 봉쇄사건으로 미국은 소련의
위협이 평가했던 것보다 실제적으로 훨씬 더 위협적인 것으로 인식하
면서 새로운 전략적 구상에 착수하였다.[67] 베를린 봉쇄 이전인 1948년
3월에 미국의 정책적 전환에 영향을 미쳤던 클레이 장군의 유명한 전
보가 베를린에서 워싱턴으로 타전되었다.

지금까지 나는 앞으로 10년 동안은 전쟁 가능성이 없는 것으로 평
가하였다. 그러나 이제 나는 소련의 태도에서 급격한 변화를 느낄 수
있다.[68]

클레이의 전보는 안보정책에 대한 정책 입안자들의 새로운 구상에
영향을 미쳤음은 분명하다. 이 밖에 미국 외교정책의 전환에 영향을
미친 또 다른 요인은 미국의 국내 문제였다. 1948년의 대통령선거에서
트루먼은 선거전략으로 미국의 강대함을 강조하면서 강경외교를 통한
미국인들의 자긍심을 고취시키는 데 주력하였으며 소련의 위협을 어
느 정도는 의도적으로 실제보다 과장되게 평가함으로써 강력한 정부
의 이미지를 만들어 나가는 데 큰 노력을 기울였다.[69] 더욱이 1948년

---

66) Frohn, A. : a.a.O., S. 119.
67) FRUS 1948, Vol. II., S. 915ff.
68) Loth, W. : Die Teilung, S. 226.
69) Ebenda, S. 228.

6월 11일에는 상원에서 반덴버그 결의안(Vandenberg Resolution)이 통과됨으로써 유럽에서의 군사적 참여에 대한 법적 장애물이 제거되었다. 이제 대통령은 평화적 시기에도 합법적으로 동맹조약을 체결할 수 있게 되었다.

트루먼이 이러한 결의안을 승인한 이후 7월에 미국과 유럽의 공식적 협상이 시작되었다. 여기에서 미국과 서유럽 연맹은 노르웨이, 덴마크, 스웨덴 그리고 아이슬란드를 유익한 동맹의 파트너로 받아들이는데 어렵지 않게 합의하였다.[70] 독일의 참여에 관해서는 현재로서는 다룰 수 없는 것으로 의견의 일치를 보았지만 서부독일 지역과 서베를린은 조약 체결국들에 의해 점령지역으로서 안전에 대해 동맹의 보장을 받게 되어 있었다. 이로써 이들 지역에 대한 공격은 곧 조약 체결국들에 대한 공격으로 받아들여지게 되었다. 독일의 전략적 위치가 매우 중요하였음에도 불구하고 군사적 동맹 관계에 참여하는 문제는 여전히 논의의 대상이 될 수 없었다. 세계대전의 주범으로서 독일의 재무장을 거부하는 당연한 정서는 서부독일의 잠재력을 어느 형태로든 이용해 보려는 어떠한 논의조차도 불가능하게 만들었음은 당연하였다.[71]

협상 과정에서 가장 중요한 논쟁거리는 군사적 원조 조항이었다. 특히 프랑스는 브뤼셀 조약에 명시되어 있는 그대로 자동적인 군사적 원조의 의무 규정을 요구하였다. 프랑스는 1940년의 파멸적인 상황이 재현되는 것을 막기 위해서는 소련의 공격뿐 아니라 독일의 위협에 대처하기 위해서라도 미국의 자동적 동맹의무를 촉구하였다.[72] NATO 동맹조약의 탄생을 위한 협상 과정에서 프랑스는 가능성 있는 모든 카드

---

70) Ebenda, S. 229.
71) Wettig, G. : a.a.O., S. 235f.
72) Loth, W. : Die Teilung, S. 240.

를 사용하였다. 프랑스의 지리적·전략적 위치의 중요성뿐만 아니라 국내의 불안정한 상황 그리고 독일문제의 해결에서 당연하고도 중요한 역할 등은 프랑스의 안전보장을 위한 매우 중요한 수단이었다.

미국정부도 프랑스의 이러한 상황을 고려하여 소련 주둔군이 철수할 때까지 군대를 독일지역에 주둔시키며 독일의 탈군사화를 철저히 이행하기 위한 군사감독관의 설치를 확언함으로써 프랑스의 안보에 대한 요구에 어느 정도 응했다. 더욱이 서부독일의 국가 탄생을 위해 프랑스의 협조는 절대적이었기 때문에 프랑스의 요구를 경시할 수 없었다.[73] 그러나 미국정부는 서유럽 국가들이 요구하였던 자동적인 원조의 의무 규정에 대해서는 거부 태도를 보였다. 미국은 군사적 갈등에서 전쟁이라는 수단이 꼭 필요한 것인지 또는 서유럽에 어떤 형태의 군사적 원조가 이루어져야 한다든지와 같은 모든 결정권을 자신에게 남겨두기를 원했으며 자동적인 군사적 원조의 의무는 미국법에 근거해 불가능한 것임을 천명하였다. 그러면서도 미국은 구속력이 미미한 정도의 동맹관계에서도 서유럽을 원조하는 데는 결코 소극적인 태도를 취하지 않을 것임을 강조하였다.[74] 그리하여 결국 서유럽 국가들도 미국의 군사적 결정권을 문제 삼을 수 없음을 인식하면서 동맹국의 원조에 대한 결정은 당사국에 일임하는 데 합의하였다.

그 밖에 조약의 유효기간을 둘러싸고도 논쟁이 있었다. 프랑스는 브

---

73) Kaplan, Lawrence S. : a.a.O., S. 60f., 111f. ; Ireland, Timothy P. ; Creating the Entangling Alliance. The Origins of the North Atlantic Treaty Organization, London 1981, S. 63ff., 85f., 100.

74) Ipsen, Knut : Rechtsgrundlage und Institutionalisierung der atlantisch-westeuropäischen Verteidigung, Hamburg 1967, S. 45.
그 밖에도 서유럽 국가들은 미국의 자동개입조항이 오히려 상원에 의해 조약 자체의 비준을 불가능하게 할 수도 있음을 고려하였다.

뤼셀 조약에 명시한 것처럼 50년의 유효기간을 주장하였고 영국, 캐나다 그리고 그 밖의 서유럽 국가들은 적어도 20년은 되어야 한다고 요구하였다.[75] 반면 미국은 10년을 주장하였다. 미국은 10년 안에 기대했던 것처럼 유럽의 군사적 재건이 이루어지고 스스로 서유럽 방위능력이 갖추어진 이후 조약을 탈퇴할 옵션을 가지기를 기대하였다.[76] 결국 협상을 통한 합의가 이루어졌는데 그 내용은 10년 후에 조약 당사국들은 여러 가지 상황을 고려하여 평화와 안보 측면에서 조약에 대한 내용들을 숙고와 협의를 거쳐 20년 후에는 당사국들 스스로 탈퇴를 결정하도록 하였다.

오랜 협상 끝에 1949년 4월 4일 북대서양 조약 기구(NATO)는 12개 국가(벨기에, 덴마크, 프랑스, 영국, 아이슬란드, 이탈리아, 캐나다, 룩셈부르크, 노르웨이, 네덜란드, 포르투갈, 미국)들이 서명함과 동시에 탄생하였다. 이로써 미국은 처음에는 경제적·정치적으로 그리고 결국 군사적으로까지 유럽에 관여하게 되었다. 미국의 고립주의 시대는 이로써 종언을 고하였다. NATO에 가입함으로써 미국의 정책이 분명 전환하였음에도 불구하고 적어도 한국전쟁 발발 이전까지 실질적으로는 여전히 가시적인 변화를 유도하지는 못하였다. 더욱이 앞에서 거론했던 것처럼 동맹국이 공격을 받았을 경우에도 구속력 없는 군사적 원조만을 거론하였다는 점에서 여전히 견고한 동맹기구로서의 NATO의 효과는 미지수였다. 이러한 점에서 NATO의 의의는 실제적인 군사적 측면에서 찾기보다는 유럽의 안보를 위한 미국의 보장과 심리적 특징에서 찾는 것이 적절하다. 미국정부는 여전히 경제적 원조를 통한 서유럽의 경제부흥에 더 많은 관심을 가졌으며 군사전략적 측면에서는

---

75) Delmas, Claude : a.a.O., S. 25.
76) Greiner, C. : a.a.O., S. 158.

핵우산의 위력을 통한 안전보장에 주력했던 것처럼 보인다. NATO의 효과에 대한 불신과 조약의 내용과 구속력이 유럽 군사동맹의 고전적 전통과도 일치하지 않았기 때문에 NATO 조약과 더불어 브뤼셀 조약이 병존하게 되었다.

7) 베를린 봉쇄

트루먼이 1947년 12월 15일 의회를 통과한 외국원조법안에 서명하면서 1948년 4월 16일 서유럽 16개 국과 서방 연합국들이 점령한 서부독일 지역이 '유럽경제협력기구'(Organization for European Economic Cooperation : OEEC)'의 탄생을 선언하였다. OEEC는 세 가지 업무를 담당하였다. 첫째는 마셜 플랜을 준비하고 실행하는 업무이며, 둘째는 무역 장벽의 폐지와 관세인하 조치를 통한 체계적인 자유무역체제의 수립을 목표로 하였으며, 셋째는 체계적인 지불시스템, 통화의 탄력적 전환과 안정 그리고 환율의 건전성을 목표로 하였다. OEEC의 설립은 단순히 유럽의 경제적 부흥뿐만 아니라 경제적 통합의 우회로를 통하여 불가피하게 정치적 연합에도 영향을 미쳤다. 특히 OEEC의 설립은 비록 세 명의 군정 장군들이 후견인으로서 OEEC에 참여하기는 하지만 서부독일이 국제적 국가공동체 안에 진입하는 계기를 마련하였다.

또한 이 기구의 설립과 더불어 1948년 6월 서부독일과 서베를린에서 실시되었던 통화개혁은 서부독일에서의 국가 탄생과 유럽 경제조직의 독일 참여에 대한 심리적 위안을 가져다주었다. 서부독일에서 통화개혁이 실시된 3일 후 소련 점령지역에서도 독자적인 통화개혁이 실시됨으로써 독일의 통화는 두 개의 지역으로 완전히 분리되었다. 이는 두 개의 분리된 국가의 탄생을 알리는 결정적 신호탄이었다. 문제는 네 개의 점령국에 의해 통치되는 베를린에서 어느 통화가 통용되느냐 하는 것이었다. 양측 모두 각자의 통화를 수용하려 했고 이는 결국 상호 간에 깊은 갈등을 불러왔다. 서방 세력들이 먼저 서베를린 지역에서 도이치마르크(DM)의 도입을 발표하자 소련은 곧 베를린을 봉쇄하였다.[77]

통화문제로 야기된 소련과 서방세력 간의 적대감은 베를린에서 노골적인 힘겨루기로 이어졌다. 사실 서부독일에서의 통화개혁이 베를린 봉쇄의 직접적인 원인이 되었다고 하더라도 그 근본적인 요인은 더욱 깊은 곳에서 비롯되었다. 베를린 봉쇄는 서부독일에서의 국가 탄생을 저지하려는 소련의 마지막 시도였다. 소련은 서방세계에게는 불리한 위치에 있었던 베를린의 지역적 조건을 이용하여 정치적 목적을 달성하려 하였다. 사실 소련은 베를린 봉쇄를 통해 쉽게 서방세계로부터 양보를 얻어낼 수 있으리라고 생각했던 것 같지만 서방세계는 베를린 문제를 독일문제나 유럽문제로 확대 해석하면서 소련의 압력에 쉽게 굴복하지 않았다. 즉 베를린은 서방세계에게 있어서 공산주의의 팽창에 저항하는 정치적 상징물이었다.[78] 특히 클레이 장군은 미국이 베를린을 소련에게 넘겨주게 되면 미국은 서유럽인들로부터 신임을 잃게 되어 결국 유럽의 파멸적인 불안을 야기할 것이라고 생각하였다. 그는 미국 전쟁성에 다음과 같이 주장하였다.

> 우리는 체코를 잃었다. 베를린이 무너지면 그 다음은 서부독일 차례일 것이다. 우리가 공산주의의 위협으로부터 유럽을 지키는 것이 목적이라면 무엇인가 행동으로 이어져야 한다 …… 민주주의의 미래

---

77) AdG 1948/49, 5. 1550B.
78) Herzfeld, Hans : Berlin in der Weltpolitik 1945-1970, Berlin/New York 1973, S. 160ff.

는 우리들이 베를린을 지킬 것을 요구하고 있다.[79]

베를린을 포기해서는 안 된다는 클레이의 이러한 주장 때문만은 아니었겠지만 클레이의 강력한 요구는 미국정부의 결정에 어느 정도 영향을 미쳤음이 분명하다. 미국은 베를린에 '공중보급'(Luftbrücke)을 결정하여 10개월 동안 서베를린 시민들에게 생활필수품을 공급하였다. '공중보급'은 서방세계에 공동의 베를린 정책 수립을 위한 시간을 제공하였다. 늦어도 1948년 가을에 소련은 베를린 봉쇄가 정치적 목적을 위한 적절한 수단이 될 수 없음을 인식해야만 했다. 이와는 반대로 서방세계는 이제 독일정책과 관련하여 어렵지 않게 합의할 수 있었으며 단결된 힘을 보여주었다. 그리하여 베를린 봉쇄사건은 소련이 기대했던 것처럼 서부독일의 국가 탄생을 지연시킨 것이 아니라 오히려 촉진하는 역할을 하였다.

3. 새로운 독일의 탄생

1948년 7월 1일 군정 장군들의 초청으로 11개의 서부독일의 주(州) 수상들이 회합하였다. 이때 서부독일의 군정 장군들─클레이, 쾨니히 그리고 로버트슨─은 주(州) 수상들에게 런던 6개 국 외상회담의 독일에 대한 제언(Deutschlandempfehlungen)에 기초한 서부독일에서의 국가체제 수립을 위한 제안문서를 제출하였다. 이 문서는 소위 '프랑크푸르트 문서'로 알려진 3개의 파일로 이루어져 있다. 첫 번째 파일에 의하면 주 수상들이 늦어도 1948년 9월 1일까지 헌법제정회의(Verfassungs-

---

79) Clay, Lucius D. : a.a.O., S. 398ff.

gebende Versammlung)를 소집할 권한을 갖는 것이었다. 이 회의의 의원들은 주(州)의회에서 파견되었다. 그 밖에도 이 파일은 연방제 원칙을 지지하였으며 헌법의 비준방법을 제시하였다. 두 번째 파일은 주(州) 수상들에게 규모가 너무 크거나 너무 작은 주의 탄생을 방지하기 위하여 주의 경계선을 수정하는 작업을 요청하였다. 세 번째 파일은 아직 탄생하지 않은 점령조례의 원칙을 내용으로 하고 있다. 이에 따르면 다음과 같은 분야에 관해서 점령국들이 권한을 유지하였다. 외교 관계의 수립, 수출입에 대한 통제, 루르 지역에 대한 통제, 배상문제와 무장해제, 그리고 점령군대의 안전보장과 독일헌법의 수호 등이었다. 그 밖에도 모든 헌법의 수정은 군정 장군들의 승인을 거쳐야 했다. 또한 독일헌법과 점령조례의 수호를 위하여 필요한 경우에는 군정 장군들이 다시 모든 주권을 행사할 권리를 가졌다.[80]

프랑크푸르트 문서에 대한 독일 여론의 반응은 매우 다양하였다. 서부독일 국가의 탄생은 전체 독일을 위한 평화조약의 체결을 어렵게 할 뿐만 아니라 분단을 고착화시킬 것이라는 우려도 있었으며, 진행되고 있던 베를린 봉쇄의 해결을 더욱 힘들게 할 수 있다는 부정적인 여론이 형성되었다. 주(州) 수상들은 이 문제의 해결을 위해 1948년 7월 8일 코블렌츠(Koblenz) 근처의 리터슈투르즈에서 회합하였다. 회합에서는 전체 독일의 규정들에 대한 조건들이 주어지고 독일 주권이 충분히 허용될 때까지 '독일국민회의'(Nationalversammlung)의 소집과 헌법 제정의 연기를 요구하였다. 그 대신 주의회에 점령지역의 통일적인 통치를 위한 기본법을 제정할 권리를 갖는 의회평의회(Parlamentarischer Rat)의 구성을 요청하였다. 여기서 특기할 만한 사실은 세 번째 파일,

---

80) Der parlamentarische Rat, Bd.Ⅰ : Vorgeschichte, Boppard 1974, S. 40ff., Keesing's Archiv der Gegenwart 1948/49, S. 1552A.

즉 점령조례에 대한 수정 요구였다. 주(州) 수상들은 세 개의 점령지역의 경제적·행정적 통합을 요구하였으며 점령 국가들의 권한에 대한 명백한 경계와 점령의 조치와 목적에 대한 정확한 구분을 요청하였다. 특히 대외무역에 관해 점령국들의 통제와 관리를 완화하고 축소하기를 요청하였으며 루르 지역의 통제는 점령조례에서 제외시켜 주기를 기대하였다. 주 수상들의 일반적인 관심사는 점령조례에서 규정한 서부독일 국가의 탄생에 대한 최종적 결정을 유보하는 데 있었다. 그 동기는 서부독일 국가의 탄생은 독일 통일을 어렵게 만들 것이며 국가 탄생 이전에 자결권을 확립하는 데 우선권을 부여한 데서 비롯되었다.[81] 그러나 전체적으로 보면 코블렌츠 회담은 프랑크푸르트 문서 몇 군데의 수정을 요구하기도 하였지만 독일문제의 해결에서 서방 세력들과의 협조가 필수적임을 나타냈다. 또한 서부독일의 정치가들이 독일국가의 탄생에서 임시적인 성격을 강조하였음에도 서부독일에서의 정치적인 새로운 질서의 수립이 필수적이라는 점에 합의가 이루어졌다. 그러나 군정 장군들은 독일 정치가들의 이러한 태도에 대해 강한 불만을 나타냈다.[82]

주(州) 수상들은 1948년 7월 21일 프랑크푸르트 문서와 코블렌츠 결정과의 격차를 해소하기 위해 뤼데스하임(Rüdesheim)에서 다시 회합하였다. 이 곳에서의 분위기는 코블렌츠 회담과는 사뭇 달랐다. 프랑크푸르트 문서에 대한 코블렌츠에서의 강경한 태도를 여전히 견지한 사람은 사민당의 슈미트(Carlo Schmid)와 니더작센의 주(州) 수상이었던 코프(Hinrich Kopf) 둘뿐이었다. 반대로 베를린 시장이었던 로이터(Ernst Reuter)를 중심으로 한 대부분의 사람들은 이제 서부독일 국가

---

81) Schwarz, Hans‐Peter : a.a.O., S. 606ff.
82) Der Parlamentarische Rat, Bd. I, S. 151ff, 163‐171.

탄생의 적극적인 지지자로 바뀌었다. 로이터는 서부독일 국가의 탄생
이 베를린의 상황을 더욱 유리하게 만들 것이며 나아가서는 소련 점령
지역도 멀지 않은 장래에 합세할 것으로 생각하였다. 그리하여 군정
장군들과 주 수상들은 공동합의를 위하여 7월 26일에 프랑크푸르트에
서 회합하였다. 여기서 주 수상들은 프랑크푸르트 문서에 대한 원칙적
인 동의를 표하였다. 군정 장군들이 주 수상들에게 양보한 유일한 것
은 헌법제정회의 대신에 의회평의회를, 헌법 대신에 기본법 그리고 국
민투표 대신에 주의회를 통한 헌법승인제에 동의하였다는 것이었다.
이러한 점에서 탄생될 국가는 어느 정도 임시정부의 성격을 가질 수밖
에 없었다. 그리하여 주 수상들은 헌법문제를 다룰 전문위원회의 설치
에 합의하였다. 헌법위원회(Verfassungskonvent)는 8월 10일 헤렌힘
제(Herrenchiemsee)에 모여 의회평의회에 제출할 기본법에 대한 초안
작성작업에 들어갔다. 여기서 헌법위원회는 탄생될 국가는 단지 통일
될 때까지의 과도기적 성격을 가지며 현시점에서 대안이 없음을 확인
하였다.[83]

　1948년 9월 1일 본(Bonn)에서 평의회의 첫 회의가 열렸다. 이 기구
의 업무는 헤렌힘제에서 완성된 초안을 기초로 11개 주(州)에 대한 기
본법을 제정하는 것이었다. 평의회 의장으로는 1946년 이래로 기민당
의 지도자였던 아데나워(Konrad Adenauer)가 선출되었다. 몇 가지 점
에서 정당들 사이에 의견 차이가 있었지만 결국 기본법은 1949년 2월
13일 초안이 작성되어 군사 정부들에 제출되었다. 그러나 권력구조가
너무 중앙에 집중되어 있는 것으로 평가한 프랑스와 미국 군정 장군들

---

83) Verdroß, Alfred : Die völkerrechtliche Stellung Deutschlands von 1945 bis
　　 zur Bildung der westdeutschen Regierung. Archiv für Völkerrecht,
　　 Tübingen 1951/52, S. 129ff.

은 보건위생, 공공복지, 노동, 문화 그리고 특히 재정 분야에 대한 주정부의 권한 강화를 요구하였다. 또한 내란의 위기나 국내 안전을 위한 주의 경찰권에 대하여 중앙정부가 우위를 차지하도록 한 규정도 군정 장군들은 서부독일의 안보는 점령국들의 업무 사항임을 내세워 거부하였다.84) 1949년 1월 이미 군정 장군들은 서부독일에 대한 군사적 안보기구를 설치하였다. 여기에서 서부독일의 지속적인 탈무장화와 탈군사화 작업을 관리하였다.

1949년 4월 5일부터 8일까지 미국, 영국, 프랑스 외상들은 워싱턴에서 서부독일의 국가 탄생을 위한 회담을 가졌다. 여기에서 이들은 특히 점령조례의 구체적인 내용과 3개 국 통제에 대한 협약에 관해 어렵지 않게 합의하였다. 4월 10일 이에 관한 두 개의 문서가 평의회 의장인 아데나워에게 넘겨졌다. 점령조례에 의하면 중앙정부와 주정부들이 기본법 틀 안에서 완전한 주권을 가지지만 조례가 규정한 제한된 주권에 한정되어 있었다. 예를 들면 무장해제, 탈군사화, 루르 지역의 관리 그리고 배상문제, 외교권, 기본법의 수호, 대외무역과 외환거래 등에 대한 권한을 점령국가들이 소유한다는 것이었다. 그러나 중앙정부와 주정부들은 점령 당국과의 합의 하에 제한된 분야에서도 권력을 행사할 수 있었다. 점령국가들은 이외에도 민주적 정부의 유지를 위하여 필요하다면 부분적으로나 완전한 주권을 행사할 수 있었다. 서방 3개 국의 통제에 대한 협약은 점령조례가 효력을 발생하기 이전에 서방 3개 국 점령지역의 통합을 규정하였다. 연합국 고등판무관위원회(Alliierte Hohe Kommission : AHK)는 점령국들의 고등판무관으로 구성됨으로써 점령국 군정 사령관의 업무를 이제는 민간인이 맡게 되었으며 최고의 통제기구 역할을 담당할 것이었다. 이로써 기본법의 수정은 당연히

---

84) Wettig, G. : a.a.O., S. 238ff.

점령국의 승인을 필요로 하였다. 결국 평의회는 여러 차례의 회담을 거쳐 1949년 5월 8일, 독일의 조건 없는 패배 이후 4년 만에 기본법을 제정하였다.[85]

한편 1949년 5월 4일 승전 4개 국들은 5월 12일을 기점으로 베를린 봉쇄를 해제하는 데 합의하고 나서 5월 23일부터 6월 20일까지 파리에서 여섯 번째 외상회담을 가졌다. 회담의 주제는 독일의 경제적·정치적 통일 가능성에 대한 협상이었다. 소련은 베를린 봉쇄로 독일에 대한 4개 국 관리체제가 붕괴되고 NATO 조약이 체결됨에 따라 서방세계와의 협상 필요성을 느꼈다. 5월 24일에 소련의 신임 외상 비쉰스키(Wyschinskij)는 독일의 경제적·정치적 통일의 탄생을 위한 다음과 같은 조치를 요구하였다.

- 베를린의 행정관리를 위한 연합국 사령부 설치
- 동·서 점령지역에 존재하는 경제기구에 기초한 전체 독일 위원회 형태의 독일 중앙기구 설치

이 밖에도 소련은 루르 관리에 대한 참여와 100억 달러의 배상과 같은 과거의 요구를 되풀이하였으며 독일과의 평화조약에 관한 초안도 제시하였다.[86] 그러나 서방국가들은 이러한 소련의 요구를 일축하였다. 특히 애치슨은 배상문제에 대한 소련의 태도가 변하지 않는 한 독일의 통일은 독일민족의 경제적 파산만을 의미하며 서방세계에게는 심각한 재정적 부담만을 안겨준다고 역설하였다.[87] 이제 서방세계는

---

85) Keesing's Archiv der Gegenwart 1948/49, S. 1924B.
86) Dokumente zur Deutschlandpolitik der Sowjetunion, Bd. I, S. 212ff. ; EA 1949, S. 2287.
87) EA 1949, 5. 2392.

우선적으로 그들 계획에 유리한 서부독일의 국가 탄생에만 관심이 있을 뿐 독일의 통일은 중요하지 않았다. 결국 파리 회담은 승전국 외상 회담의 종착역이 되었다.

기본법은 1949년 5월 12일 점령국 사령관들의 승인을 얻어 5월 23일 공포됨으로써 서부독일은 법치주의에 기초한 국가체제의 토대가 제공되었다. 기본법과 더불어 기본법이 규정한 선거법에 기초하여 8월 14일 연방의회 선거 결과 기민당/기사당(CDU·CSU) 연합정당이 다수당이 되어 9월 7일에 각 주(州)를 대표하는 평의회(Bundesrat)와 연방의회(Bundestag)가 소집되었다. 9월 12일에는 평의회와 연방의회의 합동회의에서 자민당(FDP)의 호이스(Theodor Heuß) 교수가 연방공화국의 초대 대통령으로 선출되고, 9월 15일에는 초대 수상으로 기민당의 아데나워가 선출되었다. 이로써 연방정부와 연방공화국이 탄생하면서 동시에 점령조례가 효력을 발하였다.

점령조례의 시행으로 실질적인 주권은 서방 3개 국이 여전히 보유하였기 때문에 연방공화국은 불완전한 주권국가로 출발하였다. 동시에 점령국 대표들이 지금까지의 군정 사령관에서 고등판무관으로 교체되면서 군정에서 민정으로 이양되었다. 고등판무관으로 구성된 연합국 고등판무관위원회(AHK)는 연방공화국의 법률 제정에 이의신청권을 가지며 연방공화국의 안보와 민주질서 수립에 필요하다고 판단되면 언제라도 모든 권력을 행사할 수 있었다. 이러한 점에서 정치적 현실 측면에서 보면 실질적인 주권은 AHK의 수중에 있다고 해도 크게 틀린 것은 아니었다.

그러나 연방공화국 탄생 시기에 이미 대외문제에서 점령조례의 규정이 너무 편협하다는 분위기가 형성되었다. AHK와 연방정부는 1949년 10월 점령조례의 수정을 위한 회담을 가졌으며 11월 9일에는 파리에서 독일문제를 다룰 서방 3국 외상들, 미국의 애치슨, 영국의 베빈 그리고 프랑스의 슈망(Robert Schuman)이 회합하였다. 이 회담에서 독일과 다른 국가들과의 영사관계와 무역교류가 허용되었으며 그리고 공장 해체와 생산규제가 완화되었다. 동시에 독일연방공화국은 유럽평의회와 루르 관리기구에 참여하게 되었지만 반면 엄격한 탈군사화 규정을 재확인하였다.[88]

파리 회담의 합의를 기초로 해서 1949년 11월 중순 아데나워와 AHK 사이의 협상이 이어졌다. 그 결과 11월 22일 '페터스베르크 협정'(Petersberger Abkommen)이 탄생하였다. 이 협정은 다음과 같은 합의 사항을 내용으로 하고 있다.

① 독일 연방공화국은 일반적인 안녕과 번영에 기여하는 모든 국제기구에 참여할 수 있다.
② 연방정부는 현재 옵서버로 참여하는 국제 루르 당국에 정식 회원으로 가입한다.
③ 연방정부는 서독지역에서의 탈군사화 과정을 엄수하며 어떠한 형태의 군대의 부활을 저지한다.
④ 독일의 선박 제조에 대한 제한을 완화한다.
⑤ 19개의 대규모 공장과 서베를린의 모든 공장들의 철거계획을 폐지하는 것으로 공장철거계획을 수정한다.[89]

이 협정은 분명 독일정책에 대한 서방 3국의 변화된 태도를 엿볼 수 있다. 즉 그 전까지의 독일정책에서는 이제까지의 '금지와 제한'이라는

---

88) Keesing's Archiv der Gegenwart 1948/49, S. 2128J.
89) Ebenda, S. 2143A ; Dokumentation zur Deutschlandfrage, Bd. I, S. 92ff. ; Münch, Ingo von : a.a.O., S. 226ff.

원칙을 통해 서유럽의 안보를 고려하였다면, 이제는 연방공화국과 서유럽세계와의 긴밀한 교류와 협조를 통하여 독일의 위협을 극복하는 방향으로 선회하였음을 보여준다. 이러한 점에서 이 협정은 서독과 서구사회와의 연계 내지는. 긴밀한 교류를 통해 행동 반경을 넓히고자 하였던 아데나워의 구상과 일치하였다. 특히 페터스베르크 협정의 또 다른 의의는 서독에게 심리적으로도 긍정적 영향을 끼쳤다는 점이다. 아데나워는 회고록에서 이러한 분위기를 다음과 같이 서술하였다.

> 페터스베르크 협정의 결정적 의미는 무엇보다도 경제적 영역에서 찾을 수 있다. 수많은 공장의 철거계획이 폐지되고 경제 분야에서의 완화정책으로 경제재건을 위한 새로운 지평이 열렸다. 동시에 이 협정의 심리적 영향은 독일 경제인들에게는 기업적 성취욕을 자극하였으며 노동자들에게는 왕성한 원기를 부여하였다.[90]

서독 국민들은 페터스베르크 협정을 연방정부의 승리로 평가하는 데 인색하지 않았다. 또한 이 협정의 특별한 가치는 장기적 전망을 위한 정책 수립에도 영향을 미쳤다. 서방 3국과 연방정부는 이 협정을 통해 추구하는 목적에 일치된 견해를 보였지만 협정 체결 직후의 정책 진행방식에는 서로의 생각이 달랐다. 아데나워는 이 협정을 시작으로 머지않아 독일정책에 대한 지속적인 완화를 이끌어 낼 것으로 크게 기대 내지는 확신하였던 반면, 고등판무관들은 독일에 대한 더 이상의 완화정책은 빠른 시일 내에 없을 것으로 천명하였다.[91]

---

90) Adenauer, Konrad : Erinnerungen 1949-1953, Bd. I, Stuttgart 1965. S. 284.
91) Lademacher, Horst/Mühlhausen, Walter : Sicherheit, Kontrolle, Souveränität. Das Petersberger Abkommen vom 22. November 1949, eine Dokumentation, Melsungen 1985, S. 87.

　특히 정치적·경제적 분야에서의 완화에도 불구하고 군사적 분야에서의 완화 내지 수정은 결코 허용되지 않았다.

Ⅳ. 한국전쟁 이전의 독일 재무장에 대한 논의

1. 논의의 배경

1) 군사적 위협

제2차 세계대전 직후 미국은 재빠른 무장해제를 시작하였다. 이는 루즈벨트 대통령 시기에 퍼져 있던 UN 체제 안에서 모든 문제를 평화적으로 해결할 수 있으리라는 기대감에서 연유되었으며 방위비 부담에서 벗어나려는 국내의 압력과 젊은이들을 이제는 평화스러운 고국에 정착시키려는 국내 여론에 의해 더욱 가속화되었다.[1] 1948년 중반에 미국은 150만 병력을 보유하고 있었지만 이는 전쟁시의 절반에도 못 미치는 것이었다. 더욱이 이 가운데 단지 10만 명만이 유럽에 배치되어 있었고 이들 또한 대부분 전투병력이 아니라 독일의 점령통치를 위한 행정을 담당하고 있었다.[2] 영국은 프랑스와 마찬가지로 유럽에 약 2~3개 사단을 보유하고 있었으며 게다가 프랑스 병력은 제대로 장비조차 갖추지 못한 상태였고 그들의 군사력은 대부분 인도차이나 전쟁에 집중되어 있었다.[3] 그리고 베네룩스 3국 또한 군사력에서 중요한

---

1) Dormann, Manfred : Demokratische Militärpolitik. -Die alliierte Militär-strategie als Thema deutscher Politik 1949-1968, Freiburg 1970, S. 144.
2) Huntington, Samuel T. : The Common Defense, New York/London.
3) Osgood, Robert E. : NATO - The Entangling Alliance, Chicago 1962, S. 65.

역할을 담당하지 못하였다. 전체적으로 보면 서방국가들은 1948년까지 유럽대륙에 걸쳐 12개 사단 병력을 보유한 정도였다. 더욱이 베를린 봉쇄사건 이후 미국 행정부는 군사력 증강을 위한 방위비 증액을 요구하였지만 의회는 10%의 증액에만 동의하였다.

소련도 제2차 세계대전 직후 병력을 단계적으로 축소하였다. 1948년까지 11,365,000명의 병력이 2,874,000명으로 크게 줄어들었다.[4] 소련의 군사력은 전체적으로 서방세계의 1/3 수준이었지만 그 중 1/5인 25개 사단 병력이 소련 점령지역인 동부독일과 오스트리아에 배치되었고 동유럽 지역과 소련의 서부지역에 70개 사단을 보유하고 있었다.

이러한 양대 진영의 군사력 비교에서 명백히 알 수 있는 것과 같이 유럽에서 서방세계의 군사력 열세는 베를린 위기에 대한 서방세계의 태도에서 그대로 반영되었다. 소련에 의한 베를린 봉쇄는 미국 장교위원회로 하여금 조심스럽게 이 위기에 대처하도록 하였으며 미국의 핵무기 보유가 유럽에서의 군사력 열세를 만회하는 요소로 작용하지 못하였음을 보여주었다. 그 밖에도 소련은 나름대로 질적인 측면의 군사력 증강에 힘쓰고 있었다. 특히 공군력의 증강과 핵무기 개발에 모든 노력을 경주하였다. 이 두 분야는 서방세계에 비해 매우 뒤떨어진 상태였고 히로시마와 나가사키의 핵폭탄 투하 이후 소련 지도부는 전략적 공군력의 증강 필요성을 더욱 실감하였다. 사실 소련의 핵무기 개발은 이미 1942년에 시작되었지만 그렇게 많은 투자를 한 상태도 아니었으며 우선권도 부여하지 않았다.[5] 1945년 초에 핵물리학자 쿠라토

---

4) Gosztony, Peter : Die Rote Armee, Wien/München/Zürich/New York 1980, S. 307f.

5) Albrecht, U. : Die sowjetische Bombe. Die Entwicklung der ersten Nuklear-waffe in der UdSSR, Arbeitspapiere aus dem Berliner Projektverband der Berghof-Stiftung für Konfliktforschung, AP 20-Januar 1986 : Gosztony,

프와 사벤야긴 장군의 지휘 하에 소련의 과학자들은 핵무기 개발에 박차를 가하면서 결국 1949년 8월 29일 첫 핵폭탄 실험에 성공하였다. 그러나 이것은 유럽 대륙을 목표로 한 것이었기 때문에 대륙간 장거리 시스템에는 결함이 있었다.[6]

1948년 유럽의 정치적 상황이 혼탁해지면서 과거의 연합국 세력 간의 갈등이 첨예해지고 특히 1949년 4월 서방세계에서 NATO가 창설됨에 따라 소련으로서는 새로운 전략계획의 수립이 불가피해졌다. 이미 1948년 중반에 소련은 무장해제계획을 중단하였으며 동유럽 지역의 병력을 재편성하고 증강시키기에 이르렀다.[7] 더욱이 소련의 독일 점령지역에서는 조약상의 비무장화 선언에도 불구하고 인민경찰의 형태로 동독 내의 군사화를 추진하였다. 이미 1945년 10월 독일 내의 소련 점령지역 군사정부(Sowjetische Militäradministration in Deutschland : SMAD)는 각 주(州)의 경찰병력을 중앙 통제 하에 두었다. 이는 얄타 회담의 합의에 명백히 위배되는 것이었다.[8] 1946년 8월에는 동베를린에서 레쉬케(Erich Reschke)의 주도 하에 '국내문제를 위한 독일행정부'(Deutsche Verwaltung des Inneren : DVdI)가 설립되었는데 이 기구는 동독지역 각 주들의 내무부에 대한 효율적인 관리·통제뿐만 아니라 인민경찰(Volkspolizei)에 대한 최고 집행권을 소유하고 있었다. 이러한 중앙통제 하에 세워진 인민경찰은 1946년 말에 그 수가

P. : a.a.O., S. 311 ; Streitkräfte, S. 608 ; Holloway, D. : The Soviet Union and the Arms Race, New Haven/London 1984, S. 15ff. ; Wolfe, Th. W. : Soviet Power and Europe 1945-1970, Baltimore/London 1970, S. 39ff.

6) Wolfe, Th. W. : a.a.O., S. 40ff.

7) Gosztony, Peter (Hrsg.) : Zur Geschichte der europäischen Volksarmeen, Bonn-Bad Godesberg 12976. S.

8) Forster, Thomas M. : Die NVA. Kernstück der Landesverteidigung der DDR, Köln 1979, S. 24f.

45,000명에 달했다.[9] 그리고 1946년 12월에는 3,000명의 병력으로 구성되는 '독일 국경경찰'(DeutscheGrenzpolizei : DGP)이 창설되었다. 이 또한 연합국관리위원회의 훈령과는 명백히 위배되는 사항이었다. 훈령에 의하면 점령국들의 경계선 방위와 경계는 평화조약이 체결될 때까지 연합국들의 임무에 속하는 일이지 피점령국의 권한 사항은 아니었다. 여하튼 1948년 초까지 소련 점령지역에서는 중앙통제 하에 있는 무장경찰 병력의 숫자가 인민경찰 6만 명, 국경경찰수비대 1만 명 그리고 수송경찰 7,400명에 이르게 되었다.[10]

체코에서의 공산당 정권의 탄생과 베를린 봉쇄사건으로 동·서 세력 간의 외교 상황이 첨예한 대치 국면을 맞이하면서 1948년 6월 3일 SMAD는 정규군 창설을 위한 예비적 단계를 수립하였다. 이를 위해 과거 독일군 장교 1천 명으로 준비위원회를 구성하여 본격적인 작업에 나섰다. 새롭게 창설될 정규군의 명칭은 그들의 의도를 숨기기 위해 '병영인민경찰'(Kasernierte Volkspolizei)로 명명하였으며 최고 책임자는 소련의 전쟁포로였으며 몇 년 동안 소련에서 재교육을 받았던 독일군 장교 렌취(Hermann Rentzsch)였다. 1948년 말 병영인민경찰은 8천 명으로 구성되었으며 각 단위조직에는 소련 장교들이 군사고문관으로 활동하였다. 그 후 독일인민공화국(Deutsche Demokratische Republik : DDR)이 탄생됨에 따라 SMAD는 해체되었으며 그 자리에 군사·경찰 조직에 대한 관리·통제를 담당할 소련관리위원회(Sowjetische Kontroll Kommission : SKK)가 설립되었다. 또한 새롭게 탄생된 내무

---

9) Lapp, Peter Joachim : Frontdienst im Frieden - Die Grenztruppen der DDR, Koblenz 1986, S. 1.

10) Forster, Thomas M. : a.a.O., S. 25 ; Geyer, Rolf : Bundeswehr und Nationale Volksarmee, in : Riemer, Rudolf(Hrsg.) : Streitkräfte im geteilten Deutschland, München 1976, S. 11.

부(das Ministerium des Inneren : MdI)가 DVdI의 업무를 이어 받음에 따라 독일 인민경찰의 증강에 박차를 가하였다. 이로써 내무부는 의심할 바 없이 미래 국방부의 전신으로서 그 역할을 충실히 해 냈다. 1949년 말 동독 내에는 인민경찰 6만 명과 2만 명의 국경수비경찰 병력이 존재하고 있었다.[11]

이에 비해 서부독일 내에는 군대는 물론이거니와 병영경찰도 존재하지 않았고 경찰병력 또한 중앙정부가 아닌 주(州)정부의 통제 하에 있었다.

일반적으로 제2차 세계대전 이후에 유럽에서의 서방측 전략계획은 소련의 위협에 어떻게 대처할 것인가에 초점이 맞추어 있었다. 미국만이 기술적인 우위와 산업·경제의 발전으로 소련의 위협에 대처할 수 있었지만 유럽에 주둔하고 있던 미군 병력은 결코 위협적인 것이 못 되었다.

풀턴(Fulton)에서의 처칠의 연설과 슈투트가르트(Stuttgart)에서 번스의 연설은 소련의 위협에 대한 서방연합국들의 의지의 표현이었으며, 1947년 3월의 트루먼 독트린과 마셜 플랜의 공표는 봉쇄정책의 시작을 알리는 신호였다. 봉쇄정책은 이제부터 미국의 외교정책과 안보정책의 근간이 되었다. 특히 1948년 6월 소련에 의해 감행된 베를린 봉쇄로 인해 미국은 서유럽 방위체제 안에서 확고한 역할을 담당할 때만 소련의 팽창의욕을 막을 수 있다는 생각을 하게 되었다. 그리고 서방 군사 전문가들의 판단에 따르면 1948년 말 소련의 총공세가 있을 경우 6개월 안에 서유럽의 대부분의 지역이 정복당할 상황이었다.[12]

---

11) Geyer, R. : a.a.O., S. 23ff.
12) Greiner, Christian : Die alliierten militärischen Planungen zur Verteidigung Westeuropas 1947-1950, in : Anfänge, S. 201.

그러나 소련의 정치와 잠재능력이 적어도 1949년 중반까지는 서방 세계에 그렇게 심각한 군사적 위협을 갖게 하지는 않았다는 것이 당시 전문가들의 판단이었다. 또한 당시 미국의 군사 전문가들도 향후 10년 안에 소련의 침략 가능성에 대해서는 부인하였다.13) 그 근거로는 소련은 10년 안에 전쟁으로 인한 경제적 폐허에서 벗어날 수 없으며 미국의 핵무기에 대응할 수 있는 핵무기 개발도 불가능하다는 판단이었다. 마셜은 1948년 5월 당시 소련은 전쟁을 원하지 않는다고 주장할 정도였다. 베를린 봉쇄 당시 군 고위장교들과 국방장관 포러스틀이 안보정책의 새로운 변화를 요구하였지만 마셜이 반대하였다.14) 영국에서도 마찬가지로 소련의 위협을 느낄 만한 직접적인 위기상황으로 판단하지 않았다.15) 외무장관 베빈도 1948년 초 소련은 전쟁의 위기까지 몰아붙이지는 않을 것이라는 견해를 밝혔는데 이는 미국의 핵폭탄 독점에 근거를 둔 것이었다. 또한 베빈은 소련은 냉전을 도구로 하여 그들의 정치적 야욕을 달성하는 것을 목표로 삼고 있다는 생각을 하였다.16) 이러한 점에서 영국 국방위원회도 같은 견해를 보였다. 이러한 미국과 영국과는 달리 유럽 대륙의 국가들은 소련과 인접해 있는 지리적 조건과 군사적 열세로 인해 소련의 위협을 피부로 느끼고 있었다. 특히 체코에서의 공산당 정권의 수립에 대한 위기의식은 심각할 정도였다. 그러나 여전히 프랑스 정부는 1948년 중반까지도 그러한 위기의

---

13) FRUS, 1948, Vol. I. S. 54f.

14) Mai, Gunther : Containment und militärische Intervention. Elemente amerikanischer Außenpolitik zwischen der Griechenland-Krise von 1946/ 1947 und dem Koreakrieg 1950, in : VfZ 1984, S. 511.

15) FRUS 1948, Vol. IV, S. 843f. ; Watt, Donald C. : Die Sowjetunion im Urteil des britischen Foreign Office 1945-1949, in : Niedhart, Gottfried (Hrsg.) : Der Westen und die Sowjetunion, Paderborn 1983, S. 247f.

16) Watt, Donald C. : a.a.O., S. 247f.

식을 느끼지 못하였으며 비도 또한 당시 소련은 전쟁을 일으킬 만한
조짐이 보이지 않는다고 생각하였다.[17] 여기에는 소련의 위협을 과도
하게 강조할 경우 독일의 위협이 경시될 위험이 있기 때문이라는 요인
도 작용하였다.

그러나 1948년 말부터 1년 사이에 소련의 위협 가능성에 대한 서방
강대국들의 판단은 약간의 수정을 거치게 되었다. NATO의 창설, 베
를린 위기의 극복, 그리고 그 해 9월 독일 연방공화국의 탄생은 역으로
소련에게 서방세계의 위협에 대한 위기의식을 느끼게 했던 것 같다.
그리고 1949년 8월 말 예상보다 2년 빠른 소련 핵폭탄 실험의 성공은
서방세계에 커다란 충격을 주었다.[18] 앞서 서술한 바와 같이 그때까지
서방세계는 사실 지속적인 소련의 위협 속에서도 미국의 핵무기 독점
에 전략상 커다란 위안을 느끼고 있었으며 이것이 재래식 군사력의 열
세를 만회해줄 수 있으리라고 확신하였다. 그러나 소련이 핵무기를 소
유하게 된 마당에 이러한 기대는 물거품이 되고 말았다. 결과적으로
소련의 핵폭탄 실험의 성공은 서방세계에서 유럽 대륙에 30사단 병력
의 증강을 요구하는 계기를 마련해 주었다.[19] 1949년 가을 서방세계
특히 미행정부에 새로운 위기의식을 갖게 하는 또 하나의 사건이 일어
났다. 바로 중국 내전에서 중국 공산당이 승리를 거둔 사건인데, 이는
전 세계적으로 공산주의의 팽창에 대한 두려움을 더욱 증가시켰다.[20]
미행정부 내에서는 아시아 지역에서의 공산주의 확산에 대한 두려움

---

17) FRUS, 1948, Vol. Ⅲ, S. 142.
18) Barwich, Heinz/Barwich, Elfi : Das rote Atom. Als deutscher Forscher in
　　der UdSSR, Frankfurt a. M./ Hamburg 1970, S. 55ff, 101ff. ; Halle, Louis
　　J. : Der Kalte Krieg, Frankfurt a. M. 1969, S. 170ff.
19) Geiling, M. : a.a.O., S. 66ff.
20) Domes, J. : Politik und Herrschaft in Rotchina, Stuttgart 1965, S. 18ff.

이 고조되었을 뿐만 아니라 미국 내에 확산되어 가고 있던 반공산주의 운동 세력들(특히 공화당 보수주의자들)은 중국에 대한 미외교정책의 유약함을 더욱 거세게 비판하였다.[21]

그리하여 1949년 말부터 1950년 초 서방세계는 그들의 방위전략을 새롭게 세워야만 했다. 그 중 무엇보다도 유럽 방위에 대한 미국의 적극적인 군사적 원조와 참여가 그 이전보다 더욱 절실히 요구되었다. 사실 NATO는 미국에게 아직은 엄격한 의미의 철저한 군사동맹이 아니었고, 단지 한시적이고 제한적인 '정치연합'[22] 또는 일종의 '보장조약'[23]일 뿐이었다. 유럽의 NATO 가맹국들은 한 동맹국이 타국에 의해 침략을 받을 경우 자동적으로 군사적 원조의 의무가 조약상 규정되어 있었지만, 미국에게는 예외적으로 이러한 의무조항이 없었다. 미국은 그들이 필요하다고 생각될 때 소극적으로 중립적 태도를 취할 수도 있었고 적극적으로 핵폭탄을 사용하여 다른 동맹국을 원조할 수 있는 행동 선택의 폭도 컸다. 물론 NATO 창설 당시만 하더라도 미국을 유럽 방위체제 안에 끌어들인 것만 해도 서유럽 국가들에게는 큰 수확이었다. 당시 미국의 NATO 가입은 미국의 전통적인 고립주의 정책에서 벗어나는 외교정책상 중대한 역사적 사건이었을 뿐만 아니라 그들의 외교·안보의 중점을 태평양 지역에서 대서양 지역으로 전환하였다는 데에 그 의의가 있었다. 그리고 미국은 유럽 방위체제에 능동적이고 적극적인 참여 없이도 경제원조나 군사적 원조 그리고 정치적 뒷받침을 통해 유럽에서 세력균형을 유지시킬 수 있으리라고 판단하였다.[24]

---

21) Loth, W. : Der Korea-Krieg, S. 337 ; vgl. Ders. : Die Teilung, S. 244.

22) 계약기간은 10년으로 규정되어 있었다. 유럽 동맹국들이 더 오랜 기간을 요구하였지만 미국은 10년이라는 기간 안에 유럽 국가들이 스스로 방위력을 키워나갈 수 있으리라고 판단하였다. Greiner, C. : a.a.O., S. 158.

23) Greiling, Martin : a.a.O., S. 59.

그러나 시간이 지남에 따라 이러한 판단은 수정이 불가피하였다. 소련의 핵폭탄 실험 성공과 중국 공산당의 승리로 말미암아 유럽에서의 군사적 세력균형은 파괴되었고 이제는 전 세계적으로 초강대국 즉 미국과 소련을 중심으로 하는 2개 블록의 대결 양상을 보이게 될 것이라는 인식이 팽배해졌다.[25] 이를 위해서 미국은 유럽 동맹국들과 공동으로 소련의 위협에 적극적으로 대처할 수 있는 새로운 무엇인가를 계획해야만 했다. 서유럽 방위체제를 강화하기 위해서 이제는 유럽 국가들만으로는 불가능하며 미국의 적극적인 참여 하에 소련의 심각한 위협에 효율적으로 대처할 수 있는 내용들이 미행정부 교서에 자주 나타나게 되었다. 특히 1950년 4월 국가안보위원회 각서 68호(National Security Council-68 : NSC-68)에서 이러한 미국의 의지가 잘 나타나 있다.[26] 외무장관과 국방장관의 합의에 의해 작성된 이 각서는 소련이 앞으로 권력정치와 이데올로기의 대립으로 더욱 침략적이고 팽창적인 외교정치를 펴나갈 것이라는 기본적인 판단을 기초로 하고 있었다. 소련의 위협적인 잠재능력은 핵무기 전략면에서나 재래식 군사력면에서 더욱 가속화됨으로써 늦어도 1954년까지 서방세계를 압도할 것이며 결국에

---

24) Greiner, C. : a.a.O., S. 317.

25) Mai, Gunther : Westliche Sicherheitspolitik im Kalten Krieg. Der Korea-Krieg und die deutsche Wiederbewaffnung 1950, Boppard am Rhein 1977, S. 13ff.

26) 국가안보위원회(NSC)는 외교정책과 군사정책의 조화로운 합의를 목표로 하여 1947년에 창설되었다. 자문기구로서 NSC는 다른 어느 기구보다 대통령의 정책 결정에 많은 영향을 미쳤다. 특히 NSC-68의 탄생은 소련의 위협이 절정에 달하였던 1949년 늦은 여름 소련의 핵폭탄 실험의 성공이 그 직접적인 배경이 되었다. 미국의 핵독점 상실은 소련의 위협에 대응하기 위한 새로운 외교·군사 전략을 요구하였고 이는 NSC-68로 구체화되었다. 이러한 점에서 NSC-68은 소련의 위협에 대한 적극적 전략이었던 '롤백 정책'의 한 표현으로 이해할 수 있다. 구체적인 내용은 FRUS 1950, Vol.I에 잘 나타나 있다.

는 미대륙까지도 소련의 핵무기 사정권 안에 포함시켜 커다란 타격을 가할 수 있다는 것이 미행정부의 판단이었다. 특히 소련의 핵무기 보유는 앞으로 지역분쟁에 있어서 공산주의의 세력 확장에 재래식 전력을 투입하는 것을 더욱 용이하게 만들었다. 이로써 소련의 팽창정책을 위한 전략적 활동영역과 선택권의 폭은 한층 넓어져 갔다. 반대로 미국이 이에 대응할 수 있는 정책의 폭은 그만큼 좁아졌다. 이제 미국은 재래식 무기의 열세로 간단히 물러서야 하는지 아니면 어떤 형태의 마찰에도 핵무기를 사용함으로써 전면적인 핵전쟁으로 발전시켜야 하는지의 선택 앞에 놓이게 되었다. 이러한 상황 속에서 우선은 소련의 심각한 위협 아래 놓여 있는 지역에 군대를 주둔시키거나 또는 신속한 군대 파견을 위한 조직적인 체제를 갖추는 것이 급선무였다. 다음은 미국의 핵무기를 질적으로나 양적으로 증가시켜 소련의 위협에 대한 적절한 대응책을 강구해야 했다. 그래서 NSC-68은 트루먼에게 핵 잠재능력을 증강시키기 위해 수소폭탄의 개발에 착수할 것을 요구하였다.[27]

그러면서도 이 각서는 재래식 군사력 증강에 대한 문제를 결코 가벼이 여기지 않았다. 더욱이 재래식 군사력의 증강은 우선적으로 소련의 침략야욕을 붕괴시킴과 동시에 서방세계의 강력한 의지를 보여줌으로써 소련에게 심리적인 위협을 가할 수 있는 가장 효과적인 방법이라고 판단하였다. 그러나 이러한 모든 계획들을 실행으로 옮기기 위해서는 엄청난 액수의 자금이 필요했는데 이것은 미행정부의 재정 능력을 벗어나는 것이었다.[28] 또한 NSC-68은 군사전략적인 개념 이상의 의미를 지니고 있었다. NATO의 군사력 증강 이외에도 서유럽 국가들의

---

27) FRUS 1950, Vol. I. S. 264f.
28) FRUS 1950, Vol. I., S. 227-234, 312-314. Greiner, C. : a.a.O., S. 287-291.

경제회복과 정치적 안정도 소련의 위협에 대항하여 매우 중요한 역할을 할 것이라는 점을 강조하였다.[29]

한편 NATO의 국방위원회는 1950년 4월 1일 처음으로 중장기 방위계획을 세웠다. 여기서도 최우선 과제로 지목된 것은 재래식 군사력의 증강이었다. 당시 서유럽의 군사력은 단지 유럽대륙에 13사단의 병력만 배치되어 있었는데 1954년까지 30사단으로 증강시킨다는 내용이었다. 그 외에도 병력체제 면에서도 각 국가의 군대를 단순히 집합시켜 놓은 것이 아니라 균형 있고 통합된 군사력을 도모한다는 것으로 합의가 이루어졌다.[30] 이러한 선언에도 불구하고 서유럽 국가들은 군사력 증강을 위해 필요한 조처를 취하는 데 실질적인 노력을 기울이지 않았다. 아니 노력을 기울일 만한 경제적·재정적인 상황이 되지 못했다. 이러한 상황을 모를 리 없는 미국에서는 서유럽 방위체제 안에 서독의 참여문제를 심도 있게 검토하기 시작했다.[31] 유럽에서의 경제회복과 경제발전이 서독을 제외시키고는 불가능하다는 것을 인식하여 취해진 유럽부흥계획(ERP : European Recovery Program)과 마찬가지로 이제는 서유럽의 효율적인 방위를 위해 서독의 참여가 필요하다는 인식을 갖게 된 것이다. 그래서 1950년 5월 2일 미국 합참은 공식적으로는 최초로 서유럽 방위체제에 대한 서독의 군사적 참여를 요구하였다.[32] 이러한 요구는 이미 1949년 가을 이후 참모막료(General Staff : G. S.) 위원회에서 토의된 것이었고 어느 정도 계획이 수립되어 있었다.

그러나 이러한 요구는 국무성의 반대에 부딪혀 거부되고 말았다. 국무성의 생각으로는 이 문제와 관련하여 동맹국인 프랑스나 영국으로

---

29) FRUS 1950, Vol. I. 256-261, 311-315.
30) Wiggershaus, N. : a.a.O., S. 91f.
31) McGeehan, R. : a.a.O., S. 5 ; Martin, Laurence : a.a.O., S. 646.
32) FRUS 1950, Vol. Ⅳ, S. 687.

부터 동의를 기대할 수도 없을 뿐만 아니라 오히려 동맹국들 사이에 불신감을 조장할 우려가 있다는 것이었다. 국무성의 이러한 태도는 미 행정부 내의 일반적인 생각이었다.[33] 사실 그때까지 세 점령국가들의 공식 정책은 아직도 서독의 비무장화·비군사화에 초점이 맞추어져 있었고 1949년 페터스베르크 조약에서 명시한 것처럼 세 점령국가들은 독일의 비군사화 정책을 계속 추진할 것이고 어떠한 형태의 독일군 대도 다시는 탄생하지 못하게 한다는 것이 이들 국가의 원칙적인 합의 사항이었다. 그러나 이러한 서방 연합국 정부들의 서독에 대한 비군사 화 정책에도 불구하고 이미 1948년 여름부터 미국과 영국에서는 독일 의 재무장 문제에 대해 장기적인 안목에서 긍정적인 평가들이 있었다. 트루먼조차도 장래 미국과 서유럽 방위체제 안에 서독이 참여하는 문 제에 대해 원칙적인 가능성을 배제하지 않았다.[34] 그러나 여기서 중요 한 것은 시기적인 문제였다. 그 후 냉전이 첨예화됨에 따라 우선은 군 인들에게 이 문제가 이전보다 더욱 숙고의 대상이 되었다.

미국의 재계 지도자들, 군 고위급 인사들과 몇몇 정치가들은 이미 1945년 4월 15일 국무성에서 회합하여 독일의 경제재건과 재무장이 소 련의 팽창을 가로막는 방파제 역할을 할 것이라고 입을 모았다.[35] 그 리고 1947년에는 미국 참모본부의 작전계획부는 과거의 독일 병력 20 만 명을 미국의 지휘 하에 유럽에서의 공산주의 운동과 그 위협을 제 압하는 데 투입할 수 있는 가능성에 대한 보고서를 작성하였다.

영국에서도 군인들이나 정치가들이 여러 형태로 이 문제를 논의한 바가 있었다. 이미 1945년 9월 영국군 사령부는 강력한 독일군대를 서

---

33) Martin, Laurence : a.a.O., S. 648f, 651, 654 ; Wiggershaus, N. : Die Entsch-
   eidung, S. 336f ; Loth, W. : Der Korea-Krieg, S. 338.
34) Wettig, G. : a.a.O., S. 235 ; Adenauer, Konrad : Erinnerungen, S. 328.
35) Kuczynski, Jürgen : So war es wirklich, Berlin(ost) 1969, S. 15.

유럽 연합국 지휘 하에 재편성하는 문제를 제기한 적이 있었으며 1947년 여름에는 서유럽 국가들의 참모회의에서 서유럽 방위체제 안에서 독일의 장래 역할이 거론되었지만, 여기서는 단지 개인적 의견임을 전제하여 논의된 것이었고 당시의 여러 상황으로 미루어 이 문제는 아직 정치적 갈등을 일으킬 소지가 많았다. 1947년 12월 런던 외상회의가 실패로 돌아간 이후 동서 진영의 군사력 비교에서 확연히 드러난 서유럽의 군사력 열세를 인식한 군사전문가들은 소련의 위협에 어떻게 대처해야 하며 무엇이 필요한가를 논의하였지만 이러한 해결책을 뒷받침할 만한 서유럽 국가들의 재정과 경제력은 비현실적이었다.[36]

이러한 상황에서 NATO군의 사령관이며 영국의 존경받는 장군이었던 몽고메리(Bernard Montgomery)는 소련의 팽창정책에 대항하는 데 서독의 군사력을 이용할 수 있을 것이라는 판단 하에 1949년 1월 외무부 장관 베빈에게 독일을 제외하고 서유럽 국가들이 소련의 위협에 대처한다는 것은 불가능하다고 주장하였다.[37] 사실 이 당시만 해도 군사전문가들도 소련의 위협을 인식하고는 있었지만 그렇게 심각한 단계는 아니라고 보았다. 즉 향후 10년 안에 소련의 침입은 없을 것이라는 견해가 보편적이었다. 영국정부도 미국의 핵무기 독점을 배경으로 어느 정도 소련의 위협에 대해서는 심각한 위기의식을 느끼지 못하였기 때문에 독일의 재무장 문제를 한 번도 정식으로 고려한 적이 없었다. 그러나 미국과 마찬가지로 소련이 핵폭탄 실험에 성공하자 영국정부는 유럽 방위문제를 가지고 새로운 고민에 빠졌다. 영국정부로서는 당시 긴축정책을 실시하고 있어 국방정책에 더 이상의 투자를 할 수 없

---

36) Bundeswehr ; Autorenkollektiv des Deutschen Instituts für Militär-geschichte, Berlin (Ost) 1969, S. 137 ; Martin, Laurence W. : a.a.O., S. 646.

37) Mai, G. : Sicherheitspolitik, S. 38 ; Wettig, G. : a.a.O., S. 231.

는 상황이었고 유럽 대륙에 더 이상의 군대를 파견할 수도 없는 실정
이었다.

소련의 핵폭탄 실험 성공에 대한 최초의 반응은 군인들과 여론에서
나타났다. 이들은 우선 서방세계의 군사력 증강의 필요성을 요구하고
나섰고 이와 더불어 서독의 재무장의 필요성을 제기하기 시작하였다.
그러나 영국정부는 1949년 11월 21일 서독의 재무장에 반대한다는 것
을 공식적으로 표명하였다. 그러면서도 부언 속에서,

> 독일에 대한 정책은 과거 역사 경험에서 비추어볼 때 상황의 압력
> 에 의해 여러 번 바뀌었다.[38)

라는 견해를 밝히면서 앞으로의 독일정책에 대한 기본 노선의 변화 가
능성을 시사하였다. 그 후 1950년 5월에는 수상 애틀리(Clement Attlee)
는 독일군대의 탄생에 대한 영원한 거부는 비현실적이라는 점을 피력
하였다.[39) 정치가들 중에는 최초로 처칠이 1949년 가을 서유럽 방위체
제에서 독일의 역할에 대해 원칙적으로 동의하였다. 여기서 그는 독일
군사력을 소련의 위협에 대처하기 위해 최대한 활용할 수 있으리라 생
각하고 독일군대를 서유럽 연합국 안에 편입시켜 효율적으로 관리할
수 있을 것이라고 주장했다. 또한 그는 1950년 3월 16일 의회에서 현
정부의 방위정책을 신랄히 비판하면서 다시 한 번 독일의 군사력 활용
에 대해 거론하였지만 아직은 자유주의자들만이 여기에 관심을 보였
다.[40) 이제는 독일 재무장에 대한 공식적인 거론조차도 영국에서는 더

---

38) Tönnis, Norbert : Der Weg zu den Waffen, Köln 1957, S. 31f ; Weymar,
    Paul : Konrad Adenauer. Die autorisierte Biographie, München 1955, S. 492f.
39) Mai, G. : Sicherheitspolitik, S. 42f.
40) Azzola, A. Ch. : a.a.O., S. 33ff.

이상 금기사항이 아니었다. 그러면서도 영국정부의 공식적인 입장은 여전히 정치적·경제적으로 독일연방공화국과 서방세계가 긴밀한 유대관계를 맺는 데 우선권을 부여하고 있었다.

프랑스는 처음부터 독일 재무장에 대해 매우 예민한 반응을 나타냈다. 그들은 여전히 독일에 대한 더욱 확고한 안보를 요구하고 나섰지만 서방 연합국들은 이것을 과민반응으로 간주했으며 특히 서유럽을 재건하고 협조체제를 이룩하는 데에 있어서 프랑스의 요구를 무시하는 경향까지 보였다. 프랑스의 비도 정부는 이렇게 급변하는 정세 속에서 양대 이데올로기 세력 사이에서 중재자 역할을 추구하였다. 이러한 노력의 한 예가 바로 앞에서 언급한 영국과 미국의 바이조니아에 대한 참여 거부로 나타났다. 그러나 동서 진영 간의 갈등이 첨예화함에 따라 독일의 위협보다는 소련의 위협이 더욱 확연해졌고, 그럴수록 프랑스의 요구는 점점 설득력을 잃어 갔고 동시에 프랑스의 중재자 역할에 대한 입지도 점점 좁혀졌다.

1948년 3월 브뤼셀 조약, 1948년 4월 유럽경제협의기구(OEEC)의 창설 그리고 1949년 5월 유럽 평의회의 창설을 거치면서 서독도 이제 서방세계의 공조체제에 본격적으로 정치적·경제적인 참여를 하게 되었다. 이런 과정에서 미국의 경제적·정치적 원조는 큰 역할을 담당하였으며 프랑스의 정책 또한 이러한 미국의 원조에 의존하지 않을 수 없었다. 그리하여 프랑스는 스스로 그들의 외교정책의 변화 속에서 유럽의 공동체 범위 내에서 프랑스와 독일 사이에 내재해 있는 갈등을 어느 정도 극복할 수밖에 없었다. 그럼에도 불구하고 소련의 위협에 대한 두려움보다 결코 적지않은 독일의 위협에 대한 두려움은 쉽게 불식될 수 없었다. 1870년 보불전쟁을 시작으로 양차 세계대전을 거치면서 쌓인 독일의 위협은 프랑스 민족에게 그렇게 간단히 해결될 문제가 아니었다. 1949년 여름 서방연합국 군인들에 의해 장차 독일의 NATO 가입에 대한 가능성 여부가 개진되자 프랑스 외무부 장관 슈망(Robert Schuman)은 독일의 NATO 가입은 먼 훗날에도 생각할 수도 없는 문제라고 확고하게 주장하였다.[41]

그러나 1949년 말 공산주의 위협에 대한 두려움이 서방세계에 확산됨에 따라 서방세계의 군인들 사이에 독일 역할의 중요성이 거론되자 프랑스 군인들 사이에서도 이 문제를 전략적인 측면에서 검토하는 움직임이 나타났다. 그러나 슈망은 1949년 11월 다시 한 번 정부의 입장을 좀더 확실히 하기 위해 독일의 NATO 가입은 앞으로도 실현 불가능하며 독일은 영원히 군대를 갖지 못할 것이라고 강력히 주장하였다.[42] 그리고 대부분의 프랑스 정치가들은 미국이 오래 전부터 독일의 재무장 계획을 추진하고 있으며 이것이 실현될 경우 미국이 그들의 군대를 철수시키지 않을까 하는 의구심을 갖고 있었다.

사실 독일 재무장에 대한 문제는, 서방 정치가들에게 매우 다루기 힘든 일종의 '뜨거운 감자'(heißes Eisen)였다. 소련의 위협이 증폭됨에 따라 서독 재무장의 필요성을 인식하면서도 어느 누구도 독일 재무장에 대해 확고부동한 답을 하려 하지 않았으며 가능한 한 관망하는 태도를 취하였다. 그 한 예로 트루먼은 '독일 재무장에 대한 미국의 입장은 무엇인가'라는 질문에 대해 확실한 대답을 회피하면서 이 문제는 관련 있는 서방 국가들 사이에서 심도 있는 논의를 거쳐 결정될 문제라고 자신의 입장을 밝혔다.[43] 외무부 장관 애치슨(Dean G. Acheson)도 독일 재무장 계획은 아직 공식적으로 세우지 않았다고 주장하면서

---

41) FRUS 1948, Vol. Ⅲ, S. 142.
42) Schuman, Robert : Für Europa, Hamburg/Paris 1963. S. 137.
43) Wiggershaus, N. : Die Entscheidung, S. 330.

도 개인적인 견해는 표명하기를 거부하였다.[44]

여하튼 1950년 초까지 서방 강대국들은 적어도 공식적으로 페터스베르크 협정의 원칙을 고수했던 것만은 확실하였다. 유럽 안보 논의에 있어서 이 문제는 1950년 초부터 서방국가들 특히 미국과 영국에서 활기를 띠기 시작하였다. 이제는 군인들뿐만 아니라 여론 그리고 몇몇 정치가들 사이에서도 소련의 위협에 효율적으로 대처하는 차원에서 독일 재무장의 문제는 확실히 과거와는 다른 차원에서 논의가 이루어지고 있었다. 영국과 미국은 우선 유럽에서의 안보와 안정을 위해 경제적·정치적 그리고 안보 면에서 더욱 견고한 협조체제를 구축한다는 데 합의하였으며 이를 위해서는 서유럽의 정치와 경제가 위협받아서는 안 된다고 주장하였다. 그리고 이들 국가들은 1950년 5월 런던 외상회담을 위한 예비회담에서 이러한 목표를 원만히 성취하기 위해 장래 독일의 NATO 가입문제를 공식적으로 외상회담에서 논의하기로 합의하였으며, 단기적으로는 우선 독일에 대해 서유럽 방위체제 안에서 경제적 기여만을 하도록 허용한다는 데 의견일치를 보았다.

그러나 프랑스 정부가 이러한 계획에 반대를 하고 나섰기 때문에 런던 외상회담에서 이 문제는 논의 대상에서 제외되었다. 사실 프랑스 측에서도 1950년 초부터는 서독의 재무장 문제를 언제까지 논외 사항으로 할 수는 없다고 생각하고 있었다. 따라서 경제문제 전문가인 모네(Jean Monnet)로 하여금 서독과 그 자원을 점령기간이 끝난 후에도 정치적·경제적으로 서방세계에 구속시키고 관리할 수 있도록 석탄철강공동체(Montan Union)의 창설에 대해 연구하라는 지시를 내렸다.[45] 이것이 바로 슈망 플랜의 탄생이었다.

---

44) Wettig, G. : a.a.O., S. 280.
45) Ziebura, G. : a.a.O., S. 195-200.

2) 슈망 플랜

1950년 5월 9일 프랑스 외상 슈망(Robert Schuman)은 기자회견을 통해 프랑스 정부는 프랑스와 독일이 석탄과 철강 생산을 공동으로 감독·관리할 것을 제의한다고 밝혔다. 즉 이 두 국가는 석탄과 철강의 생산 및 판매관리를 위한 공동체를 만든다는 것이었다. 이로써 프랑스 외교정책 특히 프랑스와 독일의 관계는 새로운 국면을 맞이하였으며, 유럽 통합정책에 중요한 토대를 제공하였다. 바로 슈망 플랜(Schuman-Plan)의 시작이다.

자르(Saar) 문제로 야기된 독일과 프랑스 간의 갈등과 소련의 위협으로 악화된 안보 상황 그리고 독일 재무장과 관련한 최근의 논의 등은 1950년 봄 프랑스 정부로 하여금 무엇인가 조처를 취하지 않을 수 없게 하였다. 이러한 조처는 연합국 점령정책으로 형성된 여러 제약 조건의 폐지에 대한 서독의 요구에 일정하게 부응해야 할 뿐만 아니라 새롭고 강력한 독일의 탄생에 대한 우려를 불식시킬 수 있을 정도로 유럽에서 프랑스의 주도적 위치가 유지되어야 하는 것이었다.[46] 이 두 요소는 프랑스가 주도하는 새로운 평화로운 유럽의 건설에 매우 중요하였다. 프랑스 정부는 슈망 플랜을 통해 독일과 프랑스 간의 뿌리깊은 갈등을 해소하고 유럽공동체의 형성을 위한 초석이 마련되기를 기대했을 뿐만 아니라 나아가 두 국가 간에 전쟁을 유발할 수 있는 어떠한 요소 특히 전쟁에 이용될 수 있는 자원과 물자가 철저히 공동 관리·통제되기를 희망했다.[47]

특히 석탄과 철강은 경제적인 면에서 매우 중요한 요소일 뿐만 아니라 전쟁을 위한 군수산업의 근간을 이루는 물질적인 자원이었기 때문

---

46) Monnet, Jean : Erinnerungen eines Europäers, München/Wien 1978, S. 368.
47) EA 1950, S. 3091.

에 이를 잘 이용·관리하게 되면 경제적 이득뿐만 아니라 전쟁을 방지하고 평화를 유지하는 데 중요한 역할을 할 수 있으리라는 기대가 있었다. 경제적 이득은 석탄과 철강 생산의 현대화를 통한 질적 향상 그리고 생산의 공동관리를 통하여 앞으로 예측하기 어려운 수급의 조절을 통해 원활한 공급을 유도함으로써 획득될 수 있었다. 이러한 경제적 요인뿐만 아니라 안보 면에서도 슈망 플랜은 중요한 기능을 담당하였다. 앞에서 언급한 바와 같이 파리 정부는 독일 재무장을 언제까지고 거부할 수 있는 것이 아님을 인식하고 서유럽의 안보에서 주도권을 잡아 독일 재무장 문제에 대처하려고 하였다.[48] 이러한 의도가 성공하기 위해서는 먼저 독일과 프랑스 간에 존재하는 근본적인 갈등을 해소하는 것이 선행되어야 했다. 더욱이 조만간 열릴 런던 외상회의에서는 독일과 서방국가 간의 관계를 근본적으로 재검토하기로 예정되어 있었고 서독정부 측에서는 국제 루르 당국(International Ruhrbehörde)의 폐지와 경제를 위축시키는 생산 제한조치의 폐지를 끊임없이 요구하고 있었다. 이러한 요구는 종국적으로 서독의 완전한 주권 확립을 초래할 수 있었으며 더욱이 미국은 서독의 철강 생산이 독일이나 서유럽의 경제 재건뿐만 아니라 군수산업의 발전에도 기여할 수 있으리라고 은근히 기대하고 있었다.[49]

이러한 모든 상황이 프랑스 정부로 하여금 독일에 대한 정책을 근본적으로 수정하도록 만들었다. 프랑스 정부는 석탄과 철강 생산 및 판매를 공동으로 관리함으로써 무기와 군수물자를 위한 서독의 경제능력을 어느 정도 통제할 수 있다고 기대하였다. 이런 방법으로 프랑스는 독일의 위협에 대한 두려움을 극복하려고 하였다. 슈망은 아데나워

---

48) Monnet, J : a.a.O., S. 374.
49) FRUS 1950, Vol. Ⅳ, S. 633~635.

에게 이러한 의도를 명백히 밝혔다.

> 슈망 플랜의 목적은 순수한 경제적 성격뿐만 아니라 명백한 정치적 의도를 내포하고 있다. 프랑스에서는 아직도 독일이 언젠가는 또다시 프랑스를 공격할 것이라는 두려움이 지배하고 있다. 이런 점에서 석탄과 철강의 생산 및 판매의 공동관리는 프랑스에게 안보에 대한 신뢰를 줄 것이며 나아가서는 유럽의 평화와 질서에 공헌할 것이다.[50]

여기서 밝히지 않았던 슈망 플랜의 또 다른 의도는 현재 진행되고 있던 서유럽 통합 과정의 일환으로 독일의 체제와 경제능력을 서방세계에 더욱 견고히 묶어 놓는 것이었다. 이로써 서유럽이 독일을 더욱 용이하게 통제·관리할 수 있으리라고 판단한 것이었다.[51] 이러한 점에서 슈망 플랜은 결코 독일에 대한 믿음과 확신의 표시가 아니었으며, 당시 정치적·경제적·안보적 상황에서 탄생한 불가피한 조처로서 독일과의 관계에서 프랑스가 먼저 주도권을 잡아 난국을 타개하려 한 시도였음을 알 수 있다.

또 다른 한편으로 슈망 플랜의 탄생에는 전후 서유럽의 경제상황도 하나의 동기를 제공하였다. 유럽의 경제재건계획을 수행하는 OEEC의 노력은 당시 큰 성과를 거두지 못하였으며 모든 가입국들의 전반적인 경제정책을 조절하고 재편성하는 문제는 그렇게 쉽지 않음이 곧 드러났다. 특히 산업에 기본이 되는 석탄과 철강 분야에서는 더욱 큰 실망을 안겨주었다. 이 분야는 군수산업의 발전에 매우 중요한 요소였으므로 미국은 좀더 효율적인 관리체제의 필요성을 요구하고 있었다. 이런

---

50) Adenauer, K. : a.a.O., S. 328.
51) Diebold, W. : a.a.O., S. 31F.

점에서 미국은 특히 프랑스 정부가 이 분야의 최대 생산국인 독일과의 갈등을 해소하기 바랬고 결국 슈망 플랜은 이를 실현시켰다. 또한 슈망 플랜은 프랑스 국민경제에도 큰 이익을 가져다주리라는 기대를 갖고 있었다. 전후 자급자족을 목표로 하는 프랑스 경제정책은 우선적으로 산업발전의 근간이 되는 분야 즉 철강 분야의 발전을 위한 구조개선을 목적으로 하고 있었다. 이러한 목표는 전후 1년 동안 어느 정도 성공을 거두어 전쟁 이전 수준을 훨씬 능가했다. 나아가서 모네는 1953년까지 연 1천 5백만 톤의 생산을 계획하고 있었지만 이것이 실현되기 위해서는 우선 질적으로 우수하고 값싼 독일 루르 지역의 석탄을 어느 정도 견제해야 했으며 또한 프랑스 철강을 판매하기 위한 새로운 시장을 개척할 필요가 있었다.52) 더욱이 1949년 중반기에는 국제 철강 시장의 침체로 목표량은 1천 2백 5십만 톤으로 수정되어져야 했으며 반면 서독의 철 생산량은 연합국들이 규정한 생산한계량인 1천 1백 1십만 톤에 육박하였다.53) 게다가 서독뿐 아니라 미국 측에서도 독일의 경제발전을 제한하는 규정조항의 폐지를 요구하는 목소리가 높아지는 상황 속에서 프랑스 정부는 머지않아 서독 경제가 프랑스를 압도하리라는 중압감에 휩싸였다. 그 결과 프랑스 정부는 슈망 플랜을 통해 서독경제의 잠재력 특히 석탄과 철강의 생산을 서유럽 경제에 활용함과 동시에 이를 서유럽의 통제 하에 두려고 하였다.54)

슈망 플랜은 1950년 5월 12일 런던 외상회담의 주요 의제가 되었다. 베빈과 애치슨은 확실한 결정이 이루어질 때까지 좀더 구체적인 검토가 필요하다고 보면서도 원칙적으로는 슈망 플랜에 긍정적인 태도를

---

52) Hahn, Carl Horst : a.a.O., S. 14f ; Schmitt, Walther E. : Zwischenrufe von
　　der Seine, Stuttgart 1958, S. 58f.
53) Statz, Albert : a.a.O., S. 127.
54) Monnet, J. a.a.O., S. 374.

보였다. 특히 애치슨은 유럽의 재건과 부흥에 기여하고, 서독을 서방세계와 더욱 견고히 결합시키는 계기를 제공하리라는 점에서 슈망 플랜을 높이 평가하였다. 게다가 슈망 플랜은 미국의 안보정책에도 부응하리라는 기대가 있었다. 서독의 경제력을 NATO의 군비확충에 활용함으로써 소련의 위협에 대한 방위체제에 서독이 경제적으로 기여하게 할 수 있었다. 또한 슈망 플랜은 결국 서독 철강 생산의 제한을 점차적으로 완화하는 데 도움을 줄 것이고 루르 조례(Ruhrstatut)의 근본적인 수정 내지는 완전 폐지에 기여할 것이라고 미국 측은 기대하고 있었다.55) 영국정부도 프랑스의 이러한 계획이 유럽의 현안들을 근본적으로 해결하는 데 크게 기여할 것이고 특히 프랑스와 독일 사이의 뿌리깊은 갈등을 해소하는 데 도움을 줄 것이라고 환영의 뜻을 밝혔다. 하지만 영국은 슈망 플랜에 참여하는 국가들에 주어진 원칙과 의무 조항에는 반대하였다. 특히 초국가적인(Supranational) 권한을 가진 새로운 관청의 설립에 대해 크게 반발하였다.56)

한편 대부분의 독일인들은 슈망 플랜이 프랑스와 독일의 관계를 개선시키는 데 효율적으로 기여할 것이라고 환영하였다. 서독정부도 공식적으로 슈망 플랜을 지지하였다. 프랑스 정부도 이 계획이 서독 정치가들의 의도와 부합되는 것이기 때문에 전폭적인 지지를 보낼 것으로 예상하였다. 서독정부에게도 슈망 플랜은 프랑스의 독일정책의 전환을 의미하였다. 사실 슈망 플랜을 통해 서독이 얻게 되는 경제적 이득이란 그렇게 중요한 것이 아니었다. 정작 중요한 것은 슈망 플랜으로 인해 프랑스의 대독 정책과 목표가 어느 정도 수정할 수밖에 없게 된다는 점이었다. 즉 서독정부는 점령국가들 중에서 독일에 대해 가장

---

55) FRUS 1950, Vol. Ⅲ, S. 1031-1033, 1047-1048.
56) Herbst, Ludolf : Option für den Westen, München 1989, S. 76f.

강경책을 주장해 왔던 프랑스가 슈망 플랜을 계기로 유화정책으로 전환하기를 크게 기대하였다. 사실 프랑스의 동의 없이 독일에 대한 점령국가들의 통제권은 수정 내지 폐지가 불가능하였다. 이런 점에서 슈망 플랜은 독일이 완전한 주권을 획득하는 데 기여할 수 있으리라고 판단한 것이었다. 특히 앞으로 창설될 유럽석탄철강연합 안에서 규정된 초국가적인 조직 원칙은 가입국들 사이에서 서독의 동등한 권리를 명시하였다. 이에 대한 프랑스의 불가피한 인식 전환은 슈망의 세미나 연설에서 쉽게 확인할 수 있다.

> 초국가적인 관청의 설립을 통해 독일은 점령국의 제한정책에서 단계적으로 벗어날 것이다.[57]

이런 점에서 슈망 플랜은 서유럽의 경제·안보 체제에 서독을 편입시킴으로써 독일의 완전한 주권 회복 문제를 점령국들 사이에 주요 의제로 부각시키는 효과를 가져다줄 것이었다.[58]

또한 슈망 플랜은 독일에서의 점령 통치 행정의 변화를 가져왔다. 특히 외교정책의 대표권 문제에서, 서독의 외교관계에 관한 교섭권은 AHK의 고유 권한에 속하였기 때문에 모네는 AHK의 의장인 맥클로이와 슈망 플랜에 대한 서독과의 외교교섭 문제에 대해 상의하였는데, 맥클로이는 슈망 플랜을 위한 프랑스와 서독 사이의 협상에서 서독정부에 대해 제한적이고 일시적인 외교교섭권을 부여하였다. 단 외교교섭의 최종 결정에서 사전에 AHK의 동의를 얻어야 한다는 조건을 내걸었다.[59] 이로써 서독정부는 제한적이고 한시적이기는 하지만 전후

---

57) EA 1950, S. 3158.
58) Lüders, Carsten : a.a.O., S. 146ff.
59) FRUS 1950, Vol. Ⅲ, S. 705-709 ; Schwarz, Hans-Peter : a.a.O., S. 722.

처음으로 외교정책을 자주적으로 수행할 수 있는 권한을 보유함으로써 완전한 주권국가로 나아가는 희망을 갖게 되었다.

이리하여 슈망 플랜을 통하여 오랫동안 난제였던 독일의 위협에 대한 프랑스의 안보문제와 동등한 권리를 요구하였던 독일의 주권 회복 문제는 단계적으로 동시에 해결할 수 있으리라는 기대가 있었다. 그러나 앞에서도 지적하였듯이 슈망 플랜은 결코 독일에 대한 믿음과 확신의 표시가 아니었으며 독일과의 관계에서 항상 프랑스의 주도권을 기초로 하고 있었다.[60] 프랑스는 독일 산업 발전의 가장 중요한 요소를 통제함으로써 여전히 독일 위협에 대한 전통적인 안보의 목표를 유지하였음이 분명하다. 단지 이러한 목표를 성취하기 위하여 지금까지와는 다른 수단을 선택하였을 뿐이었다. 한국전쟁의 발발로 강철에 대한 수요가 폭발하면서 철강시세가 급등하고 유럽 중공업의 구조개선 필요성이 뒷전으로 밀려나면서 슈망플 랜의 경제적 의미는 축소되기는 하였지만, 반면 드높아진 소련의 위협으로 정치적·군사적 의미와 동기가 슈망 플랜을 위한 협상에서 크게 작용하게 되었다.

3) 런던 외상회담

1950년 5월 10일 런던 외상회담 하루 전날 애치슨은 필그림 소사이어티(Pilgrim Society)에서 서독의 서유럽공동체 참여에 대한 의미심장한 연설을 하였다.

지금 우리는 피할 수 없는 두 가지 현실에 직면해 있다. 하나는 서방세계가 여러 가지 이유 때문에 국가 간의 경제관계에서 조화를 이

---

60) Gillingham, John : Die französische Ruhrpolitik und die Ursprünge des Schuman-Plans, in VfZ, 1987, S. 23.

루지 못하고 있다는 것과 다른 하나는 결코 우리가 경시할 수 없는 문제로서 서독 국민들이 우리들 한가운데 존재한다는 사실이다. 좋건 싫건 간에 그들은 이제 우리와 같이 살아갈 수밖에 없는 것이 현실이다. 이런 점에서 독일을 서방세계의 이웃들과 더욱 조직적으로 연합시킬 필요성이 있는 것이다.61)

이보다 앞서서 1950년 4월 26일자 뉴욕타임즈에는 독일의 NATO 가입에 대한 레스턴(James Reston)의 논설이 실렸다.

현재 미국정부는 독일연방공화국의 권위와 주권을 회복시키고 NATO와의 긴밀한 관계를 강화시키기 위한 여러 가지 문제를 구상하고 있다. 이 중 두 가지 계획안이 런던 외상회담에서 거론될 것이다. 하나는 서독을 포함하는 유럽 자본주의 국가들의 경제·정치 문제들을 해결할 새로운 대서양위원회의 창설이며 다른 하나는 외교문제에 있어서 서독정부에게 완전한 주권을 회복시키고 서독을 NATO에 편입시키기 위해 점령조례의 수정이 불가피하다는 용기 있는 제안이다.62)

레스톤에 의하면 그 밖에도 미국정부는 서독의 경제적·군사적 잠재 능력이 거대하기 때문에 독일이 서유럽 조직이나 기구에 편입될 경우 다른 국가들을 압도할 우려가 있음을 인식하고 그 조직이나 기구가 유럽 국가들에 한정되어서는 안 되며 대서양 전체 국가들을 포함하는 조직체가 되어야 한다는 것이었다. 이를 통해 독일의 경제적·군사적 횡포를 사전에 차단할 수 있다는 것이었다. 이러한 레스톤의 논설에

---

61) EA 1950, S. 3154f.
62) EA 1950, S. 3152.

대해 그 다음날 애치슨은 기자회견을 통해 미국무성은 대서양 기구에의 서독 편입 문제를 신중히 검토하고 있지만 현 단계로서는 구체적인 제안이나 결정을 할 단계는 아니라는 입장을 표명하였다.[63]

이러한 분위기 속에서 1950년 5월 11일 런던에서 3개 국(미국, 영국, 프랑스) 외상회담이 개최되었고, 5월 13일 회담 결과를 내용으로 한 코뮈니케가 공표되었다(그러나 이 코뮈니케 안에는 외상회담에서 논의된 많은 것들이 빠져 있었다). 그 중 독일 문제에 관해서는 점령조례의 수정작업을 위한 조사위원회의 구성이 특기할 만하다. 여기서 독일을 모든 통제로부터 벗어나게 하려는 서방세계의 의지를 엿볼 수 있다. 전체적으로 보면 이 외상회담의 결과는 센세이셔널한 내용은 없지만 서독정부를 만족시키기에는 충분하였다. 아데나워는 회담 결과에 대해 다음과 같이 평가하였다.

런던 외상회담의 결과를 통해서 볼 때 서방 3국이 독일에게 완전한 주권을 회복시켜 주리라는 굳은 의지가 보였으며 조만간 구체적이고 긍정적인 결론에 도달하리라고 확신한다.

그러나 이 회담에서 서독의 재무장 문제나 NATO 가입 문제는 프랑스의 완강한 거부로 다루어지지 못했다. 그럼에도 불구하고 이 회담에서 프랑스는 이전과는 달리 적극적인 태도를 보여주었다. 지금까지 프랑스는 서방 연합국 사이에서 독일 문제에 관한 한 소극적이고 부정적인 태도로 일관해 왔는데, 이제 슈망 플랜으로 독일과 프랑스 관계에 있어서나 새로운 유럽 통합에 있어서 주도권을 잡고 혁신적인 비전을 제공하기에 이르렀다. 그러나 한국전쟁의 발발은 서방세계의 정치

---

63) Ebenda.

판도를 드라마틱하게 바꾸어 놓음으로써 정치적·경제적 측면뿐 아니
라 군사적인 측면에서도 서유럽 체제 속에 미국의 주도권을 부각시키
는 계기가 되었다.

2. 아데나워의 구상

1) 아데나워의 안보정책

독일은 연합국의 피점령 지역이었기 때문에 패전후 몇 년 동안 독일
내의 안보에 대한 어떤 계획이나 구상도 불가능하였다. 중요한 모든
사항들은 점령국가들에 의해 결정되었으며 실행을 위해 독일 국민에
게 통보하는 정도였다. 당시 독일이 점령국들의 결정사항에 대해 이의
를 제기한다든지 어떤 제안도 할 수 없었던 것은, 독일이 패전국이라
는 이유 외에도 독일 스스로 의견 수렴이라든지 어떤 정책에 대한 토
론을 할 만한 조직이나 기관을 갖고 있지 못했기 때문이다. 더욱이 독
일의 안보에 대한 자유로운 의견 개진이란 사실 연합국들의 점령조례
에 의해 불가능했을 뿐만 아니라, 심지어 처벌 대상이 되기도 하였다.
이는 1949년 12월까지 점령조례 24조에 의해서 확인된다.[64] 그래서 베
를린 봉쇄 이후 더욱 심화된 소련의 위협에 대한 서부독일의 안보문제
는 독일 내에서는 개인적인 모임에서나 정당 내에서나 매우 신중하게
논의되었다. 그러나 점령국들 사이의 심화된 갈등으로 안보에 대한 독
일 내에서의 숙고와 논의는 점점 증가하게 되었다. 사실 소련의 위협
에 대한 독일 국민들의 두려움은 두 강대국 사이의 갈등과 대립이 심

---

64) Schubert, Klaus von (Hrsg.) : Sicherheitspolitik der Bundesrepublik Deutsch-
    land. Dokumentation 1945-1977, Bd. I, Bonn 1977, S. 261.

화됨에 따라 더욱 증가하였으며 특히 동부독일에서 넘어온 독일인들의 생생한 증언은 소련에 대한 분노를 일으켰을 뿐만 아니라 소련의 위협에 대한 확고한 안전보장의 필요성을 절실히 느끼게 하였다.[65]

이러한 과정에서 대부분의 서독 주민들은 서방세계에 더욱 접근해 갔으며 스스로 서방세계에 속하는 것으로 생각하였다. 이러한 입장을 대표하는 정치지도자가 아데나워였다. 아데나워는 이데올로기의 대립에 의한 세계의 분단, 유럽의 분단 그리고 독일의 분단을 현실로 받아들였다. 서독의 많은 사람들은 이러한 독일의 분단을 일시적인 것으로 이해하였지만 아데나워는 최종적인 것으로 받아들였다. 이러한 현실에서 그가 이끌어 낸 결론은 분단의 극복이 아니라 공산주의의 위협으로부터 벗어나기 위한 독일과 자유서방세계의 통합과 단결이었고, 이것이 그가 지향한 정치적 목적이었다. 독일의 분단은 아데나워에게 위협임과 동시에 기회를 제공하였다. 분단으로 야기된 공산주의 위협은 너무 커서 경제적·정치적 그리고 정신적으로 건강한 서유럽 연합의 탄생만이 그 위협으로부터 벗어날 수 있었으며 이러한 분단의 위협에 내재해 있는 '기회'는 서유럽 연합에 서독이 적극 참여하는 것이었다. 그는 이미 1945년 10월 31일 두이스부르크 시장인 바이츠(Heinrich Weitz)에게 보낸 서한에서 이러한 자신의 입장을 밝혔다.

서유럽에서는 여전히 강대국 영국과 프랑스가 존재하고 있으며 이들에 의해 점령된 독일 서부지역은 서유럽에 통합될 것이다. 만약 서독지역이 병에 걸리면 서유럽 전 지역에 심각한 영향을 미칠 것이다. 서독지역을 정치적으로나 경제적으로 안정시키고 재건하는 일은 서

---

65) Löwenthal, Richard : Vom Kalten Krieg zur Ostpolitik, Stuttgart 1974, S. 609.

유럽을 단결시키고 통합시키기 위해 서방세계가 가장 먼저 이룩해야
할 문제이다.66)

경제의 빠른 회복과 정치의 안정은 아데나워의 정치적 노력에서 서
방체제에의 편입을 통해 가장 먼저 수행하여야 할 목표였다. 전승국들
사이의 갈등과 대립은 이러한 목표를 달성하는 데 저해 요소로 작용하
였다기보다는 오히려 환영할 만한 것이었다. 전승국들 사이의 대립을
통해서 서독지역을 종속으로부터 벗어나게 할 뿐만 아니라 서방세계
체제에 서독이 확고하게 참여함으로써 독일에게 유리한 경제적, 정치
적 그리고 특히 심리적인 효과를 가져와 패전의 상처를 빠른 시일 내
에 극복할 수 있는 기회를 제공할 것이었다.

이러한 구상 안에 아데나워의 안보개념도 포함되었다. 안보에 대한
개념은 첫째로 소련의 위협이 주는 공포와 소련이 실질적으로 지배하
는 동유럽 체제에 의해 결정되었다. 아데나워는 소련이 권력정치적으
로나 이데올로기적으로 독일에 대해 심각한 위협이며 소련의 팽창정
책을 동서냉전의 주범으로 간주하였다. 또한 아데나워는 독일 국민이
이러한 외부의 위협을 현실적으로 잘 인식하고 있는지 또는 동서냉전
의 불안한 정세 속에서 동서 진영 사이의 시소 정치(Shaukelpolitik)의
유혹을 극복할 능력이 있는지에 대해서는 매우 회의적이었다. 그래서
아데나워는 서독지역이 서방세계에 편입되는 길만이 자유민주주의의
질서를 유지할 수 있을 뿐만 아니라 소련의 위협으로부터도 벗어날 수
있다고 굳게 믿고 있었다. 이러한 안보개념은 베를린 봉쇄사건을 통해
더욱 공고화되었다. 서방세계의 단결과 협력으로 베를린 위기를 극복

---

66) Adenauer, K. : a.a.O., S. 39f ; Osterheld, Horst : Konrad Adenauer, Bonn
1973. S. 70.

할 수 있었으며 소련을 협상 테이블로 이끌어 냈다고 생각하였다. 이렇게 그의 안보구상에서 근간을 이루는 가장 중요한 개념은 바로 '힘의 정치'(Politik der Stärke)였다. 힘의 정치라는 개념은 특히 아데나워가 수상이 된 이후에도 줄곧 외교·안보정책의 근간을 형성하였을 뿐만 아니라 외교·안보정치의 가장 큰 걸림돌이며 아데나워의 정치를 비판하는 논거로서 가장 많이 등장한 '독일문제' 즉 통일을 해결하는 정치적 논리에도 적용되었다.

그러나 처음부터 이러한 노선이 당내에서 원만하게 수립된 것은 아니었다. 아데나워의 친서방정책을 비판하던 한 그룹은 카이저(Jakob Kaiser)를 중심으로 당시의 정치적 상황을 아데나워와는 다르게 판단하고 있었다. 아데나워가 일찍부터 서방세계와의 유대관계를 강조하고 특히 독일과 프랑스 간의 갈등을 해소하는 데 노력한 반면 카이저는 동쪽과 서쪽의 대립에서 독일의 다리 역할을 강조하면서 독일이 어떤 이데올로기 집단에도 속하지 않는 정책(Politik der Blockfreiheit)을 추구해야 한다고 주장하였다. 1946년에는 동독지역 기민당 전당대회에서 그는 다리 이론(Brückentheorie)을 전개시키면서 독일의 중립정책을 옹호하였다.

> 여러 곳에서 동서 진영 간의 전쟁 가능성에 대해서 많은 이야기를 하고 있지만 이러한 상황 속에서 동서 진영 간의 평화적인 방법을 모색하고 진정으로 독일을 구하기 위해서는 독일이 양대 진영 사이에서 좌우로 치우치지 않고 중간에 서는 일이다.[67]

이러한 카이저의 다리 이론에 당내의 몇몇 정치가들이 지지를 보냈

---

67) CDU - CSU Von A - Z, Bonn, S. 91.

다. 헷센 주(州) 출신의 바우쉬(Paul Bausch)도 유사한 입장을 보였다.

독일은 강대국의 권력다툼에 이용물이 되어서는 안 된다. 독일은
소련에 대항해서 싸우는 미국의 전초기지가 되어서도 안 되며 반대로
미국세력에 대항해서 싸우는 소련의 전초기지가 되어서도 안 된다.
독일은 어느 세력에 치우쳐서는 안 되는 자주적인 독일의 길을 찾아
야만 한다. 이것을 위하여 이제 무력의 힘을 빌려서는 안 되며 단지
정신의 힘을 빌려야 할 것이다.[68]

1947년 2월에는 CDU/CSU의 사회위원회에서 노르드라인 베스트팔
렌 주(州) 수상 아놀드(Karl Arnold)도 비슷한 견해를 내놓았다.

독일은 이제 군사적 정복이나 군사적 권위에서 독일의 과업을 찾을
것이 아니라 정신적인 힘에서 중재자 역할을 도모해야 할 것이다.[69]

그러나 이러한 카이저의 다리 이론에 동조하는 정치가는 당내에서
소수에 불과했다. 사실 카이저의 이론은 명분은 좋았지만 실현 가능성
이 희박하고 구체적이지 못하였다는 점에서 약점을 안고 있었다. 또한
카이저의 이론에는 독일 위협에 대한 프랑스와 폴란드의 위기의식을
불식시킬 만큼 구체적이지 못하였다는 점에서도 약점이 있었다. 그리
고 소련의 위협에 대한 안전보장 문제에서도 그의 순진성이 보였다.
사실 카이저도 소련의 위협에 대한 심각성을 모르는 바가 아니었지만
소련 외교관들이 소련은 결코 독일을 소련화하지 않을것이라는 주장
에 믿음을 갖고 당시의 정세를 오판하고 있었다.[70] 심지어 그는 소련

---

68) Ebenda, S. 90.
69) Ebenda, S. 91.

과는 언제든지 적절한 외교정책을 통해 화해할 수 있다고 생각하였다. 여하튼 카이저의 정세오 판은 당내에서 아데나워의 입지를 강화시키는 데에 한 몫을 하였다. 소련의 위협에 대항해서 민주주의와 자유를 수호하기 위해 서유럽의 단결과 협조를 주장하였던 아데나워의 생각은 당내에서뿐만 아니라 대부분의 서독 국민들에게서도 호응을 얻고 있었다.

한편 서독의 안보에 관해 많은 관심과 토론을 가졌던 사적인 모임이 있었는데 이것이 바로 유명한 '라우파이머 클럽'(Laupheimer Kreis)이다. 이 모임의 구성원들은 당시 경제적·정치적인 유명 인사가 주축이 되어 있었으며 독일연방공화국 탄생 이후에는 요직에 등용되었다. 1948년 7월 18일 이 모임에서 과거 롬멜(Erwin Rommel) 장군의 참모였던 슈파이델(Hans Speidel)은 '서유럽의 안전보장'이라는 제목의 각서를 제출하였다. 여기서 그는 서독과 서유럽의 안보 상황을 전략적인 측면에서 상세히 분석하였다. 이 각서의 핵심 내용은 점증하는 소련의 위협 속에서 어떻게 하면 서부독일의 안전을 보장받을 수 있는가 하는 것이었다. 그는 우선 독일 영토를 방위하고 있는 서방국가들의 태도와 능력에 대해 매우 회의적이었다. 여기서 그는 현재 NATO의 방어선이 라인 강에서 훨씬 동쪽으로 이동하여 엘베 강(Elbe River)으로 바뀌어야 한다고 하면서 만약 그렇지 못할 경우 전쟁시 독일은 완전히 전쟁의 희생물이 될 것이라고 주장하였다. 그리고 소련의 위협에 대해서는 소련의 1차적인 목표는 전 유럽을 정복하기 위해 우선적으로 독일의 지배권을 획득하는 것이라고 판단하였다. 이러한 상황에서 서유럽을 효과적으로 방어하기 위해서는 최소한 20개의 기갑사단이 필요하다고 역설하면서 이러한 방위력을 강화시키기 위해서 서부독일의 잠재력을

---

70) Schwarz, Hans - Peter : Vom Reich, S. 317f.

활용하는 것이 필요함을 강조하였다. 이렇게 독일은 잠재력을 제공함으로써 정치적인 대가를 기대할 수 있다는 것이었다.[71]

다른 한편으로 정부기구로서 처음으로 안보에 관여하고 숙고하였던 반(半)관적인 기구는 '평화문제 독일사무소'(DBfF : Deutsche Büro für Friedensfragen)였다. 이 기구는 1947년 4월 15일 점령군사정부의 동의 하에 미국 점령지역의 주(州) 수상들에 의해 설립되었으며 평화조약의 준비를 위한 업무 수행을 그 목적으로 하였다. 그러나 설립 직후 평화조약과 전(全) 독일정부 구성의 가능성이 희박해짐에 따라 본연의 업무에서 벗어나 동서 진영의 정세와 서부독일의 안보 상황에 더욱 큰 관심을 가지고 있었다. 특히 이 기구의 비무장화와 비나치화 작업을 위한 부서의 책임자 포스터(Dirk Forster)는 서독의 정치적·군사적 방어를 위한 방법론에 대해 일찍부터 관심을 보였다. 그리고 대외 홍보부서의 책임자인 포겔(Rudolf Vogel)은 1948년 11월 11일 *Schwäbische Post* 신문에 한 기고문을 게재하였다. 그는 여기에서 소련의 위협을 방어하기 위한 안보체제에 독일을 참여시킬 것을 요구하였으며 독일군에 대한 프랑스의 우려를 불식시키기 위해 독일의 군대를 외국에 배치할 것을 주장하였다. 포겔의 기고문은 커다란 관심을 모았을 뿐만 아니라 정치적 파문을 일으켰다. 다른 신문에서도 서독의 안보에 대한 기사와 기고문이 가끔 실리기는 하였지만 아직까지 독일군의 필요성에 대해 이렇게 구체적으로 거론한 적은 없었다. 그래서 DBfF의 전체 책임자인 에버하르트(Fritz Eberhardt)는 공산당의 압력을 받고 뷔르템베르기쉬-바디쉬 주의회에서 포겔의 기고문은 순수한 개인적 의견이며 DBfF와는 전혀 무관하다는 해명을 하면서 이러한 예민한 문제를 독일 측에서 요구하는 것은 프랑스에게 의구심만을 불러일으키게 한

---

71) Speidel, Hans : Aus unserer Zeit. Erinnerungen, Berlin/Frankfurt/Wien 1977.

다고 비판하였다. 어쨌든 독일 내에서는 고위급 정치가들이나 행정기관 책임자들에 사이에 안보에 대한 숙고와 구상들이 존재하였으며, 이것이 어디까지나 개인적인 차원에서 이루어진 것이었다 하더라도 차후 안보정책의 수립에 영향을 미쳤다.

2) 아데나워의 언론플레이

소련의 위협이 증가함에 따라 1948년 말부터 신문이나 잡지 등을 통해 서독의 안보에 대한 논의가 나타나기 시작하였다. 첫 반응은 *Rheinische Merkur*의 사설이었다. 1948년 11월 6일 사설에서 서독은 많은 점에서 방위에 헛점이 있으며 이에 비해 동독은 군대가 존재한다는 점에서 서독군대의 창설 필요성을 강조하였다. 그리고 1948년 11월 24일 언론인 코곤(Eugen Kogon)은 신문·잡지 발행인 모임에서 로마에서 개최되었던 유럽연방주의자 회담에 관한 보고를 하면서 서방세계의 방위체제에 독일의 참여문제가 논의되었다고 전제하고 미국의 국방성 정책입안자들 역시 독일의 재무장에 대해 신중한 고려를 하고 있다고 주장하였다.

코곤의 보고는 독일의 신문이나 외국의 신문에서 논쟁의 쟁점이 되었고 여론에서도 파문을 일으켰다. 그러나 독일 재무장에 대해 긍정적인 검토가 필요하다는 신문들도 극소수 있기는 하였지만 대부분의 언론은 거부적인 태도를 분명히 하였다. 한 예로 1948년 11월 24일 *Rheinische Post*는 코곤의 보고 내용에 대해 다음과 같이 주장하였다.

요즈음 독일 재무장에 대한 논의가 그치지 않고 있다. 사실 이러한 논의가 불필요하다고는 할 수 없지만 우리에게 중요한 것은 완전한 주권 회복이 우선적으로 해결되야 한다는 점이다. 그리고 서방국가들

은 독일을 동등한 권리를 가진 국가로 인정해야만 한다. 그렇지 않고
는 그들은 독일 측에 어떠한 요구도 할 수 없다.

이러한 주장은 당시의 여론을 대변하는 것이었다. 아직도 전쟁의 상
처에서 회복되지 못하였고 전범재판을 통한 전범자 판결이 계속되고
있는 상황에서 전쟁에 대한 혐오와 평화에 대한 갈망은 재무장에 대해
극도의 혐오감을 보이기에 충분하였다.

그 해 가을 슈파이델 각서는 드디어 당시 영국 점령지역의 기민당
당수이며 미래의 독일연방공화국의 첫 수상이 될 아데나워에게 넘겨
졌고, 슈파이델의 안보 구상은 후에 나타나는 바와 같이 아데나워의
외교안보정책에 결정적으로 영향을 미치게 된다. 그러나 아데나워는
독일연방공화국이 탄생하기 이전까지 슈파이델 각서의 핵심인 독일의
재무장에 대하여 한번도 공개적으로 자신의 입장을 밝힌 바가 없었으
며 다만 서방국가들의 서독을 방어해야 할 의무에 대해서만 언급하였
다. 체코에서의 공산당의 승리와 베를린 봉쇄사건으로 증가된 소련의
위협 속에서 서방 측이 독일의 재무장을 추진하고 있다는 소문을 접했
을 때에도 아데나워는 이 문제를 전혀 고려하고 있지 않다고 언명하였
다.[72] 그러다 1948년 여름부터 동독의 '인민경찰'이 재무장을 시작하고
그 병력이 점진적으로 증가하기 시작한 1949년 초 아데나워는 재무장
의 필요성을 인식했다.

그러나 독일 국민들은 여전히 패전의 충격에서 벗어나지 못했을 뿐
만 아니라 당시 만연해 있던 전쟁에 대한 염증과 평화에 대한 갈망으
로 재무장에 대해 극도의 거부감을 갖고 있었고, 그 점을 고려한다면
아데나워가 재무장 문제를 언급할 만한 시기적 조건은 성숙되어 있지

---

72) Ebenda, S. 247.

않았다. 더욱이 재무장 문제를 패전국인 서독 측에서 먼저 언급한다는 것은 아직도 독일의 위협에 대한 의구심을 극복하지 못하고 있던 프랑스를 자극하여 아데나워의 지상목표인 서방체제에의 편입을 더욱 어렵게 만들 것이었다. 사실 서독의 서방체제 편입에서 외부적인 걸림돌은 프랑스였다. 서독을 포함하는 강력한 서유럽의 탄생을 위한 기본전제는 프랑스와의 화해였기 때문에 아데나워로서는 프랑스가 갖고 있는 독일에 대한 불신감을 해소하기 위해 친서방주의를 추구함으로써 서방세계에 신뢰를 구축하는 데 우선권을 부여하였다.

서독정부는 소련을 현존하는 가장 큰 적대국으로 평가하였다. 소련은 독일연방공화국의 수립을 마지막 순간까지 완강히 저지하려고 하였고 서독 정치가들에게 있어서 동독의 실질적인 지배자로 인식되었다. 특히 아데나워에게 소련은 평화를 위협하는 유일한 존재였다.

스탈린은 옛날부터 서독을 가능하면 파괴하지 아니하고 있는 그대로 손아귀에 넣으려는 의도를 가지고 있었다. 전후 몇 년 동안 스탈린은 이러한 목적을 성취할 수 없었지만 아직도 이것을 포기하지 않았다. 만약 이것이 성공한다면 프랑스나 이탈리아도 무사하지 못할 것이다. 그래서 나의 모든 정책은 스탈린의 의도에 초점을 맞추었다.[73]

대부분의 독일 국민들도 국가의 존위를 위태롭게 하는 소련의 의도를 직·간접적으로 느끼고 있었다. 이러한 사실은 서독정부의 안보정책 수립에 커다란 영향을 미쳤다. 다시 한 번 더 아데나워의 말을 인용해 보자.

---

73) Adenauer, K. : a.a.O., S. 348.

　　우리가 소련의 지배 하에 들어간다는 것은 우리에게 살 만한 가치
가 있는 모든 것을 파괴하는 것과 다를 바가 없다. 우리가 소련에서
돌아온 전쟁포로들로부터 경험한 것들을 듣는다든지 또는 소련이 전
쟁 말기에 무방비 상태의 우리 국민에게 자행했던 일들을 들어보면
끔찍해서 몸서리를 치고 만다.74)

　　이런 결과로 소련의 위협에 대한 안보의 필요성이 당연히 요구되었
으며 특히 서유럽에 배치되어 있는 군사력의 열세는 이러한 요구를 더
욱 고조시켰다. 이 가운데에서도 동독 '인민경찰'의 존재는 불안을 가
중시키기에 충분하였다. 1949년 12월 1일 CDU의 홍보실 보고는 이러
한 분위기를 충분히 반영한 것이다.

　　동독지역에서는 1년 반 전부터 인민경찰이라는 미명 하에 재무장이
시작되었다. 현재 인민경찰의 병력은 30만 명이지만 곧 60만 명으로
증강될 것으로 보인다. 또한 1950년에는 징집의무제가 도입될 것이라
는 추측이다 …… 동독에서는 서독지역에서 점령국 군대가 조만간 철
수하리라는 점을 염두에 두고 있으며 그때 서독 내에서의 공산주의
혁명을 야기시켜 결국 인민경찰이 쉽게 침략할 수 있으리라는 기대를
가지고 있다.75)

　　CDU의 동독지역에 대한 전력 분석은 사실 어느 정도 과대평가되었
으며 이것이 의도적으로 행해졌다는 것도 부인할 수 없다. 그리고 아
데나워조차도 당시 동독 인민경찰의 실제 전력은 6만 명 정도라는 사

---

74) Bulletin des Presse- und Informationsamtes der Bundesregierung, Bonn Nr.
　　17 vom 9.02. 1952, S. 100.
75) DUD, 3. Jg. Nr. 241, vom 1. 12. 1949, S. 1f.

실을 알고 있었다.76) 그러나 6만 명이든 30만 명이든 간에 서독이 보
유하고 있는 미미한 경찰력에 비교하면 그 차이는 엄청난 것이었다.
즉, 서독의 방어력의 열세를 강조하기 위해 동독 인민경찰의 병력을
의도적으로 과대평가했다는 것은 어느 정도 이해할 수 있다. 또한 서
독의 안보는 단지 서방 점령국들의 권한이었기 때문에 동독의 위협에
대한 서독의 안보위기를 더욱 부각시킴으로써 서방 점령국들에게 강
력한 안보정책의 수립을 유도하려 했다는 것도 서독정부의 계산 안에
들어가 있었다. 서유럽에 배치된 군사력도 소련의 위협에 대처할 만한
것이 전혀 못 되었으며 NATO의 존재 역시 정치적으로나 군사적으로
서독정부를 만족시킬 수 없었다. 더욱이 1949년 말 소련의 핵폭탄 실
험 성공과 중국의 공산당 승리는 서방 국가들뿐 아니라 서독에도 안보
의식을 급격히 상승시켰다. 이 두 사건으로 서방세계에서 서유럽 방위
체제에의 서독 참여문제가 제기되자 아데나워는 자신의 입장을 언론
을 통해 피력하였다. 1949년 11월 11일 아데나워는 프랑스의 *L'Est
R'epublicain* 신문과의 인터뷰에서 독일군을 탄생을 영원히 막는 것은
서방 측에게도 결코 이익이 되지 않을 것이라고 주장하였다.77)

　이렇게 아데나워는 점령국의 고등판무관들에 대해 자신의 생각이
관철되지 못할 경우 항상 언론을 이용하였다.

　그리고 1949년 12월 3일 아데나워는 미국의 *Plain Dealer* 신문과의
인터뷰를 통해 안보 면에서의 두 가지 주안점을 강조하였다. 하나는
점령조례의 단계적 폐지이고 또 다른 하나는 서방국가들로부터 더욱
확실한 안전보장을 받는 것이었다. 이것과 병행해서 아데나워는 서유

---

76) Wiggershaus, Norbert : Bedrohungsvorstellungen Bundeskanzler Adenauers
　　nach Ausbruch des Korea- Krieges, in : MGM, 25. Jg. 1979, S. 79-122.
77) Wettig, G. : a.a.O., S. 283에서 재인용.

럽 방위체제에의 서독 참여의 필요성을 언급하였다.

> 유럽은 지금 국내외적으로 공산주의의 위협 속에서 불안하게 살고
> 있다. 서독이 강력해지는 것은 공산주의의 위협에 대항하여 서유럽을
> 보호하고 자유민주주의 체제를 더욱 공고히 하는 데 최선의 방법일
> 것이다. …… 서독은 서유럽 방어에 군사적으로 기여할 수 있다. 여기
> 에서 서독군대는 유럽군 사령부의 통제 하에서 한 군대를 형성하며
> 독일군이 용병으로 취급받는 일은 있을 수 없다.[78]

아데나워의 인터뷰 내용이 국내외 신문에 보도되자 정치적 파문을
일으켰다. 이러한 파문을 무마시키기 위해서 아데나워는 *Deutsche-
Presse-Agentur(DPA)*와 인터뷰를 가졌다.

> 나는 원칙적으로 독일의 재무장에 반대하며 독일이 군사강대국으
> 로 발전하는 것에도 반대한다는 것을 명백히 밝혀 둔다. 우리 독일
> 민족은 두 번의 세계전쟁 중에 너무 많은 피를 흘렸다. 나는 과거와
> 마찬가지로 지금도 독일의 안보는 점령국의 권한이라는 것을 인정한
> 다. 서유럽의 안보도 서독의 연대책임에 포함된다고 할지라도 나는
> 독일 자체의 군대 창설에는 반대하며 만일 점령국들이 원할 경우 유
> 럽군 형태로서 독일이 한 역할만을 담당하기를 원한다.[79]

또 영국의 *The Times*와의 인터뷰에서도 유사한 입장을 표명하였다.
이렇게 아데나워는 *Plain Dealer*와의 인터뷰 내용을 대부분 부인함으
로써 파문을 진정시키기는 하였지만 그의 근본적인 안보정책은 전혀

---

78) Ebenda, S. 284f ; Adenauer, K. : a.a.O., S. 96.
79) Ebenda, S. 342.

바뀌지 않았다.

1949년 12월 7일 뒤셀도르프(Düsseldorf)에서 개최된 CDU 라인란트(Rhineland) 주(州) 정당대회에서 아데나워는 독일을 비무장화시킨 서방 강대국들은 공산주의 위협으로부터 서독을 보호할 의무가 있다고 역설하면서 독일 재무장에 관해 또다시 관심을 보였다.

> 우리는 새로운 전쟁을 원하지 않는다. 동서의 긴장관계는 최근에 더욱 첨예화되었으며 양측 간에 어느 한 쪽이 군사적인 신중함을 잃게 된다면 무엇인가 일어날 것은 뻔하다. 이 경우에 독일은 비무장화되었고 무방비 상태에 놓여 있기 때문데 가장 큰 피해를 입을 것이다. 이런 점에서 서방세계가 서유럽 방위체제에 독일의 참여를 원한다면 독일은 영국이나 프랑스와 마찬가지로 이에 참여할 것이다. 소련의 위협과 서독의 재무장 중에서 어느 쪽이 더 서방세계에 위험한가? 서독정부와 대부분의 국민은 전쟁을 더 이상 원하지 않을 뿐더러 군사적 강대국도 원하지 않는다. 이제 국가 안보에 대해 심각하게 논의할 때가 왔다.[80]

1949년 11월과 12월에 걸쳐서 아데나워가 언급했던 것들은 모두 언론이나 전당대회를 통해서 공개적으로 이루어졌다. 이러한 그의 의도는 팽창하는 소련의 위협으로 서방강대국들이 안보정책과 독일정책을 서독에 유리하게 수정하는 것이 불가피하리라는 점을 염두에 두었을 것이다. 그리고 서독정부로서는 외교권이 없어서 서방 강대국들과의 대화통로는 단지 고등판무관밖에 없었기 때문에 서독정부의 입장을 대외에 알리기 위해 언론의 역할을 매우 중시하였다.

그러나 아데나워의 이른바 '인터뷰 정치'는 서방 강대국들의 정책입

---

80) Weymar, P. : a.a.O., S. 496f ; AdG 1949, S. 2160G.

안자들에게 파문을 일으켰다. 서방세계에서 안보정책을 강구하는 과정에서 독일의 군사적 참여문제가 제기되기는 했지만 당시의 정치상황을 감안하면 구체적인 논의의 대상이 될 수 없었다. 특히 아데나워의 발언 내용은 AHK의 분노를 샀다. AHK에 의해 제정된 군국주의의 청산에 관한 점령조례 16조에서는 전쟁에 관한 이론, 기본원칙 또는 전술을 가르친다든지 전쟁준비를 목적으로 행동한다든지 또는 군국주의 부활을 초래하는 일에 직·간접으로 관여하는 일을 금지한다고 규정하고 있었다. 이를 어기는 것은 중벌에 해당되었다.[81] 그럼에도 불구하고 아데나워는 1950년에 들어서자마자 또다시 언론을 통해 서방 강대국들을 향해 서독의 안전보장을 강력히 촉구하였을 뿐 아니라 점령국들에 대해 정식으로 만족할 만한 답변을 해줄 것을 요구하였다. 이에 점령국들은 서독이 NATO에 의해 이미 안전을 보장받고 있다고 간단히 답변하였다. 그러나 서독 측에서 볼 때 NATO는 군사력이나 조직 면에서 매우 허술하였고 소련의 침략을 대비한 서유럽 방어선도 여전히 라인 강으로 설정되어 있었기 때문에 점령국의 답변은 서독정부를 만족시킬 수 없었다.

3) 연방경찰의 창설−독일 재무장의 대안

아데나워는 점령국들의 거부적인 태도에 개의치 않고 안보문제의 해결을 위해 자신의 안보개념을 관철시키는 데 주력하였다. 여기서 그는 연방경찰 창설에 우선적으로 총력을 기울였다. 이러한 계획은 독일

---

81) AdG 1948/49, S. 2/70 ; vgl. Kopp, Fritz : Chronik der Wiederbewaffnung in Deutschland., Köln 1958, S. 48 ; Schubert, Klaus von(Hrsg.) : Sicherheitspolitik der Bundesrepublik Deutschland. Dokumentation 1945-1977, 2. Bd., Bonn 1977, 1978, Bd. Ⅱ, S. 261.

재무장이 시기적으로 불가능하다는 사실을 깨닫고 적어도 동독지역의 인민경찰의 위협에 대항하기 위한 것이었다. 또한 이것은 서유럽에서의 소련의 위협에 대한 대책과 병행하여 서독 내에서의 과격한 공산주의자들의 파괴적인 음모에 대항하기 위한 것이었다. 아데나워가 보았을 때 서독내 공산주의자들의 선동은 소련이 동독정부에 대해 언젠가는 행동의 자율권을 부여하면서 더욱 예측을 불허하게 만들 것이었다. 그리고 아데나워는 소련을 비롯한 동독의 위협에 대항하여 자유민주주의를 수호하기 위해 미국이 핵무기를 사용할 것이라는 점에 대해 매우 회의적이었다.[82]

그러나 AHK는 1950년 1월 9일 아데나워의 연방경찰 계획에 반대입장을 표명하면서 서독 내의 경찰을 지방분산화시켜 모든 경찰조직을 주 정부 하에 두어야 한다는 과거의 입장을 되풀이하였다. 그럼에도 불구하고 아데나워는 AHK에 경찰제도의 개선을 위한 계획안을 제시하였다. 이 제시안의 핵심은 국경수비대의 창설이었다. 국경수비대는 군대처럼 병영생활을 하고 무기를 소지하며 연방정부에 귀속되어야 한다는 것이다.[83] 이러한 내용이 관철되기 위해서는 우선 주(州)경찰은 극심한 위험에 처해 있을 때만 연방정부에 귀속된다는 내용의 기본법 91조 2항이 수정되어야만 하였다. 그러나 점령국들은 여기에 의견 일치를 보지 못했을 뿐만 아니라 회의적인 태도를 취하였다.

이러한 서방 강대국들의 연방경찰 창설에 대한 부정적인 태도는 1950년 5월 런던 외상회담에서 서독의 안보문제가 논의되는 과정에서 구체적으로 확인되었다. 그러나 회담의 코뮈니케에 공개되지 않은 서방 강대국들의 합의 내용은 미국의 고등판무관 맥클로이로부터 이를

---

82) Adenauer, K. : a.a.O., S. 349.
83) Baring. A. : Außenpolitik, S. 74 ; Wettig, G. : a.a.O., S. 294.

전해들은 아데나워를 매우 고무시켰다. 독일에 주둔하고 있는 점령군대의 임무는 단순히 피점령국의 비무장화 정책을 수행하는 것이 아니라 이제는 외부의 위협으로부터 서부독일의 안전을 보장하는 것이며 앞으로 점령조례를 점진적으로 철폐함으로써 완전한 주권을 회복할 수 있도록 점령국들이 노력하는 것과 병행해서 서유럽 자유민주주의 체제에 독일을 적극적으로 참여시킨다는 데 의견의 일치를 보았다.84)

이에 아데나워는 서방 강대국들의 독일정책이 수정되고 있음을 인식하고 크게 고무되었다. 게다가 5월 16일에는 AHK로부터 독일정부는 국내안전과 질서를 위한 문제에 한해서 정책을 수립할 수 있다는 통보를 받았다.85)

그리하여 아데나워는 5월 24일 국내질서 유지와 안전문제에 대한 자문위원으로 슈베린(Graf von Schwerin) 장군을 영국으로부터 추천을 받았다. 슈베린 장군은 제2차 세계대전 중에는 유능한 군인으로서, 그리고 후에는 히틀러(Adolf Hitler)의 비판자로서 인정을 받았던 인물이다. 특히 그는 오래 전부터 정보장교로서 점령국들과 협력하는 가운데 한 번도 비밀자료를 외부로 유출시키지 않을 만큼 모든 점령국들에 의해 신임을 받고 있었다. 이러한 점에서 그는 점령국 당사자들과 서독정부 간의 난해한 문제를 다루는 데에는 적격자였다. 그의 첫 번째 과제는 국가안전기획부 문제에 관해 보고서를 제출하고 아울러 군사·전략적 상황을 분석하는 일이었지만, 그는 독일 정보국의 창설과 연방경찰 창설문제를 중점적으로 다루었다. 그는 첫 보고서에서 국내의 질서 유지와 안전을 위해 연방경찰의 필요성을 강조하였으며 그 규모는 초기에 만 명으로 시작하여 차츰 그 수를 늘려야 한다는 것이었

---

84) Adenauer, K. : a.a.O., S. 332ff.
85) Baring, A. : Außenpolitik, S. 24.

다. 여기서 중요한 사실은 이러한 연방경찰이 후에 새로운 독일군대의 근간을 이루게 될 것이라는 내용이었다.[86] 이러한 연방경찰 개념에 대해 행정부 안에서는 의견대립이 있었다. 내무부 장관이었던 하이네만 (Gustaf Heinemann)은 슈베린과 마찬가지로 연방경찰의 필요성을 절감하고 있었지만, 순수한 경찰의 임무만 수행해야 한다는 주장이었다. 다시 말해서 연방경찰은 군사적인 냄새를 풍겨서도 안 되며 단지 내부로부터의 위협 즉 국내 공산주의자들의 선동과 과격한 행동에만 대처하는 것으로 제한되어야 한다는 것이었다.[87] 그러나 아데나워는 슈베린의 의견을 지지하고 구체적으로 이 계획을 추진하는 데 주력하였다.

아데나워는 한국전쟁 발발 20일 전에 이번에는 언론을 이용하지 않고 직접 AHK에 독일군대 창설에 관한 자신의 생각을 개진하였다. 슈베린의 보고서를 근거로 하여 아데나워는 실제적인 안보위기 상황을 설명하면서 이에 적극적으로 대처하기 위해서 어느 정도 독일의 재무장이 필요하다고 역설하면서 서독지역에 10~12개의 장갑차 사단 (Panzerdivision)의 필요성을 구체적으로 제시하였다. 이로써 소련의 공격을 초기에 저지할 수 있으며 사전에 소련의 침략의도를 제거할 수 있다는 것이었다. 또 다른 대안으로 아데나워는 프랑스 지역의 군사력 열세를 강조하면서 이 지역에 독일군을 포함하는 국제적 군대의 창설을 제안하였다. 이러한 제안은 소련에게 심각한 위협을 주지 않음으로써 소련의 무모한 모험을 방지할 수 있을 뿐더러 프랑스에 의해 독일군을 항상 감시·관리할 수 있어서 프랑스의 우려를 불식시킬 수 있다는 장점을 가지고 있었다. 그러면서도 아데나워는 서독군대의 창설이

---

86) Buchheim, Hans : a.a.O., S. 133f (Diskussion : General der Panzertruppe a. D. Gerhard Graf von Schwerin).
87) Wucher, A. : a.a.O., S. 150 (Gespräch mit G. Heinemann).

시기적으로 이르다는 점을 부인하지는 않았지만 서방 강대국들이 이 문제를 좀더 긍정적으로 검토해야 한다고 주장하였다.88)

이러한 아데나워의 제안은 점령국 고등판무관들을 크게 당황하게 만들었지만 그들의 반응은 다양하였다. 영국의 고등판무관 로버트슨은 슈베린의 군사·전략적 상황 분석과 독일 재무장의 필요성을 어느 정도 인식하였지만 프랑스를 비롯한 서유럽 국가들의 군사력 증강이 반드시 선행되어야 한다고 주장하였다. 그 밖에도 그는 앞으로 2년 안에는 심각한 위기상황이 없을 것이라고 확신하면서도 그 후에는 소련의 침략 가능성에 대해 아무도 보장할 수 없다고 덧붙였다. 따라서 이것에 대비하여 국경수비대와 연방경찰의 창설은 매우 효과적일 것이라고 주장하였다. 특히 그는 점령국 군대에서 근무하는 독일인 봉사 그룹(Dienstgruppe)을 활용하여 이를 점차적으로 군사화시키는 방안을 제시하기도 하였다.89)

미국 고등판무관 맥클로이도 슈베린이 분석한 안보위기 상황에는 동감하였지만 독일군 창설계획에는 반대하였다. 그는 아직도 소련의 위협에 대처할 수 있는 핵무기의 위력을 신임하고 있었다.90) 이러한 공언에도 불구하고 맥클로이는 유럽 주둔 미국총사령관인 핸디(R. Handy) 장군과 슈베린의 계획안에 대해 신중한 논의를 하였다. 이 시기에 미국 합참은 서유럽 방위체제의 일환으로 연방경찰 창설이 궁극적으로는 독일 재무장의 기초를 제공할 것이라면서 크게 환영하였

---

88) Wiggershaus, Norbert : Zur Frage der Planungen für die verdeckte Aufstellung westdeutscher Verteidigungskräfte in Konrad Adenauers sicherheitspolitischer Konzeption 1950, in : MGFA (Hrsg.) : Dienstgruppen und westdeutscher Verteidigungsbeitrag, Boppard am Rhein 1982, S. 38ff.
89) Schwarz, Hans - Peter : Adenauer, S. 742f.
90) Greiner, C. : a.a.O., S. 171ff.

다.[91] 그러나 맥클로이는 이러한 사실을 아데나워에게 알리지 않았다.

프랑스 고등판무관 퐁세(Francois Poncet)는 회의적인 태도를 보이면서 로버트슨과 마찬가지로 소련이 2년 안에는 전쟁을 도발하지 않을 것이라고 판단하면서도 그 기간 동안 우선적으로 서유럽 방위체제를 확립하고 서유럽 국가들의 경제적·사회적 안정을 위해 노력해야 한다고 역설하였다.

> 프랑스의 주요 병력은 현재 북아프리카와 인도차이나에 주둔해 있으며 유럽 대륙에는 단지 소수의 병력밖에 없다. 이러한 군사력으로 소련의 위협에 대처할 수 없다는 것을 알지만 현재 우리는 군사력 증강에 우선권을 부여할 수 없다. 더 시급하고 중요한 것은 사회적·경제적 위기를 타개하는 것이다. 이러한 상황에서는 독일의 재무장으로 소련을 불필요하게 자극하는 일은 삼가야 할 것이다. 이를 위해서 유럽이 결합하고 단결하는 일이 중요하다. 우선은 경제적 결합으로 시작해서 다음은 정치적 결합이 그리고 최종적으로는 군사적 결합이 이루어져야 한다. 그리고 나서야 서유럽 안보체제에 독일의 참여문제가 논의되어야 할 것이다.[92]

이렇게 서방 점령국들은 그때까지도 소련의 팽창정책을 위협적인 것으로 파악하였지만 앞으로 2년 안에는 소련의 재래식 군사력 우세에도 불구하고 소련의 침략 가능성에 대해서는 매우 회의적이었다. 그 근거로서는 소련이 아직도 경제적으로 전쟁 후유증에서 벗어나지 못하고 있었고 소련의 핵폭탄 실험 성공에도 불구하고 미국의 핵무기 수준에는 훨씬 못 미쳤기 때문이다. 그래서 2년 안에 서유럽 국가들의 군

---

91) FRUS 1950, Vol. Ⅳ, S. 687.
92) Wiggershaus, N. : Zur Frage, S. 40에서 재인용.

사력 증강에 주력할 계획이었다. 그러나 서유럽 국가들은 재정적인 이유로 군사력 증강을 위한 예산을 확보할 수 없었으며 이를 서두르는 기색도 전혀 보이지 않았다 그들에게는 오로지 미국의 경제적·군사적 원조만이 해결책이었다. 이 과정에서 서독의 군사적 기여에 대한 논의가 정책입안자들 사이에서 자연스럽게 형성되었다.

한편 아데나워는 고등판무관들과의 회담을 통해서 독일의 군사적 참여에 대한 서방 강대국들의 입장을 확실히 인식하게 됨에 따라 궁극적인 서독 재무장을 위한 일시적인 해결방안으로서 연방경찰의 창설에 더욱 주력하게 되었다. 이전과는 달리 아데나워는 서방 강대국들의 예민한 반응을 고려해서 연방경찰의 창설을 시작으로 단계적인 해결책을 수립하였다. 즉 연방경찰의 창설은 서유럽 안보체제에 서독의 군사적 참여를 실현하기 위한 일시적인 미봉책이었다. 더욱이 아데나워는 한국전쟁 이전까지만 하더라도 서방 강대국들이 서독의 재무장을 허용할 정도로 시기적으로 급박한 상황이 아님을 잘 알고 있었다. 한국전쟁의 발발은 이러한 모든 상황을 급변하게 만들었다.

Ⅴ. 한국전쟁 이후의 독일 재무장에 대한 논의

1. 한국전쟁 발발에 대한 반응

한국전쟁의 발발은 서방세계에 심각할 정도로 충격을 주었다. 한국전쟁은 세계정치의 주변부에서 일어난 하나의 지역분쟁임에도 불구하고 세계 정치사에서 전무후무한 영향을 끼쳤다. 이 전쟁을 통해서 서방세계는 소련의 팽창정책이 그 양상이나 강도 면에서 변화되었음을 인식하게 되었다. 서방세계는 이 전쟁을 동서분쟁의 한 형태로 간주하였고 소련군이 직접 전쟁에 참여하지 않았더라도 소련을 이 전쟁의 실질적인 주모자로 생각하였다.[1] 그러나 서방세계 정치가들은 소련이 국지전인 이 전쟁이 더 이상 확대되지 않기를 희망하고 있다는 데 의견일치를 보았다. 그 근거로서 소련이 제2차 세계대전 후 5년 동안 중부유럽과 동부유럽에서 행했던 직접적인 군사적 행동과 경제적 준비조치를 취할 명백한 조짐이 한국전쟁 직후에는 보이지 않았기 때문이다. 그러나 소련이 곧 전쟁을 일으키지 않을 것이라는 확신에도 불구하고 서방 강대국들은 예측을 불허하는 소련의 무모한 모험을 결코 간과하

---

1) 한국전쟁 발발에 대한 미국의 반응에 대해서는 FRUS 1950, Vol. I, S. 324-330, 367-369 서방 강대국들의 반응에 대해서는 FRUS 1950, Vol. Ⅲ, S. 1133-1141, 1166-1170.

지 않았다.[2]

서방 강대국들은 베를린 봉쇄사건 때와 마찬가지로 한국전쟁을 통해서 미국의 핵무기 보유가 한국전쟁과 같은 제한된 전쟁에서는 아무 쓸모가 없다는 사실을 깨닫게 되면서 재래식 무기와 군사력의 중요성을 다시 한 번 인식하게 되었다. 그래서 한국전쟁 이전부터 계획되고 추진되어 왔던 군사력 증강이 다른 어느 것보다 시급한 문제로 부각되었다.

한국전쟁 발발 직후 서독에서는 한국과 독일의 상황을 비교하면서 그 유사점과 상이점에 관한 논쟁이 가열되었다. 정부와 여당 그리고 많은 언론들은 제2의 한국전쟁이 독일에서도 일어날 수 있다고 주장한 반면 야당인 사민당과 진보주의적 언론들은 그 가능성을 부인하였다. 기민당의 카이저(Jakob Kaiser)는 1950년 7월 5일 라디오 연설에서 한국전쟁의 의미를 부각시켰다.

공산주의자들은 독일에서의 점령군 철수를 끊임없이 요구하고 있다. 한국전쟁을 통해서 지금까지 공산주의에 의구심을 갖지 않았던 많은 사람들이 이러한 요구의 음모를 깨닫게 되었다. 우선 점령군이 철수하고 나면 인민경찰이 침략하고 결국에는 군사력 열세에 처해 있는 서부독일이 공산주의자들의 손아귀에 들어가게 될 것은 불을 보듯 뻔한 일이다.[3]

아데나워도 스탈린이 한국에서 행했던 것을 독일에서도 똑같이 계획하고 있다고 확신하고 있었다.

---

2) FRUS 1950, Vol. I, S. 325-327 ; FRUS 1950, Vol. III, S. 1136f ; Wiggershaus,
   N. : Die Entscheidung, S. 347.
3) CDU/CSU von A bis Z에서 재인용.

우리는 지금 인민경찰로 중무장한 동독지역과는 대조적으로 완전히 무방비 상태에 놓여 있다. 만약 한국에서처럼 동독의 인민경찰이 침략하게 된다면 그 결과는 쉽게 추측할 수 있다. 또한 우리 국민들은 한국에서 증명된 것처럼 미국의 강력함에 대한 믿음을 잃었기 때문에 우리들의 투지와 저항력은 몰라보게 약해져 가고 있다.[4]

집권여당의 대변인 역할을 한 DUD(Deutschland-Union-Dienst)도 한국전쟁을 철의 장막 뒤의 소련이 사주하고 가르친 일종의 '실제 수업'(Anschauungsunterricht)'이라고 표현하였다.

한국에서 일어난 모든 것들은 우리에게는 하나의 교육영화와도 같다. 1. 북한군의 창설, 2. 북한군 중무장 후 소련군의 철수, 3. 미국의 한국 포기, 4. 소련이 사주한 북한군의 도발. 이러한 과정은 독일에서도 어김없이 일어날 것이며 현재도 일어나고 있다. 그래서 동독지역의 중무장한 6만 명의 인민경찰의 존재는 결코 간과할 수 없는 현실인 것이다.[5]

사민당도 한국전쟁을 통해 공산주의의 위협을 절실히 깨닫고 점령국들에게 서독에 대한 더욱 확고한 안전보장을 요구하였다. 이제 서방국가들은 독일의 위협에 대한 안전보장에서 독일을 위한 안전보장 정책으로 전환해야만 한다는 것이었다. 그러나 사민당 당수 슈마허(Kurt Schumacher)는 현재의 독일 상황과 한국에서의 상황을 비교해서 유사점을 찾는다는 것은 잘못된 것이라고 주장하였다. 왜냐하면 한국은 한국전쟁 발발 당시 피점령국이 아니었지만 독일은 점령국 군대가 주둔

---

4) Adenauer, K. : a.a.O., S. 349.
5) DUD, 4. Jg. vom 27. 6. 1950.

해 있다는 점에서 큰 차이가 있다는 것이었다. 즉 동독의 침략은 즉시 서방 점령국들의 군사적 개입을 야기시키기 때문에 섣불리 모험을 감행할 수 없다는 논리였다. 더욱이 서독은 서방 점령국 군대가 진주해 있을 뿐만 아니라 NATO에 의해 안전을 보장받고 있지만 한국은 1950년 초의 애치슨 선언으로 미국의 방어선 밖에 존재하여 안전을 보장받지 못하고 있었다는 점을 부각시켰다. 또한 서독과는 달리 한국에서는 국내적인 상황이 매우 불안정하여 침략의 야욕을 틈탈 수 있었다는 점도 덧붙였다.[6]

이러한 주장에 대하여 DUD는 1950년 8월 25일 '한국과 독일'이라는 제목으로 그들의 입장을 밝혔다.

독일의 상황이 한국과 비교될 수 있느냐는 문제로 논쟁한다는 것은 부질없는 짓이다. 앞으로 전쟁이 일어날 가능성이 없다고 생각하는 사람들도 동독지역의 실질적인 지배자인 소련의 야욕을 경시해서는 안 된다. 그러나 중요한 것은 동독의 인민경찰이 어느날 갑자기 우리를 침략할 가능성의 문제가 아니라 한국전쟁 발발 이래로 공산주의의 심각한 위협이 서독 국민들을 두려움에 휩싸이게 하고 있다는 사실이다. 우리는 자유민주주의 세계 특히 미국의 강력함을 의심치 않지만 한국전쟁을 통해서 이러한 강력함이 실제로 효율적으로 전개되고 있는가에 대해서는 매우 회의적이다. 서방세계는 우리들의 믿음과 확신을 회복시키기 위해서라도 적절한 대책을 강구해야만 한다. 왜냐하면 평화의 정착과 안전보장은 그들 고유의 권한이자 의무이기 때문이다.[7]

---

6) Wiggershaus, N. : Die Entscheidung, S. 363f ; Koch, D. : a.a.O., S. 149f.
7) DUD, 4. Jg. vom 25. 8. 1950.

이러한 상황 분석은 대체로 서방세계의 정치가들과 일치한다. 특히 미국의 정치지도자들은 한국전쟁이 동독의 도발을 유도할 것이라면서, 한국전쟁이 강대국들의 주요 무대인 유럽에서 미국군대를 별로 중요시하지 않은 동아시아로 빼내 오려는 의도가 숨어 있는 기만술책이라고 분석하였다. 더욱이 서독지역에서 재래식 군사력의 열세와 또 하나의 공산주의 침략에 미국이 군사적으로 대처할 수 없다는 사실은 동독의 침략을 더욱 용이하게 할 것이라고 판단하였다. 독일 국민들도 일반적으로 한국전쟁을 단지 지역분쟁 이상의 것으로 생각하였다. 다시 말해 이 전쟁을 소련의 독일침략을 위한 '실험 전쟁'(Probekrieg)으로 인식하였다. 사실 진행되고 있는 한국전쟁에서의 공산군의 유리한 전황은 서독 국민들을 더욱 불안하게 만들었으며 서방세계의 군사적 능력에 점점 비관적인 생각을 갖게 하였다.

2. 아데나워의 재무장 정책 - 주도권

한국전쟁의 발발은 제2차 세계대전 이후 소련의 팽창정책에 대한 아데나워의 우려를 확인시켜 주는 사건이었다. 미국 주둔군이 철수함으로써 무방비 상태에 놓여 있던 남한에 대한 북한의 침략은 유럽에서의 소련의 최종목표를 위한 전주곡일 뿐이라고 간주하면서 아데나워는 소련이 한국에서와 마찬가지로 언젠가는 독일에서도 똑같은 행동을 취할 것이라고 확실히 믿고 있었다.8)

그러나 아데나워가 1950년 여름 제2의 한국전쟁이 유럽에서 일어날 가능성을 확신했는지에 대해서는 판단하기가 쉽지 않다. 어떤 면에서

---

8) Wiggershaus, N. : Bedrohungsvorstellungen, S. 79f.

는 아데나워가 소련이 전쟁을 일으키지 않을 것이라고 판단했다고 보는 것이 더 타당할 수도있다. 1950년 8월 17일 아데나워가 고등판무관들에게 자신의 안보정책은 소련이 조만간 전쟁을 일으키지는 않을 것임을 기본전제로 하고 있다고 말한 적이 있으며[9] 외무사무소(Dienststellefürauswärtige Angelegenheiten : 외무부의 전신) 책임자인 블랑켄호른(Herbert Blankenhorn)도 아데나워가 소련의 직접적인 침략은 없을 것이라는 생각을 갖고 있었다고 자신의 회고록에서 밝혔다.[10] 또한 아데나워 자신도 1952년 4월 한국전쟁 발발 당시를 회고하면서 1945년 이래 소련의 팽창정책은 그들의 최종목표를 위해 열전(heißer Krieg)을 도구로 삼으려 하지는 않았던 것 같다고 술회하였다.[11]

이러한 아데나워의 명제는 소련이 전쟁으로 파괴된 독일을 원하지 않고 있으며 오히려 냉전을 도구로 하여 그들의 목표를 달성하려고 하였다는 것을 전제로 하고 있다. 그러나 이러한 판단에도 불구하고 소련이 좋은 기회가 오면 가까운 시일 내에 실제로 그들의 모험을 감행할 것이라는 가능성이 과거보다 더욱 높아졌다는 것은 부인할 수 없었다. 이러한 점에서 한국전쟁은 이제부터 아데나워가 자신의 안보정책을 수립하는 데 가장 효과적인 선전도구가 되었다. 실용주의자인 아데나워는 실현가능한 우선적인 목표로서 한국전쟁 이전부터 계획해 온 연방경찰을 창설하기 위해 이 한국전쟁의 충격을 이용하였다.

---

9) Adenauer, K. : a.a.O., S. 353.
10) Blankenhorn, Herbert : Verständnis und Verständigung. Blätter eines politischen Tagebuchs 1949 bis 1979, Frankfurt a. M./Berlin/Wien 1980, S. 111.
11) Teegespräche 1950-1954. Bearbeitet von Hanns Jürgen Küsters(Adenauer Rhöndorfer Ausgabe), 2. 4. 1952 (Nr. 26), S. 241.

한국전쟁 발발 이틀 후 아데나워는 고등판무관들에게 서독의 안전을 위한 강제적이고 의무적인 보장을 요구하였지만 이들이 서독의 안보는 NATO 체제 안에서 이미 보장받고 있다는 과거의 입장을 되풀이한 데 대해 실망을 하였고, 더불어 한국전쟁 초기 북한 공산군이 우세를 보이고 남한에 대해 미국의 원조가 미흡하였다는 사실을 토대로 하여, 서독의 안보정책 수립에서 주도권을 잡고 독자적인 행보를 하는 데 기여하였다.

이렇게 한국전쟁 이후 아데나워가 안보정책에 절대적인 우위를 부여했다는 사실은 그의 회고록에 잘 나타나 있다. 1949년 말 소련의 핵폭탄 실험 성공과 중국의 공산당 승리로 공산주의의 위협이 고조됨으로써 서방 강대국들이 독일의 재무장을 언급했을 때 아데나워는 자신의 정치적 목적을 성취할 수 있는 좋은 기회라고 생각했다.

서독의 재무장에 관한 나의 생각에 영향을 미친 세 가지 요소는 그 중요도에 따라 다음과 같이 순서를 정할 수 있다.
1. 재무장의 결과로 획득할 수 있는 완전한 주권의 회복
2. 동독지역의 인민경찰에 대한 안전보장
3. 서유럽의 통합과 연방주의[12]

여기서 아데나워는 한국전쟁 이전에는 서독의 안전보장보다는 완전한 주권의 회복을 자신의 가장 중요한 목적으로 생각하였지만 한국전쟁 발발 이후에는 동쪽으로부터의 위협에 대한 안전보장에 절대적인 우위를 부여하였다.[13] 그러나 이것은 한국전쟁의 충격으로 인한 일시

---

12) Adenauer, K. : a.a.O., S. 350.
13) Adenauer, K. : Pankow gab den Anstoß. Wiederbewaffnung? Das Sicherheits-
    memorandum vom 29. August 1950, in : Raven, Wolfram V. : Armee gegen

적인 현상으로서, 서독 재무장의 결과로 얻어질 수 있는 완전한 주권
의 회복이 여전히 아데나워의 최대 목표임에는 부인할 수 없다.

  1950년 7월 28일 연방경찰 창설에 대한 하나의 결정이 내려졌다. 만
명 병력의 병영생활을 하는 형태의 기동경찰(Bereitschaftspolizei) 창
설에 동의하는 이 결정은 1950년 초 서독정부가 3만 명 병력의 연방경
찰 창설을 요구한 것에 대한 점령국들의 대답이었다. 그러나 새롭게
창설될 기동경찰의 주된 임무는 서독 내에서의 안녕과 질서유지를 위
한 것이었지 결코 동독의 인민경찰에 대항하기 위한 것은 아니었다.
결국 이러한 결정은 아데나워를 만족시켜 줄 수 없었을 뿐만 아니라
아데나워에게 독일 재무장 문제가 그렇게 쉽게 해결될 수 없는 것임을
다시 한번 인식시켜 주었다. 그럼에도 이 결정은 아데나워로 하여금
한국전쟁으로 서방국가들의 독일정책이 변화하고 있음을 인식시켜 줌
으로써 앞으로의 안보정책 수립에 적극적으로 주도권을 잡는 고무적
인 또 하나의 동기가 되었다. 게다가 한국전에서의 UN군에 불리하게
돌아가는 전황과 유럽평의회(Europarat)에서 처칠의 독일을 포함하는
통합유럽군의 창설 제의는 이러한 아데나워의 결심을 더욱 굳혀 갔다.

  한편 아데나워는 안보정책의 체계적인 수립을 위해 슈파이델 장군
에게 서독이 외부로부터의 위협에 처한 객관적인 군사적 상황에 대한
전문적인 분석을 요청하였다. 슈파이델은 분석보고서에서 현재 독일의
안보 상황이 과거에 없었던 심각한 위기에 처해 있다고 전제하면서 독
일은 서방세계와 더욱 긴밀한 유대를 원하고 있지만 서방 강대국들은
서독의 안전을 보장하지 않고 있으며 서독에 주둔하고 있는 미약한 점
령군 병력은 이러한 위기를 더욱 가중시키고 있다고 하면서 다음과 같
이 주장하였다.

---

den Krieg, Stuttgart 1966, S. 13.

현재의 안보위기 상황을 볼 때 서독의 군사적 기여의 필요성이 존재한다. 이러한 군사적 기여의 기본조건은 다른 서방국가들과 똑같은 권리행사다. 그래서 점령조례의 철폐는 당연한 것이다. 그리고 서독의 군사적 참여는 독일군대의 완전한 평등을 전제로 NATO 조직 내에서도 독일군대의 권리가 확보되어야 한다. 또한 전범들의 사면과 독일군의 명예회복도 서독의 군사적 참여의 대가로 보장받아야만 한다.14)

슈파이델이 분석한 서독의 안보위기 상황과 이에 대한 대책을 서방세계에 호소하기 위해 아데나워는 또다시 과거에 도구로 사용하였던 언론을 통해 서독정부의 입장을 밝혔다. 8월 16일 아데나워는 *New York Times*와 인터뷰를 가졌다.

지금까지 독일 국민은 공산주의 위협 속에서도 미국의 군사력을 믿고 침착성을 잃지 않았다. 그러나 한국전쟁은 우리에게 커다란 충격을 주었으며 의지할 곳이 없음을 느꼈다 …… 우리는 왜 독일군대가 필요한지를 알아야만 한다. 다시는 한국에서와 같은 분쟁이 다시는 일어나지 않게 하기 위해서 서방세계의 군사력은 반드시 증강되어야 한다. 우선은 3개월 내에 유럽에 2~3개 사단을 증강해서 유럽에 만연되어 있는 심리적인 불안감을 해소해야 한다. 그리고 수년 내에 소련이 미국과 같은 수준의 핵무기를 보유한다면 이제 재래식 무기와 육군의 중요성은 더욱 커질 것이다. 이러한 상황에서 독일 재무장의 필요성이 존재한다.15)

한국전쟁 발발 이후 아데나워에게 제출된 안보정책에 관한 보고서

---

14) Speidel, H. : a.a.O., S. 477ff ; Baring, A. : a.a.O., S. 82ff.
15) Wighton, Ch. : a.a.O., S. 132.

에는 슈파이델이 작성한 것 이외에도 슈베린과 블랑켄호른에 의해서 분석된 것들이 있다. 7월 15일에 제출된 슈베린의 보고서는 '편람 1호'(Aide-Mémoire Nr. 1)라는 제목으로 소련 침략에 대한 조처를 내용으로 하고 있다. 여기에서 핵심을 이루는 것은 소련의 공격방향, 목표물 그리고 속도 등에 대한 분석과 이에 대한 적절한 조처로서 서독 정규군의 창설이 불가피하다는 것이었다.[16]

블랑켄호른이 분석한 보고서에서도 한국전쟁은 독일 국민에게 불안과 극도의 위기의식을 야기시켰으며 소련의 위협에 대처할 수 있는 서방세계의 군사력에 대한 믿음이 사라졌다고 표현되어 있다. 이러한 독일 국민들의 불안을 불식시키고 자유민주주의를 수호하려는 서방세계의 의지에 대한 믿음을 회복시키기 위해서 우선 가장 효율적인 조처로서 점령국 군대의 즉각적인 증강을 요구하였다.[17]

이 세 가지 보고서를 기초로 아데나워는 1950년 8월 17일 고등판무관들과 또다시 회의를 가졌다. 여기에서 아데나워는 공산주의 위협에 대항하기 위해서는 심리적인 요소 이외에도 사회의 안정과 경제재건의 필요성을 역설하면서 이를 위해서는 서독지역을 확고히 사수하겠다는 점령국 측의 확고한 의지가 표명되어야 한다고 강조하였다. 아데나워는 한국에서와 같은 전쟁이 독일에서도 재현될 수 있다고 확신하면서 좋은 기회가 오면 동독의 인민경찰은 언제라도 해방이라는 미명하에 침략할 것이라고 주장하면서 이를 대비한 두 가지의 시급한 문제해결을 요구하였다. 하나는 위에서 밝힌 바와 같이 점령국들이 확고한 의지를 표명함으로써 서방세계에 대한 서독 국민들의 믿음을 회복하

---

16) Lowry, Montecue J. : The Forge of West German Rearnament, New York 1990, S. 80f.

17) Wiggershaus, N. : Zur Frage, S. 61.

는 일이 공산주의 위협을 심리적으로 극복하는 데 중요하다는 것이며, 또 다른 하나는 1951년까지 동독의 인민경찰에 대항할 수 있는 서독의 병력을 구성하는 일이었다. 만약 이것이 불가능하다면 점령국들은 이후의 사태에 모든 책임을 져야 한다는 점을 다시 한 번 천명하였다. 동시에 아데나워는 이 두 가지 해결책이 한 치의 유예가 있어서도 안 된다고 경고하면서 빠른 시일 내에 결정이 내려지기를 촉구하였다.18)

이러한 아데나워의 주장에 고등판무관들은 확실한 답변을 회피하였다. 사실 그들에게는 이러한 요구에 응할 권리가 결여되어 있었을 뿐만 아니라 결정권조차 없었다. 그러면서도 그들은 서독정부가 우려하는 동독 인민경찰의 공격에 대해서는 매우 회의적인 태도를 보였다. 그들 생각으로는 인민경찰의 공격이 서방 강대국의 군사적 개입을 야기시킨다는 것을 의미하였으므로 그렇게 쉽사리 동독정부가 공격 결정을 내리지는 않을 것이라고 판단하였다. 마지막으로 맥클로이는 유럽평의회에서 처칠이 제안한 통합 유럽군 창설에 대해서 아데나워의 의향을 타진하였다. 이에 아데나워는 독일을 포함하는 유럽군 창설을 지지하면서 이에 대한 서방 강대국들의 협조를 기대하였다.

이로써 서독 재무장에 대한 아데나워의 태도는 고등판무관들에게 분명하게 전해졌다. 사실 한국전쟁 이전까지 독일의 군사적 참여에 대해 강력히 반대해 왔던 맥클로이도 한국전쟁 발발 이후 개인적으로는 서독 재무장이 서유럽 안보에 크게 기여할 것이라고 확신하게 되었다. 맥클로이는 자신의 의견과 더불어 서독정부의 입장과 전쟁 발발에 대한 두려움에 휩싸여 있는 독일의 분위기를 함께 국무성에 전달하였다. 이러한 맥클로이의 전보는 당시까지도 독일 재무장이 시기적으로 아

---

18) Ebenda, S. 62f ; Adenauer, K. : Erinnerungen, S. 350-355 ; Steininger, Rolf : Wiederbewaffnung, Erlangen 1989, S. 96ff.

직 이르다고 판단하였던 국무성의 태도를 변화시키는 데 중요한 역할을 하였다. 그리하여 한국전쟁 이전부터 독일 재무장의 필요성을 주장하였던 합참과 국방성의 계획안에 국무성은 동의하였다.

한국전쟁 발발 이후 영국 측은 독일 재무장에 반대하는 기본 입장에는 변함이 없었지만 한국전쟁으로 변화된 정세 속에서 언제까지나 독일 재무장을 거부하는 것도 불가능하다는 사실을 인식하고 있었다. 그래서 우선은 동독의 인민경찰에 대항할 수 있는 연방경찰의 창설에 동의하면서 이것이 후에는 점령국가들의 동의 하에 정규군으로 전환하는 초석이 될 수 있으리라고 내다보았다. 이렇게 영국은 어느 형태로든 독일의 잠재력을 활용하는 측면에서 시간을 가지고 좀더 깊이있는 숙고가 필요하다면서 관망하는 태도를 취했다.

프랑스는 한국전쟁으로 군사력 증강의 필요성을 절감하고 있었지만 이를 위한 재정적 능력이 전혀 없었기 때문에 미국의 군사적·경제적 원조에 의존할 수밖에 없었다. 그럼에도 종전 이후 한 번도 독일의 위협을 경시하지 않았던 프랑스는 독일을 서유럽 경제·정치 공동체에 편입하도록 허용하기는 했지만 독일 재무장에는 완강히 거부하고 있었다.

1950년 8월 25일에는 서독정부 내각회의에서 처음으로 안보문제에 관한 토의가 있었다. 여기에서 아데나워는 계획하고 있는 연방경찰의 창설이 독일 재무장 과정에서 단지 첫 단계라고 밝혔다. 이에 내무부장관 하이네만은 연방경찰은 단지 국내의 안정과 질서만을 위하여 존재하는 것이고 인민경찰의 위협에 대항하는 임무는 점령국가들의 권한이라며 아데나워의 주장을 반박하였다. 이러한 대립은 결국 하이네만의 사퇴로 이어졌다.19) 이로써 당 내에서나 행정부 안에서 아데나워

---

19) 하이네만의 사임과 그 배경에 대해서는 Heinemann, Gustav : Was Dr.

의 독보적인 정치스타일을 비판해 왔던 인사들이 축출됨으로써 아데
나워의 주도권은 명백해졌으며 더욱 적극적인 경향을 띠게 되었다.

　이후 아데나워는 두 개의 안보보고서(Sicherheitsmemorandum)를
시급히 작성하도록 지시하였다. 특급 비밀문서에 속하는 이 보고서들
은 9월에 개최될 뉴욕 외상회담에 제출될 것으로서, 서독정부의 입장
이 강력히 표현되어 있었다. '서독의 국내와 국외 안보에 관한 보고서'
라는 제목의 첫 번째 보고서에서 서독정부는 안보에 대한 서방세계의
강력한 의지표명을 요구한 것 이외에도 한국전쟁으로 야기된 공산주
의 위협 특히 인민경찰의 위협에 직면해서 점령국 병력의 대폭적인 증
강을 요구하면서 이러한 위협에 효과적으로 대처하기 위해서 유럽의
다국적 군대가 창설될 경우 서독의 군사적 참여가 필요하다고 역설하
였다. 여기서 서방세계의 오해를 불식시키기 위해서 서독의 군사적 참
여는 서독 자체의 군대를 창설하는 것이 아님을 강조하였다. 더불어
국내의 안정과 질서를 위해 즉각적인 연방경찰의 창설을 요구하였다.

　'독일 연방공화국과 점령국과 새로운 관계 설정에 관한 보고서'라는
제목의 두 번째 보고서에서는 서독의 군사적 참여가 완전한 주권을 회
복함으로써 동맹국 간의 동등한 권리를 보장해야 한다고 주장하였다.
이외에도 아데나워는 점령국들과 서독과의 전쟁 상태의 종결과 점령
목적의 새로운 정의를 요구함으로써 점령국과 피점령국 간의 관계를
새롭게 정립해야 한다고 주장하였다. 즉 점령국 군대의 주둔은 앞으로
는 점령의 의미가 아니라 외부로부터의 위협에 서독지역을 방어하는
데 그 목적을 두어야 한다는 것이었다.[20]

Adenauer vergißt, in : Frankfurter Hefte 11, S. 455-472 ; Koch, D. : a.a.O.,
S. 168-177 Wengst, Udo : Staatsaufbau und Regierungspraxis 1948-1953,
Düsseldorf 1984, S. 264-266.
20) Wiggershaus, N. : Zur Frage, S. 76f.

이로써 아데나워는 한국전쟁을 계기로 안보정책을 수립하는 데 있어서 두 가지 전략이 증명되었다. 하나는 공산주의 위협으로부터 독일의 안전을 확고히 보장 받음과 동시에 나아가 서유럽 방위체제에 서독의 군사적 참여를 유도하는 것과 둘째는 이러한 대가로 서독의 완전한 주권을 회복하는 길이었다.

3. 사민당의 입장

사민당은 1950년 5월 함부르크 전당 대회에서 독일 재무장에 반대하는 공식적인 입장을 표명하였다. 제2차 세계대전 이후 국민들에게 퍼져 있었던 반군국주의적이고 평화주의적인 정서는 사민당을 지배하고 있었다. 그렇다고 사민당이 공산주의 위협에 직면해서 안보문제를 결코 경시했던 것은 아니다. 1949년 이후에는 바이마르(Weimar) 시대 전통과 연관시켜 동독 전체주의의 위협에 대항해서 자유민주적인 기본질서를 유지하기 위한 민주적 국방법안에 대한 구상이 진행되고 있었으며 심지어는 사민당 내의 우파와 기민당의 안보정책이 서로 구분이 가지 않을 정도로 안보정책을 둘러싸고 다양한 의견들이 존재하고 있었다.

독일 재무장에 대한 당 지도부의 입장은 1948년 12월 10일 처음으로 표명되었다. 이 시기는 브뤼셀 조약이 체결된 후였고 NATO 창설에 관한 논의가 서방국가들 사이에서 활발히 진행될 때였으며 이와 병행해서 서독의 재무장 문제가 언론을 통해서나 몇몇 군인들과 정치가들에 의해서 제기될 때였다. 그래서 사민당은 이러한 분위기 속에서 당의 입장을 확실히 할 필요성을 느꼈을 것이다.

동쪽의 공산주의 위협을 극복할 수 있는 가장 효과적인 도구는 서
독에서의 지속적이고 민주적인 사회정책이다. 동시에 공산주의 사상
의 위협적인 침투를 효과적으로 방지하기 위해서는 믿을 만한 민주
경찰의 창설도 필요할 것이다. 그러나 이 시점에서 서독의 재무장을
논의한다는 것은 우리의 할 일이 아니다.21)

또한 1949년 1월 슈마허는 한 인터뷰에서 동독의 무장화에 맞서서
서독의 무장화를 추진시키려는 생각은 잘못된 것이라고 비난하였으며,
그 해 4월 20일에 당 지도부 회의에서 안보문제는 정치적인 문제 특히
외무적인 문제들과 따로 분리해서 생각할 수 없다고 전제하면서 서독
의 정치적 중립에는 반대하지만 군사적 중립에는 지지를 보낸다고 역
설하였다. 이러한 서독 재무장에 대한 당의 입장은 아데나워의 *Plain
Dealer*와의 인터뷰를 비난하는 내용에 잘 나타나 있다.

사민당은 서독의 재무장 문제를 논의하는 것조차 거부한다. 서독
지역의 안보는 점령국의 책임 하에 있다. 이러한 점에서 최근 아데나
워의 인터뷰는 서독의 안보문제를 더욱 복잡하게 만들 뿐만 아니라
외국에서 서독정부가 진실로 평화정책을 추구하고 있는지에 대해 의
구심을 일으키며 세계 정세를 더욱 긴장 속으로 몰아넣고 있다. 이러
한 긴장은 현재 우리의 가장 큰 염원인 독일의 통일을 방해할 뿐이다.
그래서 지금은 재무장에 관한 논의가 중요한 것이 아니라 평화를 위
해 서독이 어떻게 기여하느냐가 더욱 중요한 것이다. 여기서 우리에
게 주어진 것은 결코 군사적인 것이 아니라는 사실이다.22)

---

21) Jahrbuch der SPD 1948/49 : a.a.O., S. 136f. ; Hrbek, Rudolf : a.a.O., S. 147ff.
22) Löwke, Udo F. : Die SPD und die Wehrfrage 1949 bis 1955, Bonn-Bad
    Godesberg 1976. S. 17 ; vgl. Buczylowski, U. : a.a.O., S. 66.

사실 사민당에게 있어서 한국전쟁 발발 이전까지는 안보문제보다 더 큰 관심을 집중시켰던 것은 독일의 통일문제였다. 통일문제는 1945년 이래 사민당의 가장 중요한 쟁점이 되었을 뿐만 아니라 독일에 두 개의 정부가 수립된 후에는 더욱 심각한 문제로 부각되었다. 그래서 한국전쟁 발발 이전까지는 일반적으로 사민당 내에서는 안보문제나 재무장 문제는 뒷전으로 물러나 있었다.

그러나 한국전쟁의 발발은 사민당에게도 큰 충격을 주면서 안보문제가 전면에 나서게 되는 동기를 부여하였다. 사민당은 한국전쟁 발발 직후 점령국들에게 서독의 확실한 안전보장을 요구하였으며 이제는 서독의 위협에 대한 안전에서 서독을 위한 안전으로 전환하여야 한다고 역설하였다. 그럼에도 사민당은 한국전쟁이 독일에 직접적으로 심각한 위기를 초래하지는 않을 것이라고 간주하면서 한국과 독일에서의 상황을 비교하여 유사점을 찾으려는 시도는 바람직하지 않다고 생각하였다.

그러나 한국전쟁에 의해 야기된 상황의 변화는 서독 재무장에 관한 사민당의 기존 입장을 다시 한 번 검토하도록 하였다. 7월 31일 하노버(Hannover)에서 개최된 사민당 대의원 회의에서 슈마허는 한국전쟁 이전의 자신의 입장을 되풀이한 것에 불과하였지만 8월 23일 기자회견에서 밝힌 그의 견해는 어느 면에서는 과거와는 달라 보였다.

유럽 방위를 위한 독일군대의 창설을 위해서는 두 가지 문제가 선결되어야 한다. 하나는 미국을 비롯한 서방 강대국들이 독일에서 그들의 강력한 군사력을 갖추어 그들의 운명을 서독과 함께 정치적으로나 군사적으로 결합시켜 서독의 안정을 사수한다는 확고한 의지표명이 있어야 하며, 또 다른 하나는 독일 전 지역을 방어할 수 있도록 방

어선을 라인 강에서 훨씬 동쪽으로 이동해야만 한다.[23]

1950년 9월 17일 슈투트가르트에서 「평화와 자유를 위한 독일의 기여」라는 주제로 사민당 고위급 회담이 열렸다. 여기서 8월의 기자회견에서 밝힌 슈마허의 기본 입장이 상세히 다루어졌다. 우선 슈마허는 다시 한 번 한국과 독일의 상황을 비교하는 문제와 동독 인민경찰의 독자적인 침략 가능성을 배제하였다. 그리고 그는 아데나워가 안보문제에 주도권을 잡고 서독의 군사적 참여를 제의하는 것은 점령국들이 서독을 방위해야 할 의무를 부분적으로 포기한다는 것을 의미한다고 주장하면서 최근 아데나워의 행태에 대해 우려를 나타냈다. 그는 현시점에서 가장 중요한 것은 세계의 민주국가들이 단합하여 그들의 군사적 의지를 보여줌과 동시에 이러한 확고한 의지가 독일의 운명과 결합되어야 한다고 주장하였다. 이를 위해 독일이 국제사회에서 동등한 권리를 보장받아야 한다는 것이었다. 이것이 바로 서유럽 방위체제에 군사적으로 참여할 수 있는 명백한 조건이었다.

이것과 연관하여 슈마허는 전략적인 측면에서도 자신의 입장을 밝혔다.

우리는 전쟁이 일어날 경우 마지막 승자가 되기를 원하지 않는다. 더욱 중요한 것은 전쟁을 예방하는 일이다. 이를 위해서는 동쪽 공산주의 세력과의 경계선에 대규모 군사력을 집중시켜서 소련으로 하여금 사전에 전쟁 야욕을 뿌리 뽑게 하는 일이다.[24]

---

23) Neuer Vorwärts vom 25. 8. 1950 ; vgl. Buczylowski, U. : a.a.O., S. 80ff.

24) Schumacher, Kurt : Deutschlands Beitrag für Frieden und Freiheit, Hrsg. von Vorstand der SPD, Dortmund o. J., S. 18 ; Schubert, Klaus von : Sicherheitspolitik, S. 97f.

그 밖에도 슈마허는 과거처럼 독일의 안보를 위한 가장 효과적인 방법으로 민주주의의 확립과 사회의 공정한 분배의 중요성을 여전히 강조하였지만, 이제는 단지 이러한 방법만으로는 한국전쟁으로 야기된 현재 상황의 복잡한 문제를 해결할 수 없음을 시인하였다. 이러한 슈마허의 안보에 대한 개념은 재무장에 대한 강력한 비판자였던 당내 좌파들에게 불만을 야기시켰으며 당 내에 퍼져 있던 반(反)재무장 분위기(Ohne Mich Stimmung)와도 대립되는 것이었다.

종합해 보면 서독의 안보에 대한 슈마허와 아데나워의 입장은 원칙적인 면에서는 그리 차이가 있는 것 같지는 않다. 차이점은 원칙적인 면보다는 조건적인 면에서 나타난다. 아데나워는 서독의 군사적 참여의 대가 또는 결과로 완전한 주권의 회복을 염두에 두었지만 슈마허는 반대로 우선 서방 민주주의 세계와의 확고한 결합과 완전한 주권의 회복을 요구하였으며, 그 후에나 대등한 관계 속에서 서독의 군사적 참여문제를 다루어야 한다는 것이었다. 즉, 슈마허에게 있어서 독일의 재무장은 최후의 수단이었다.

VI. 독일 재무장에 대한 언론과 여론의 입장[1]

서독의 재무장에 관한 언론[2]에서의 논의는 1948년 11월 기민당

---

1) 한국전쟁 발발 이후 독일 재무장에 대한 언론의 태도를 분석한 연구는 지금까지 전무한 상태다. 독일 재무장에 대한 일반적인 몇몇 연구에서 기껏해야 4~5쪽 분량으로 언론의 태도를 분석한 수준이었으며 이것 또한 자신들의 논거를 보완하기 위한 방법으로 언론의 사설들을 인용하였다는 점에서 객관적이고 체계적인 연구는 되지 못하였다. 특히 코흐(Diether Koch)는 자신의 박사학위논문에서 재무장을 시종일관 반대하였던 당시 내무부 장관 하이네만(Gustav Heinemann)의 태도를 분석하면서 한국전쟁의 발발로 재무장을 지지하게 되었던 몇몇 언론들을 인용하였는데 이것은 언론들의 불합리한 논거를 단지 반박하기 위한 수단에 지나지 않았다.

반면 베티히(Gerhard Wettig)나 마이(Gunther Mai)는 독일 언론들이 한국전쟁의 발발로 재무장과 관련하여 매우 급격한 인식변화를 겪었다고 주장하면서 재무장에 오랫동안 반대해 온 언론들을 그들의 분석대상에서 제외시킴으로써 한국전쟁의 역할과 영향을 의도적으로 과대 평가하였다고 주장한다.

Diether Koch, Heinemann und die Deutschlandfrage, München 1972 ; Gerhard Wettig, Entmilitarisierung und Wiederbewaffnung in Deutschland 1943-1955, München 1972. ; Gunther Mai, Westlice Sicherheitspolitik im Kalten Krieg, Boppard a. Rh. 1977.

2) 독일 언론들은 패전 후 연방공화국이 수립되기 이전까지 점령국들의 허가를 받아야만 창간을 할 수 있었다. 그래서 이 시기에 발행되었던 독일의 신문들은 반나치주의와 민주주의를 표방하였다. 제2차 세계대전 이전과는 달리 정당 신문은 크게 줄어들었지만, 현재의 독일 신문들이 독립적이고 비정치적 신문임을 자처하고 있는 것과 비교하면 당시의 독일 신문들은 어느 정도 정치적 성향을 띠고 있었다. 이러한 사실은 발행인이나 편집인들이 특정 정당

(CDU)과 친밀한 *Rheinische Merkur*(*RM*)가 서방 강대국들이 동독 인민경찰의 위협에 대항하여 독일 재무장을 적극적으로 검토하기 시작했다는 코곤의 사설을 게재함으로써 시작되었다.[3] 대부분의 신문과 국민들이 독일의 재무장에 강력히 반대했음에도 불구하고 *Rheinische Merkur*만은 독일 재무장의 필요성을 역설하였다. 그러나 이 신문은 여론의 강력한 항의를 받고 곧 입장을 철회하였다. 한국전쟁 발발 이전까지 독일의 재무장 문제에 대해 독일의 모든 언론은 반대를 하였으며, 공산주의의 위협 속에서도 재무장에 대한 언급이란 제2차 세계대전의 비극적인 종말을 경험한 독일의 국민적 정서에 당연히 맞지 않는 것이었다. 당시 그들이 국내문제로서 가장 중요하게 여긴 이슈는 경제회복에 있었다. 서방세계의 정책입안자들에게 공산주의의 위협을 크게 고조시켰던 소련의 핵폭탄 실험 성공과 중국 공산당의 승리조차도 경제회복 문제를 뒷전으로 밀어내지는 못하였다. 그러나 한국전쟁의 발발은 독일의 안보와 재무장에 관한 문제제기에 큰 걸림돌이 되었던 모든 터부를 일소시키면서 안보문제를 전면에 내세웠다. 한국전쟁의 발발로 독일의 모든 언론은 소련의 위협에 직면하여 독일의 안보 위기 상황을 분석하면서 우선적으로 점령국들의 확고한 안전보장을 요구하였다. 한국전쟁 발발 직후의 사설은 일반적으로 분단국으로서 한국과 독일의 상황을 비교하여 그 유사점과 상이점에 관한 논쟁을 주로 하면서 재무장에 대한 논의를 시작하였다.

에 소속되어 있다든지 또는 아데나워 정치에 대한 그들의 태도를 통해 확인될 수 있다.

3) RM vom 17. Nov. 1949.

1. 기민당(CDU)과 친밀한 언론

1) *Rheinische Post*(*RP*)

*Rheinische Post*는 외견상 기민당(CDU : Christlich Demokratische Union)과 밀접한 관계는 없었지만 편집인 4명이 모두 CDU 당원이라는 이유로 CDU와 친밀한 신문으로 분류될 수 있다.

*Rheinische Post*는 6월 29일자 사설에서 처음부터 독일과 한국 상황의 유사점을 강조하면서 점령국들에게 더욱 확고한 안전보장을 요구하였다. 7월 19일자 사설에서는 서독의 안전문제에 더 많은 지면을 할애하였다.

> 한국전쟁은 전 세계적으로 충격과 흥분을 야기시켰으며 한국을 주변부에서 세계정치의 중심으로 옮겨 놓았다. …… 현재까지 한국전쟁의 상황은 매우 불리하지만 이것이 우리에게 타산지석이 되기를 바란다. 한국에서의 미국의 실수는 다른 모든 서방국가들에게 큰 부담을 주었지만 이것이 우리에게는 큰 교훈이 될 것이다. 이러한 상황에서 서독에 주둔하고 있는 점령국 군대만으로 서독이 안전을 보장받고 있다는 대답으로 우리의 요구를 거부하는 일은 있어서는 안 된다. 점령국 군대는 언제든지 전략상의 이유를 들어 라인 강의 방어선을 간단히 포기할 수도 있는 것이다. 그래서 내일이 아닌 오늘 즉시 방어선을 라인 강에서 엘베 강으로 이동하도록 점령국들에게 압력을 넣는 것이 서독 정치가들의 가장 시급한 임무인 것이다.[4]

그러나 RP는 위험한 안보 상황에도 불구하고 7월 24일자 사설에서 서독의 재무장에는 반대하였다.

---

4) RP vom 19. Juli 1950.

재무장에 관심을 갖고 있는 독일 사람들은 극히 소수에 불과하며 정책 수립에도 별다른 영향을 끼치지 못하고 있다. 우리는 재무장에 대해 논의를 하기보다는 독일의 안보는 점령국 군대가 전적으로 맡고 있다는 맥클로이의 말을 믿어야 할 것이다. 우리에게 독일의 군대가 다시 탄생해야 하는지의 뚜렷한 근거가 없다. 오늘날의 젊은이들은 유럽문제에 더 큰 관심을 가질 뿐만 아니라 비군사적이고 평화적인 정치적 성향을 가지고 있다.5)

이틀 후 *Rheinische Post*는 점령국 주둔군의 증강을 강력히 요구하는 논설에서 연방경찰의 창설에도 반대하였다.

서독 국민들은 한국전쟁이 유럽에서 재판되는 일이 없게 하기 위하여 조만간 어떠한 조치가 이루어져야 한다고 생각하고 있다. 영국정부는 연방경찰의 창설 문제를 긍정적으로 검토하고 있고 그 병력에 관해서만 서로 이견을 보이고 있다. 이에 대한 우리의 태도를 분명히 밝힐 필요가 있다. 연방경찰도 서독의 재무장과 마찬가지로 서독의 안전을 보장해 주지 못할 것이다. …… 여러 번 밝힌 바와 같이 점령국 군대의 증강과 안전보장을 위한 점령국들의 확고한 의지표명만이 서독을 방어하는 데 가장 효율적인 방법일 것이다.6)

그러나 한국전쟁 발발 6주 후부터 *Rheinische Post*는 독일 재무장의 필요성을 인식하고 입장을 바꾸기 시작하였다. 이는 시기적으로는 처칠이 유럽평의회에서 서독을 포함하는 통합 유럽군의 창설을 요구7)

---

5) RP vom 24. Juli 1950.
6) RP vom 26. Juli 1950.
7) 1950년 8월 11일 슈트라스부르크의 유럽 평의회에서 영국의 야당지도자 처칠은 한국전쟁으로 공산주의의 위협에 직면하여 서유럽의 군사력 열세를 극

한 때와 일치한다. 「순서」(Reihenfolge)라는 제목의 사설에서 *Rheinische Post*는 서독이 완전히 주권을 회복하고 국제사회에서 완전한 평등을 회복하는 조건 하에서 독일의 재무장을 고려해 볼 수 있다는 입장을 표명하였다.

어떤 문제를 논의하는 데 있어서 어디에 우선권을 두느냐 하는 것은 매우 중요한 일이다. …… 서방 강대국들은 우리 독일인들에게 강제적으로 무기를 들게 할 수는 없다. 무기를 드는 문제는 우리가 스스로 판단해서 결정할 문제이다. 또한 이러한 문제는 독일이 다른 서유럽국가들과 마찬가지로 말뿐이 아닌 행동으로 똑같은 대접을 받을 때만 해결될 수 있다. …… 이러한 것들이 전후 5년 만에 다시 불가피하게 이루어진다는 것이 매우 유감스러운 일이기는 하지만 우리는 유럽의 안전을 위협하는 위험이 가장 시급한 문제임을 잘 안다.

일주일 후 *Rheinische Post*는 재무장 문제를 좀더 자세히 다루었다. 8월 21일의 「용병은 안 된다!」라는 제목 하의 논설에서 외국군대의 용병 형태의 재무장에 대해 강력한 반대의사를 밝혔다.

우리가 서유럽 방위체제에 군사적으로 참여하게 된다면 우리의 병력은 프랑스와 영국의 병력과 동일해야 되며 장교의 숫자뿐 아니라 사령부 내의 명령권자 숫자에서도 다른 서유럽 국가들과 동일해야 한다. …… 변화된 상황에 걸맞게 점령국 군대는 이제 점령의 의미가 되어서는 안 되며 우리의 친구로서 존재해야 한다. 그리하여 고등판

복하기 위해 서방 세계의 군사력 증강과 더불어 서독을 포함하는 통합 유럽 군대의 창설을 요구하였다. 이 제안은 각국 대표단들로부터 커다란 호응을 받았을 뿐 아니라 서독의 언론과 여론에도 영향을 미쳐 독일의 재무장 문제를 긍정적으로 평가하는 데 중요한 역할을 하였다. RP vom 14. Aug. 1950.

무관들도 자신들의 국가를 대표하는 대사들로 바뀌어 이제는 완전한
주권을 소유하는 독일로 취급받아야 할 것이다.[8]

이로써 *Rheinische Post*는 서독 재무장에 대한 초기의 반대입장에
서 국가의 이익 차원에서 명백한 조건 하의 긍정적인 태도로 바뀌어
갔다.

2) *Kölnische Rundschau*(*KR*)

*Kölnische Rundschau*도 창간 이후 시종일관 아데나워의 정책을 옹
호했다는 점에서 CDU와 친밀한 신문으로 분류될 수 있다.

6월 26일 *Kölnische Rundschau*는 첫 사설에서 한국전쟁으로 야기
된 전쟁위협을 객관적으로 묘사했다. 다음날 사설에서 이 신문은 첨예
화된 공산주의 위협과 팽창에 대해 우려를 표명하면서도 한국과 독일
의 상황에는 명백한 차이가 존재한다고 역설하였다.

지금 독일에서는 쾰른과 한국 사이의 거리가 단지 250km라고 주장
하는 사람들이 있다. 이러한 사람들은 한국전쟁이 독일에서 똑같이
재현될 것이라는 확신을 가지고 있다. 그러나 다행스럽게도 그들의
판단은 틀렸다.[9]

그러나 한국전쟁의 심각성에 직면해서 *Kölnische Rundschau*는 일
주일 만에 태도를 바꾸어 한국전쟁이 유럽에 미칠 영향에 대해 우려를
표명했을 뿐 아니라 한국전쟁을 소련 팽창정책의 첫 단계로 규정하면

---

8) RP vom 21. Aug. 1950.
9) KR vom 27. Juni 1950.

서 앞으로의 서독의 운명에 대해 회의적인 태도를 보였다.

한국전쟁은 유럽과 한국을 서로 결합시켰다. 즉 한국전쟁은 독일과 한국의 상황을 더욱 접근시켰으며 현재의 전황은 독일 국민들을 커다란 두려움의 위협 속으로 몰아넣고 있다.[10]

*Kölnische Rundschau*는 7월 12일 처음으로 독일 재무장에 대해 언급하였다. 여기에서는 서구 민주주의를 수호하기 위한 서독의 군사적 기여의 필요성을 강조하였다. 그 밖에도 점령국 군대가 서독의 안전을 위하여 언제까지나 주둔하리라는 보장이 없기 때문에 한국에서와 같은 전쟁이 독일에서 일어날 것을 대비하여 확실한 자구책을 강구할 필요성도 주장하였다.

…… 그리고 철의 장막의 경계선이 한국의 38선보다 더 철저하고 확실한 방어를 약속한다면 독일 재무장에 대한 논쟁도 불필요하게 될 것이다. 군인 하나 무기 하나 소유하지 못하고 무방비 상태에 놓여 있는 민족에게는 결코 무리한 요구는 아닐 것이다.[11]

7월 31일자 사설에서는 국내문제에서 한국전쟁 이후 더욱 목소리가 커진 공산주의자들의 선동에 대처하기 위한 연방경찰의 창설을 요구하였다.

베를린에서의 공산당 전당대회에서 동독의 통일사회당(SED)이 서독 공산당의 상급기관으로서 국내의 선동을 사주하고 있음을 확인할

---

10) KR vom 1. Juli 1950.
11) KR vom 12. Juli 1950.

수 있다. 이러한 공산당의 과격한 선동은 우리의 경제부흥을 해칠 것이며 사회적으로 불안을 야기시켜 결국 사회적 위기를 맞이하게 될 것이다. 이러한 위기에 대처하기 위해 중앙통제 하의 잘 조직된 많은 병력의 경찰이 필요하다.[12]

7월 말까지 *Kölnische Rundschau*는 사설을 통해 점령국 주둔군의 증강과 서독의 군사적 참여의 필요성 그리고 연방경찰의 창설을 주로 역설하였다면, 8월 이후에는 유럽평의회에서의 처칠의 연설을 지지하면서 이러한 입장을 재확인하였다. 특히 처칠이 요구한 통합 유럽군의 창설이 가져다주는 정치적 영향에 대하여 긍정적으로 평가하였다.

안보가 최우선이라는 영국 노정치가의 지적은 대부분의 자유민주주의 국가에서 공감을 불러일으켰다. 통합 유럽군의 창설은 독일 민족을 유럽 민족이라는 가족공동체 안에 포함시키는 것이 되며 독일을 약화시키는 모든 정책의 종말을 의미할 뿐만 아니라 점령조례의 수정 나아가서는 완전한 주권의 회복과 동등한 권리를 되찾게 됨을 의미한다.[13]

8월 24일 사설에서 *Kölnische Rundschau*는 또다시 서방 강대국들에게 독일의 안전을 보장하라고 강력히 요구하면서 순수한 자위책으로서 독일 재무장의 필요성을 재천명하였다.

오늘날 독일 민족은 일반적으로 군국주의에 반대하는 정치적 성향을 지녔고 영국이나 특히 프랑스의 여론은 아직도 독일이 다시 군대

---

12) KR vom 31. Juli 1950.
13) KR vom 12. Aug. 1950.

를 가진다는 것을 용납하지 않을 것이다. 그러나 자기의 조국을 순수한 의미에서 방어한다는 것은 군국주의와 근본적으로 다르다. 그리고 독일의 새로운 군국주의의 등장을 막기 위한 필요한 조처들이 반드시 수립되어야 한다.14)

이로써 *Kölnische Rundschau*는 독일군대의 필요성을 역설하면서도 프로이센의 군국주의 부활에는 강력히 경고를 발하였다. 이렇게 *Kölnische Rundschau*는 한국전쟁 발발 일주일 만에 기존의 입장을 바꾸어 수미일관 아데나워 정책을 지지함으로써 CDU와 친밀한 언론으로서 그 역할을 충실히 이행하였다.

2. 사민당(SPD)과 친밀한 언론

1) *Neuer Vorwärts*(*NV*)

*Neuer Vorwärts*는 사민당(Sozialdemokratische Partei Deutsch-lands : SPD)의 당 기관지로 당의 대변자 역할을 하였다. 이 신문의 전신은 1933년 나치에 의해 폐간되고 1934년부터 1940년까지 파리에서 간행된 *Vorwärts*였다. *Neuer Vorwärts*라는 의미는 제국주의 시대와 바이마르 공화국 시대 그리고 나치즘 시대가 완전히 사라지고 1948년부터 새로운 시기가 도래했음을 뜻한다.

*Neuer Vorwärts*는 6월 30일자 사설에서 한국전쟁은 서독에서 특별히 불안을 야기시켰으며 점령국들에게 서독의 안전보장 문제를 다시 거론하게 만들었다고 간단히 언급하였다.15) 7월 7일 사설에서는 공산

---

14) KR vom 24. Aug. 1950.
15) NV vom 30. Juni 1950.

주의의 위협을 강조하였지만 한국과 독일의 상황을 비교하는 것은 비논리적이라고 논박하였다.

공산주의 위협이라는 점에서 한국은 특히 독일과 상관관계가 있다. 그러나 금방이라도 서방세계가 붕괴될 것처럼 호들갑을 떤다든지 독일과 한국을 비교하여 독일에서 똑같은 전쟁이 곧 일어날 것이라고 주장하는 것은 공산주의자들이나 극우세력들의 선전을 도울 뿐이다. 한 마디로 한국과 독일의 상황은 다르다. 그 중 가장 큰 차이점은 한국은 점령군이 철수한 상태였고 미국의 방위선 안에서 제외되었다는 사실이다.

이 사설의 결론 부분에서는 SPD의 주장과 마찬가지로 가장 효과적인 안전보장으로서 확고한 사회적 기반과 민주주의 발전 그리고 경제적 기초의 확립을 제시하였다.[16]

8월 4일 사설에서 *Neuer Vorwärts*는 처음으로 독일 재무장 문제를 비교적 상세히 다루었다. 이 사설에서 소련은 현재까지 이룩해 놓은 자신들의 체제를 어느 정도 유지시키기 위해서라도 경박하게 모험을 하지 않을 것이라고 전제하면서 2~3년 이내에 소련이 전쟁을 도발할 가능성에 대해 부인하였다. 여기서도 한국과 독일의 상황비교를 잘못된 것이라고 주장하면서 인민경찰의 침략은 실제적으로 점령국인 미국과 영국, 프랑스에 대한 공격을 의미하는 것이므로 동독은 경솔하게 행동하지 않을 것이라고 내다보았다. 더욱이 독일 재무장은 동서관계에서 더욱 긴장만 초래할 것이라고 주장하였다.

---

16) NV vom 7. Juli 1950.

독일 재무장은 불행한 결과를 초래할 수 있다. 특히 소련을 자극하여 서방민주주의 세계와의 예방전쟁을 야기시킬 수 있다. …… 독일이 전쟁을 방지하기 위해 기여할 수 있는 유일한 길은 소련으로 하여금 전쟁이 비합리적이고 가치가 없는 것으로 인식하도록 정책을 수립하는 것이다. 이를 위해서는 국내적으로 사회개혁을 통한 사회 안정을 유도하여 모든 계층을 만족시킴으로써 소련의 선동정책을 방지해야 한다. 이를 증명할 수 있는 적당한 예를 한국에서 찾아볼 수 있다. 한국에서 공산주의가 성공할 수 있었던 것은 군사력 면에서 앞서 있어서가 아니라 비참한 가난과 약탈적인 자본주의 그리고 이로 인한 사회 불안이 이 나라에서 침략자들에게 길을 열어 놓았기 때문이다. 즉 사회적인 폐단은 국민들의 단결력과 저항력을 약화시키는 것이다.17)

7월 말 동독지역에서 제3차 독일 통일사회당(SED : Sozialistische Einheitspartei Deutschlands) 전당대회 후 *Neuer Vorwärts*는 그 결과를 가지고 「동독의 인민경찰과 국내안전」이라는 사설을 게재하였다.

한국전쟁 이래 동독은 소련의 조종과 재정적 원조를 받아서 선동정책을 통해 서독 국민들을 불안에 떨게 하고 있다. 특히 제3차 SED 전당대회에서는 서독에 대해 공격적인 구호를 선포함으로써 긴장을 야기시켰다. …… 동독의 인민경찰은 소련과 과거 나치시대의 장교들로부터 교육을 받으면서 중무장한 상태지만 서독의 지방분권화된 소수의 경찰들은 한 번도 필요한 무기를 갖춘 적이 없다. 경찰제도의 지방분권화는 평화와 안정의 시기에는 적합할지 모르나 공산주의 위협에 직면해 있는 현 시점에서는 불행한 결과를 초래할 수 있다. 그래서 우리는 현재 단계에서 국가와 헌법을 수호하고 국내의 안정과 질

---

17) NV vom 4. Aug. 1950.

서를 유지할 수 있는 조직적이고 강력한 경찰을 요구한다. 그러나 이러한 경찰이 과거의 군대처럼 국가 안의 국가로 존재해서는 안 될 것이며 단지 국내의 안정과 질서 유지만을 위하여 존재해야 할 것이다. 즉 동독 인민경찰의 공격을 포함하는 외부로부터의 공격에 대한 방어는 오로지 점령국들의 임무이다.[18]

이것으로 *Neuer Vorwärts*는 국내의 안전과 외부로부터의 안전을 명확히 구분하였다.

*Neuer Vorwärts*는 한국전쟁으로 야기된 안보문제의 해결을 시종일관 국내의 사회문제에서 찾으려고 하였다. 즉, 전쟁을 예방하는 가장 효과적인 방법으로는 동독과의 사회적 격차를 더욱 크게 하는 것만이 최선이라고 보았다. 사회적인 혜택과 개혁을 경험한 사람들은 소련의 지배 하에서도 집단농장의 저급한 생활수준을 받아들이기를 거부한다는 사실을 소련 스스로 잘 알고 있기 때문에 소련은 사회적으로 안정되고 모든 대중들이 만족하고 있는 국가와는 전쟁을 꺼려한다는 것이었다. 그러나 1950년 8월 23일 사민당 당수 슈마허가 기자회견에서 밝힌 서독 재무장에 관한 조건부 선언 이후 *Neuer Vorwärts*는 당의 입장을 대변하였다. 서방 강대국들이 그들의 운명을 서독과 함께 정치적으로나 군사적으로 결합시키려는 확고한 의지가 있고 독일이 국제사회에서 동등한 권리를 보장받아야 하며 유럽의 최종 방어선을 니이멘(Njemen)과 바이흐젤(Weichsel)로 이동하게 된다면 서유럽 방위체제에 서독의 군사적 기여를 고려해 볼 수도 있다는 것이었다. 그러나 그들에게 독일 재무장은 여전히 최후의 수단이었다. 여하튼 *Neuer Vorwärts*도 한국전쟁 이전에는 고려의 대상에도 포함시키지 않았던

---

18) Ebenda.

재무장에 대한 입장을 한국전쟁 이후 불가피하게 수정하게 되었다.

2) *Hannoversche Presse*(*HP*)

*Hannoversche Press*의 편집장 코르스페터(Willhelm Korspeter)는 1947년부터 5년 동안 니더작센(Niedersachsen) 주의회의 SPD 의원직을 겸하고 있었다.

*Hannoversche Press*는 6월 26일 한국전쟁에 관한 첫 사설에서 한국의 운명과 독일의 운명을 비교하면서 독일의 위기 상황을 강조하였다.

> 3천만 명의 인구를 가진 아침의 나라 한국은 제2차 세계대전 이후 종종 독일과 비교되어 왔다. 이러한 비교는 한국전쟁으로 더욱 설득력을 가지게 되었다. 소련은 미국이 특히 예민한 관심을 가진 지역에서 자신의 팽창정책을 실험해 보려고 한다는 추측이 한국전쟁을 통해서 사실로 밝혀졌다. 다음의 실험지역은 독일이 될 수 있다.[19]

*Hannoversche Press*는 이러한 생각을 7월 1일 사설에서 더욱 확대시켰다. 여기에서 북한의 선동정책과 동독의 선동정책을 비교하면서 소련의 팽창 정책을 비난하였다.

> 소련은 세계대전의 형태가 아닌 국가 내전을 통해 팽창정책을 추구하고 있다. 내전의 형태에서 소련은 한국전쟁에서처럼 물질적인 원조를 통해 배후 조종자 역할을 한다. 또한 소련은 이러한 침략적인 야욕을 위하여 국민들 사이에서 사회적인 해방을 추구하는 분위기를 이

---

19) HP vom 26. Juni 1950.

용한다. 이러한 사실은 중국에서와 마찬가지로 한국에서도 증명되었
다. …… 실제로 사회적인 선동정치는 큰 힘을 발휘하게 된다. 특히
독일은 한국과 여러 가지 점에서 유사하기 때문에 독일 정치가들은
이러한 위험성에 냉철하게 대처해야만 한다.[20]

7월 22일 사설에서 *Hannoversche Press*는 독일에서의 제2의 한국
전쟁을 경고하면서 이러한 위기의식이 사회에 미치는 영향을 강조하
였다.

한국전쟁을 통해서 우리는 같은 운명에 처할 위기를 절실히 느끼고
있다. 사실 이러한 비교가 적합하지 않을 수도 있지만 중요한 것은
국민들이 자유를 상실하고 모든 삶의 가치를 상실할 수도 있다는 두
려움을 가지고 있다는 것이다. 특히 경제적 불안이 고조되고 사회적
인 문제가 첨예화될 때는 공산주의가 승리할 수 있는 좋은 조건들이
성숙되는 것이다. 이런 점에서 공산주의 위협에서 벗어나기 위해서는
경제적·사회적 문제를 우선적으로 해결해야만 한다.[21]

*Hannoversche Press*는 경제적 발전과 사회적 안정을 강조함으로써
*Neuer Vorwärts*가 주장했던 것처럼 SPD의 입장을 대변하였다.

7월 29일에는 SED의 전당대회에 대한 논평에서 동독지역의 재무장
정책을 강력히 비난하면서 이러한 위협에 대항하기 위해서 독일을 재
무장 시키기 보다는 사회정의를 실현하기 위한 강력한 정책을 실시해
야 한다는 논리를 전개시켰다.

---

20) HP vom 1. Juli 1950.
21) HP vom 22. Juli 1950.

동독의 지도자들은 서독 내에서의 사회적인 불안과 불만을 노리고 있다. 여기에 공산주의가 승리할 수 있는 좋은 기회가 있는 것이다. 이런 점에서 아데나워 정부는 많은 실책을 하고 있다.[22]

8월 12일과 15일 사설에서 *Hannoversche Press*는 독일의 안보에 대해 큰 우려를 나타냈지만 이에 대한 해결책을 군사적인 재무장이 아니라 전술한 바와 같이 사회안정이나 경제적 발전뿐 아니라 정신적 무장에서 찾았다.

공산주의는 프랑스와 이탈리아에서 적지않은 동조자를 가지고 있다. 이들은 전쟁시에는 전선 후면에서 아군을 궤멸시키는 역할을 담당할 것이다. 이런 점에서 공산주의에 대항할 수 있는 강력한 정신적 무장 없이는 강력한 군대도 아무런 의미가 없다.[23]

이렇게 *Hannoversche Press*는 제5열(fifth Column)의 활동을 경고하면서 공산주의 이념을 극복할 수 있는 정신적 무장을 강조하였다.

전체적으로 종합해 보면 *Hannoversche Press*는 SPD와 특별한 관계에 있는 언론들과 마찬가지로 경찰병력이나 군사력의 증강보다는 사회개혁을 통한 사회의 안정과 경제발전 그리고 강력한 정신적 무장을 공산주의의 위협에서 벗어날 수 있는 가장 중요한 요소가 된다고 간주하였다. 특히 *Hannoversche Press*는 대부분의 언론들과 달리 점령국 주둔군의 군사력 증강이라든지 연방방경찰의 창설에 대해 한 번도 언급하지 않았으며 국내의 안전과 외부로부터의 안전을 명확히 구분하지 않았다. 7월 25일 사설에서 한국전쟁은 NATO 동맹국들의 군

---

22) HP vom 29. Juli 1950.
23) HP vom 12. Aug. 1950.

사력 증가에 매우 중요한 역할을 하였으며 동시에 NATO의 역할이 전보다 더욱 부각되었다는 점을 강조하였지만 특별히 이 문제를 독일의 안보와는 연계시키지 않았다. 또한 *Hannoversche Press*에게 있어서 특기할 만한 것은 SPD와 관계있는 언론들과는 달리 한국전쟁을 통해서 소련의 위협을 한 번도 과소평가하지 않았으며 시종일관 한국과 독일 사이의 유사점을 지적하면서 독일에서 제2의 한국전쟁이 재현될 것을 크게 우려하였다는 점이다.

3. 초당파적인 전국지

1) *Frankfurter Allgemeine Zeitung(FAZ)*

1949년 11월 1일 창간된 *FAZ*는 5명의 언론인들(Erich Welter, Erich Dombrowski, Hans Baumgarten, Karl Korn, Paul Sethe)이 발행인단을 구성하고 있었다. *FAZ*는 첫 창간 사설에서 대외적으로는 주권 확립, 대내적으로는 이러한 주권이 침해받지 않도록 노력을 아끼지 않을 것임을 선언하였다. 그래서 완전한 주권과 평등을 회복함으로써 독일이 서방세계에서 중요한 역할을 담당하기를 기대하였다.[24]

6월 26일 한국전쟁에 관한 첫 사설에서 *FAZ*는 우선 한국의 운명과 독일의 운명을 비교 분석하였다.

> 1945년 이래로 한국의 운명은 자주 독일의 운명과 비교되곤 하였다. 한국전쟁 발발 이래로 세계 어디에도 독일처럼 공산주의 위협에 놓여 있는 국가는 없다. 그 이유는 독일은 강력한 군사력을 소유한

---

24) FAZ vom 1. Nov. 1949.

공산주의 국가와 직접적으로 대치하고 있을 뿐만 아니라 한국에서의 소련 정책은 독일에서와 너무나 흡사하기 때문이다. 소련은 몇 년 전부터 중부유럽의 평화조건으로 모든 점령국 군대의 철수를 요구하고 있다. 1948년 소련은 이러한 요구를 한국에서 실현시켰다. 그리고 1년 반 후에 동독의 인민경찰에 해당하는 북한의 군대가 남한을 공격하였다. 즉 점령국 군대의 철수는 전쟁을 의미하게 되는 것이다.25)

6월 29일 「역사에서 배울 것은 없는가?」라는 제목의 사설에서 *FAZ*는 한국전쟁을 독일의 시금석으로 간주하면서 독일 재무장에 대해 간접적으로 언급하였다.

한국정부는 무능력과 부패의 전형적인 표본이다. 그 결과 정당하고 깨끗한 민주정치를 경험해 보지 못한 남한 군대는 마지못해 전장에 끌려나가고 있다. 지금까지의 한국전쟁에서 배울 것은 전쟁은 군대나 무기만이 싸우는 것이 아니라 이념(Idee)도 함께 싸운다는 사실이다. 항상 활기 있고 진취적이며 감동적인 이념은 공산주의 위협에 대항할 수 있는 일종의 무기가 될 수 있다. 자유와 정의에 기초를 두고 있는 이념이나 신념은 서방세계에서 실현되어 가고 있다. 독일연방공화국도 자유에 해당하는 주권과 정의에 해당하는 평등이 완전히 회복된다면 서유럽 방위체제에 군사적 참여를 고려해 볼 수 있다. 그러나 여기서도 우선은 군사적인 무장보다는 이념적인 무장에 중점을 두어야 한다.26)

*FAZ*는 마지막 수단으로 군사적 무장을 고려하고 있었지만 여기에도 국가적인 이익 차원에서 주권과 평등의 회복을 전제로 하고 있다.

---

25) FAZ vom 26. Juni 1950.
26) FAZ vom 29. Juni 1950.

사실 *FAZ*는 다른 모든 언론들처럼 한국전쟁 이전에는 어떠한 조건 없는 서독의 재무장에 강력하게 반대했다는 점에서 본다면 한국전쟁이 그들의 기본 입장을 바꾸어 놓는 데 매우 큰 영향을 끼쳤음을 부인할 수 없다.

7월 10일 사설에서 *FAZ*는 독일 재무장에 대한 입장을 좀더 명백히 하였다. 이에 대한 근본적인 배경은 "독일 재무장에 대한 생각이 서방 강대국들 사이에서 물 위의 기름처럼 번져나가고 있다"라는 당시의 상황이었다. 여기서도 *FAZ*는 독일 재무장에 대해 거부입장을 밝히면서도 논의의 대상으로 삼을 수 있는 구체적인 조건을 제시하였다.

> 우리는 진부하고 아무 쓸데도 없는 점령조례가 폐지되지 않고 완전한 주권이 회복되지 않은 상태에서 독일 재무장에 동의하는 연방정부를 생각할 수 없다.[27]

이 밖에도 FAZ는 서독의 군사적 참여에 대한 또 다른 조건으로서 새로운 유럽의 형성과 미국 군사력의 증강을 제시하였다. 이로써 *FAZ*는 과거와는 달리 독일의 안보를 군사적인 측면에서도 신중히 검토하게 되었으며 이때 특히 국가적인 이익을 염두에 두고 있었다.

8월 19일 사설에서는 유럽평의회의 성과에 대한 논평을 게재하였다. 여기서 서유럽에 대한 서독의 통합 필요성을 강조하면서 여·야를 막론하고 모든 정당들은 유럽 통합이라는 대과업을 위해서 개인적인 사욕을 버릴 것을 호소하였다. 그리고 서유럽 국가들의 정치적인 통합의 기반 위에서 서독의 군사적 참여가 이루어져야 한다고 주장하면서도 우선은 강력한 경찰의 창설을 요구하였다.

---

27) FAZ vom 10. Juni 1950.

유럽의 평화를 위협하는 것은 항상 군사적인 공격만이 아니다. 공산주의자들이 더 선호하는 방법은 혁명적인 전복이다. 평화를 위협하는 혼란은 먼저 국내로부터 비롯된다. 국내적으로 사회가 안정된 후에 외부로부터의 위협에 대한 안전과 방위를 생각해야 한다.28)

한국전쟁의 충격으로 서독 재무장에 대한 FAZ의 태도는 바뀌었다. 무조건적인 반대에서 한국전쟁 발발 이후 시간이 지남에 따라 점점 구체화된 국가적인 이익을 선행조건으로 내세움으로써 재무장의 필요성에 동조하는 불가피한 수정을 겪게 되었다.

2) *Die Welt*(W)

1946년 4월 2일 창간한 *Die Welt*는 일반적으로 초당파적인 신문으로 분류된다. 한국전쟁에 관한 첫 사설에서 *Die Welt*는 한국전쟁을 단순한 지역분쟁으로 간주하였다. 한국전쟁 발발 2주 후에 *Die Welt*는 한국전쟁에서의 소련의 역할을 분석하였다. 여기서 *Die Welt*는 특히 세계대전의 가능성에 대한 국민들의 생각에 대해 두 가지 논거를 대면서 이의를 제기하였다.

첫째, 소련은 한 순간의 감정으로 정책을 수행하지 않는다. 그들의 정책은 계획적이면서 항상 그에 대한 영향과 결과를 매우 조심스럽게 숙고한다. 둘째, 소련은 현재의 재래식 군사력의 우세에 기초해서 유럽을 공격하는 모험은 시도하지 않을 것이다. 왜냐하면 서방세계는 소련의 군사력보다 더 강력한 군사적인 잠재력을 보유하고 있기 때문이다.29)

---

28) FAZ vom 19. Aug. 1950.

이러한 입장은 7월 15일의 사설에서 한국전쟁 발발 이전의 한국에 대한 미국의 정책과 7월 22일의 사설에서 소련 정책의 신중성을 분석하면서 더욱 구체화되었다.

1945년 이후 미국은 한국의 부패정부를 옹호하고 한국의 경제적 위기를 타개하기 위해 아무런 조치도 취하지 않음으로써 북한의 공격을 초래하였다. 여기서 중요한 것은 한국전쟁을 통해서 그 원인을 냉철히 분석하여 사회정책의 오류를 다시는 저지르지 않도록 주의를 기울여야 한다.[30]

7월 22일자 사설에서는 현 상황을 공포에 떨 정도의 위기상황은 아니라고 간주하면서 그 근거를 소련정책의 세 가지 신중성에서 찾았다.

① 소련은 세계대전으로 확산될 수 있는 어떠한 군사적 분쟁도 원하지 않고 있다. ② 소련은 북한으로 하여금 공격을 가하도록 뒤에서 사주했을 때 미국과 서방세계의 반대행동을 충분히 고려하고 있다. 즉, 소련은 한국전쟁에서 보여준 것처럼 전쟁에 직접 개입함으로써 위기를 자초하지는 않을 것이다. ③ 스탈린은 서방세계가 군사력 증강에 많은 예산을 투자함으로써 경제회복이 지연될 것을 기대하고 있다.[31]

그러나 한국전쟁 발발 한달 후 *Die Welt*는 지금까지 제시하였던 자신의 논거에 회의를 보이기 시작하였다. 독일에 대한 소련의 공격 가능성에 대해서는 여전히 부정적이었지만 소련의 공격을 물리칠 수 있

---

29) W vom 6. Juli 1950.
30) W vom 15. Juli 1950.
31) W vom 22. Juli 1950.

는 서방세계의 군사력에 대해서는 매우 회의적인 태도를 취하였다. 이제 *Die Welt*는 재래식 군사력의 중요성을 인식하고 이 문제를 논의의 쟁점으로 부각시켰다.

한국전쟁 발발 7주 후에는 *Die Welt*도 결국 기존 입장을 완전히 바꾸기 시작하였다. 이제는 영국 군대나 프랑스 군대도 독일의 동쪽 경계선을 확고히 방어할 수 없다고 봄으로써 *Die Welt*는 유럽 군대에의 서독 참여문제를 지지하였다. 그러나 이를 위해서는 해결해야 할 문제들이 많았다. 첫째로 대부분의 독일 국민들이 아직도 전쟁의 충격에서 헤어나지 못하고 일반적으로 전쟁에 대한 염증을 느끼고 있다는 것과 둘째는 서독의 재무장으로 소련이 동독을 앞세워 예방전쟁을 감행할 수 있다는 우려였다. 이를 위해 서방세계는 독일 민족의 자존심을 상하게 해서는 안 되며 독일 민족에게 안전과 미래를 보장해 주어야 한다는 하였다.[32]

다음 날의 사설에서는 처칠의 제안에 대해 논평을 가하는 가운데 한국문제와 독일문제를 같은 시각으로 보게 되었다.

한국전쟁 이래로 유럽이 어느 정도의 위기에 처해 있는지 확실해졌다. 한국전쟁의 재판이 유럽, 특히 독일에서도 일어날 수 있다.[33]

여기서 *Die Welt*는 다른 언론들처럼 독일 재무장에 동의하는 선행조건으로 완전한 주권의 회복을 제시하였다. 이로써 *Die Welt*는 한국과 독일의 상황을 비교할 수 없다는 초기의 입장에서 유럽 통합군에 서독의 군사적 참여 외에 현실적인 대안이 없음을 인식하고부터는 명

---

32) W vom 14. Aug. 1950.
33) W vom 15. Aug. 1950.

백한 조건 하의 재무장을 지지하는 태도로 선회하였다.

3) *Die Zeit*(Z)

1946년 2월 21일 함부르크에서 창간된 주간지인 *Die Zeit*는 나치 지배 하의 12년을 종결하고 독일에 자유언론을 재탄생시키는 것을 목적으로 하고 있었다. *Die Zeit*는 현재와는 달리 당시에는 정치적으로 비교적 보수적인 성향을 가지고 있었다.

*Die Zeit*가 제기하였던 서독 안보의 숙고는 오로지 군사적인 성격만을 띠고 있었다. 6월 29일 「한국에서의 실험 전쟁」이라는 제목의 사설에서 *Die Zeit*는 한국과 독일의 상황을 비교하면서 소련의 전쟁정책을 분석하였다.

> 우리는 2년 전부터 소련의 전쟁정책이 강대국 간의 대규모 분쟁을 목표로 하지 않고 국지전으로서의 내전(Bürgerkrieg)에 기반을 두고 있다는 사실을 주시하고 있다. 동시에 우리는 동독 인민경찰의 병력 증강에도 관심을 갖고 주시해 오고 있다. 이러한 상황에서 서방 강대국들은 인민경찰에 상응하는 연방경찰의 창설을 저지하고 있다.[34]

7월 13일 사설에서는 「한국전쟁은 언제라도 독일에서 재현될 수 있다」는 위기 상황을 미국의 정책과 연결시켰다.

> 미국은 한국에서 시간이라는 요소를 경시하였기 때문에 북한이 침략할 때까지 한국에서는 충분한 군사력을 보유할 수 없었다. 독일에서도 미국이 적절한 시간을 놓치게 된다면 동독의 침략은 불가피하

---

34) Z vom 29. Juni 1950.

다.35)

  3주 후의 사설에서는 공산주의의 공격에 서유럽을 방어할 불충분한
군사력에 직면하여 독일의 재무장 문제를 제기하였다.

  공산주의 위협에 무방비 상태에 놓여 있는 상황에서 서유럽의 안전
  을 책임지고 있는 사람들이 그들의 군사적 헛점과 열세를 독일의 생
  산품과 인력으로 보충하려는 의도를 갖는 것은 당연하다. …… 우리
  는 결코 독일 국민군을 원하지는 않지만 우리 스스로가 우리의 국토
  를 방어할 수 있게 되기를 원한다.

  여기에서 *Die Zeit*는 영국이나 프랑스가 주장하는 바와 같이 서유
럽 방어에서 서독의 경제적 기여에 반대했을 뿐만 아니라 독일 사민당
이 주장하는 바와 같이 공산주의 위협에서 벗어나기 위한 방법으로서
사회적 안정과 사회문제의 해결에도 반대하였다.

  우리는 수동적인 참여에는 반대한다. 우리는 동등한 파트너가 되기
  를 원한다. 우리를 적극적이고 동등한 파트너로 인정한다면 서유럽
  군대에 독일의 군사적 참여가 필요하다고 생각한다.36)

  이를 위해서 *Die Zeit*는 우선 첫 단계로서 국경을 수비할 10만 연방
경찰의 창설을 무엇보다도 시급하다고 보고 이것이 후에 유럽군에 참
여할 독일 군대의 초석이 될 것이라고 하였다. 8월 31일자 사설에서는
국내 공산주의자들의 선동정책을 경고하면서 국내의 질서와 안정을

---

35) Z vom 13. Juli 1950.
36) Z vom 6. Aug. 1950.

위한 방위군 창설을 요구하였다.

> 소련은 그렇게 쉽사리 서방세계를 공격하지는 못할 것이다. 그러나 서독 내의 공산주의자들은 소련의 원조로 언제라도 내전을 일으킬 소지가 있다. 이를 방지하기 위해서는 일종의 방위군(Schutztruppe)이 필요하다.[37)

지금까지의 *Die Zeit*의 사설을 종합해 보면 서독의 안보를 군사적인 측면에서만 분석하고 있는 사실을 볼 수 있다. 이러한 점에서 *Die Zeit*의 주장은 아데나워의 주장과 여러 가지 면에서 일치한다. 더욱이 9월 1일에는 아데나워의 안보정책을 적극 옹호하는 내용의 사설을 예외적으로 게재하기도 하였다.

> 사람들은 수상의 정책에 많은 오류가 있다고 비난할지 모른다. 그러나 수상이 재무장 문제를 너무 안이하게 다루고 있다고 비판만 할 수는 없다. 한국전쟁이 더 이상의 유예를 허락할 수 없게 만들었다는 점은 누구나 인정해야 한다. 그래서 그는 재무장으로 인해 파생될 여러 가지 문제를 더 이상 고려하지 않게 된 것이다.[38)

이러한 아데나워 안보정책에 대한 *Die Zeit*의 긍정적인 태도는 *Die Zeit*의 발행인인 부체리우스(Gerd Bucerius)와 아데나워의 개인적인 친분관계도 어느 정도 작용하였으리라 추측해 볼 수 있다.

4) *Der Industriekurier*(*I*)

---

37) Z vom 31. Aug. 1950.
38) Z vom 1. September 1950.

1948년 10월 30일에 뒤셀도르프에서 창간된 *Der Industriekurier*는 신문의 부제를 '정치·경제·기술을 위한 독립적이고 초당파적인 신문'이라고 선언했음에도 불구하고 일반적으로 보수적인 경향을 띠고 있었다.

1949년 말 이후 서방세계와 서독과의 밀접한 동맹관계가 더욱 강화되었다. 6월 29일자 사설에서 *Der Industriekurier*는 한국전쟁을 통해서 한국은 독일의 실험대상이 되었다고 주장하였다.

> 어느 누구도 우리처럼 한국전쟁을 걱정과 긴장 속에서 주시하지는 않을 것이다. 소련과 동독의 위협 속에 살고 있는 우리는 한국전쟁 이전의 한국과 다를 바가 없다. 소련과 동독 정권이 무슨 이유로 전전(全) 독일선거의 선행조건으로 점령군 철수를 그렇게 강력하게 요구하였는지 이제는 모든 사람들이 알아차렸을 것이다. …… 한국전쟁은 서방세계가 평화유지를 위하여 무엇인가를 해야 한다는 것을 보여준다.[39]

7월 8일자 사설에서는 한국전쟁을 소련과 미국 사이의 전초전 이상의 것으로 분석하였다. 지금까지의 *Der Industriekurier*의 사설을 분석해 보면 이 신문이 서유럽 방위체제에의 서독의 군사적 참여를 지지할 것이라는 추측을 낳게 하였다. 그러나 *Der Industriekurier*는 서독의 재무장 문제를 매우 조심스럽게 다루었을 뿐만 아니라 가능한 재무장의 옹호자로 비치는 것을 꺼려한 것이 분명하였다. 그럼에도 서유럽 방위체제에의 서독의 군사적 참여의 필요성을 주장하였던 FDP의 정치가 오일러(Martin Euler)에게 지면을 할애한 것을 보면 서독 재무장

---

39) I vom 29. Juni 1950.

에 대한 *Der Industriekurier*의 명백한 반대 입장은 아직도 불투명한 것이었다. 오일러는 논평에서 제2의 한국전쟁이 독일에서 일어날 수 있다는 것을 전제로 해서 장기적인 안목에서 연방경찰의 창설을 요구하였었다. 이러한 오일러의 논평에 동조하면서 *Der Industriekurier*는 이 문제를 경제문제와 연결시켰다.

한국전쟁은 독일 국민들을 두려움에 떨게 했음은 분명하다. 이러한 두려움으로 독일에서는 매점매석이 횡행하고 있어 앞으로의 경제발전과 경제회복을 저해하고 있다. …… 사실 전쟁의 가능성은 희박하다. 서독은 현재 서방 강대국들의 점령지역이기 때문에 동독은 함부로 공격을 할 수 없을 뿐만 아니라 소련의 공격도 점령국들과의 불가피한 전쟁을 초래하기 때문에 소련은 경솔하게 행동하지 못할 것이다. 그럼에도 장기적인 안목에서 외부로부터의 위협 특히, 동독 인민경찰의 공격에 대비해서 연방경찰은 시급히 요구된다.[40]

사실 *Der Industriekurier*는 경제이익을 대변하는 신문에 걸맞게 안보정책이 경제에 어떤 영향을 미칠 것인가에 더 많은 관심을 가졌다. 한국전쟁이 독일 경제에 끼친 영향은 지대하였다. 이것은 이른바 '한국붐'(Korea-Boom)으로 일컬어지는데 미국과 영국에서는 주문이 폭주하였으며 그 결과 주식시장은 활기를 띠게 되었다. 그러나 강철 생산에 대한 점령조례로 한계에 부딪히게 되어 지금까지의 독일 재무장에 대한 *Der Industriekurier*의 유보적이고 불확실한 태도가 변화를 보이기 시작하였다. 그러나 유럽평의회의 처칠의 연설을 논평하는 자리에서 *Der Industriekurier*는 독일의 재무장을 여전히 부정적인 시각으로

---

40) I vom 29. Juni 1950.

보았다.

> 우리에게 특히 우리의 젊은이들에게 군대는 신임을 잃었음을 간과
> 해서는 안 된다. 천년 동안 동쪽의 침략자들은 방어하는 데 큰 역할
> 을 하였던 독일의 군대는 이제 그 의미를 상실하였다. …… 공산주의
> 위협에 대항해서 유럽의 협조와 단결을 강조한 처칠의 연설은 매우
> 인상적이다. 또한 우리는 유럽의 군사적 증강을 적극 지지한다. 그러
> 나 현재의 상황으로는 독일의 군사적 참여보다는 경제적 기여에 더
> 비중을 두어야 할 것이다.[41]

그러나 일주일 후 전술한 바와 같이 강철 생산에 대한 제한조항으로 독일 경제가 그 한계에 부딪히게 되자 *Der Industriekurier*는 연방경찰의 창설을 요구하는 것을 필두로 독일 재무장에 대한 부정적인 입장을 철회하게 되었다.

> 국가의 정치적 운명을 책임지고 있는 수상이 과거에 어떤 입장을
> 취했든지 간에 한국전쟁에서 적절한 교훈을 인식하게 된 것은 당연한
> 귀결이다. 특히 한국전쟁과 이에 대한 유럽의 미온적인 반응으로 이
> 시기에 아데나워가 불가피하게 동독의 인민경찰에 대항할 수 있는 연
> 방경찰의 창설을 요구한 것은 적절한 것이다.[42]

여기에서 *Der Industriekurier*는 연방경찰의 창설이 국내 공산주의의 선동과 음모에 대항하는 것으로 인식하였던 대부분의 언론들과 달리 동독의 인민경찰을 겨냥하고 있음을 주장함으로써 아데나워의 은

---

41) I vom 15. August 1950.
42) I vom 22. August 1950.

폐된 재무장 정책을 은연중에 지지하고 있었음을 엿볼 수 있다. *Der Industriekurier*의 이러한 논리는 더욱 첨예화된 위기상황을 반증하는 것이었으며 이러한 위기는 서독의 재무장을 통해서만이 극복될 수 있다는 입장 표명의 시작이었다. 특히 *Der Industriekurier*는 서독의 재무장과 경제 현안과 연계시켜 생산제한에 대한 점령조례의 철폐를 선행조건으로 재무장의 필요성을 주장하게 되었다. 뉴욕 외상회담 이후 다른 대부분의 언론들과 발맞춰서 *Der Industriekurier*는 독일의 재무장에 대해 공개적이고 더욱 적극적인 지지를 보냈다.

5) *Der Spiegel*(*S*)

1947년 1월 4일 하노버에서 젊은 언론인 아욱슈타인(Rudolf Augstein)이 창간한 시사주간지 *Der Spiegel*은 아데나워 정책에 대한 가장 강력한 비판자였다. 그때까지 *Der Spiegel*은 아데나워 정권의 모든 정책이 독일의 통일을 저해한다면서 정부의 친서방정책을 비난하였다. 정부에 대한 강력한 비판자로서 *Der Spiegel*에 대한 평가는 대조를 이루고 있었다.

> 만약 *Der Spiegel*이 존재하지 않는다면 독일에서는 더 이상 진실이 존재하지 않게 될 것이다. (야스퍼스, 철학자)

> 나는 이러한 추악한 잡지는 전혀 읽지 않는다. 이 잡지는 조만간에 스스로 파멸하고 말 것이다. (아데나워, 독일연방공화국 수상)

*Der Spiegel*은 한국전쟁에 관한 첫 논평에서 소련은 한국전쟁을 통해서 미국의 반응을 별 위험없이 알아보려 하고 있다고 주장하였다.

여기에서 한국전쟁이 독일 상황에 미치는 영향에 대해 중점적으로 다루었다. 그러나 한국전쟁으로 인한 서독의 안전보장의 중요성을 역설하면서도 구체적인 해결책에 대해서는 언급을 회피하였다. 8월 31일 논평에서는 서독 재무장에 대해 명백한 반대입장을 표명하면서 군사적인 측면에서 아데나워의 재무장 계획을 비난하였다.

지금이 바로 아데나워에게 또다시 유쾌하지 못한 그러나 명백한 진실을 말해야 할 때이다. 수상이 추진하고 있는 연방경찰의 창설은 서독을 방어하는 데 아무런 도움도 주지 못할 뿐만 아니라 오히려 해를 끼칠 뿐이다. 이러한 정책은 평화를 위해서 무력을 사용하려고 하는 미국의 노력을 헛되게 만들 것이다. 서방 강대국들의 군대가 서독에 주둔하고 있는 것이 오히려 아데나워가 은밀히 시도하고 있는 재무장 계획보다 더 효과적일 것이다. 우리는 수상에게 도움이 될 몇 가지 진실을 제시하겠다. 첫째는, 동독의 인민경찰은 서독의 정치가들이 생각하는 것처럼 그렇게 강력하지 못하다. 둘째는 서독의 국내 안보를 위해 어떠한 경찰병력도 필요하지 않다. 세째는, 서독지역에는 강력한 점령국의 군대가 주둔하고 있기 때문에 서독과 한국의 상황을 비교할 수 없다. 네째는, 서방 강대국들을 향한 서독 재무장에 대한 제의는 우리의 지위만 약화시킬 것이다. 다섯째는, 제2차 세계대전에서 패전국으로서 수많은 희생자를 초래한 민족은 더 이상 전쟁을 수행할 수 없다. 특히 여기서 유의해야 할 문제는 아데나워 정권이 추진하고 있는 재무장 정책은 소련으로 하여금 예방전쟁을 유발시킬 수 있다는 것이다. 그리고 만약 서독이 유럽의 방위에 참여하게 된다면 어쩔 수 없이 서독은 미국이 미련없이 포기하려고 하는 유럽의 강력한 군사국가가 될 것이다. 그러나 만일 서방 국가들만이 유럽 방위를 책임진다면 세계전쟁은 피할 수 있을 뿐만 아니라 독일 민족 간의 전쟁도 불가능하게 된다.[43]

*Der Spiegel*은 소련의 위협을 결코 간과하지 않으면서도 독일의 안보는 점령국들의 권한임을 역설하면서 동시에 가장 효과적인 방법으로 간주하였다. 이렇게 *Der Spiegel*은 독일의 재무장에 반대하면서도 그 근거를 단지 군사적인 측면에서만 분석하면서 독일의 특별한 상황 속에서 재무장이 미치게 될 정치적 영향에 대해서는 전혀 언급이 없었다. 이로써 *Der Spiegel*은 독일의 재무장을 가장 오랫동안 반대해 온 유일한 언론으로 남게 되었다.

4. 여론

여론이란 공통적인 중요한 논쟁문제에 관하여 가지는 어느 정도 일치된 의견의 집합체라고 할 수 있다. 기능 면에서 여론은 정부권력에 유해한 횡포에 대해서는 유일한 견제책이며 정부권력의 유익한 행사에 대해서는 필수적인 보완책이라고 할 수 있다. 여론의 형성에 작용하는 일반적인 요소들로는—시대와 국가에 따라 다양한 차이를 보이지만—교육, 종교, 역사적 경험, 대중매체, 체제의 이념 그리고 외부로부터의 충격과 영향을 들 수 있다. 이러한 요소들 중에서 전후 서독의 여론에 영향을 끼쳤던 것은 무엇보다도 역사적 경험, 체제이념 그리고 외부로부터의 충격과 영향이었음을 쉽게 알 수 있다. 거의 15년 이상 자유민주주의를 경험하지 못하고 서방 연합국들에 의해 점령되어 완전한 주권을 행사할 수 없었으며 패전의 충격에서 여전히 벗어나지 못했던 서독 국민들에게 이 세 요소는 여론 형성에 결정적으로 영향을 미쳤음은 당연하였다.

---

43) S vom 31. August 1950.

독일 재무장에 대한 서독 국민들의 입장에 대해서 몇몇 여론조사기관과 언론에서 여론을 조사하였다. 이 조사의 핵심은 전쟁에 대한 공포와 재무장에 대한 국민들의 시각이었다. 여기서 나타난 특이한 점은 여론조사기관마다 큰 차이를 보인다는 것이었다. 1950년 8월 8일부터 9월 8일까지 미국 점령지역에서 실시된 *Neue Zeitung* 신문의 여론조사에서 '제2의 한국전쟁이 독일에서도 일어날 수 있을까?'라는 질문에서 '가능성이 높다'와 '매우 높다'가 42%를 차지했으며 47%가 '그렇게 높지 않다'와 '매우 적다'라고 응답하였으며 나머지는 대답을 회피하였다.44)

한국전쟁에 대한 심리적 영향은 *Allensbach* 여론조사기관의 여론조사에서 '올해 안에 세계대전이 일어날 것을 두려워하고 있느냐'라는 질문에 단지 26%만이 긍정적인 대답을 하였고 여기에서 남자 응답자가 여자 응답자보다 전쟁 가능성이 더 희박하다고 생각하였다. 그러나 한국전쟁 발발 직후의 여론조사에서는 53%가 전쟁 가능성에 대해 긍정적으로 응답하였다. 특히 서베를린에서의 여론조사 결과를 한국전쟁 전과 전쟁 후로 나누어 비교하면 9%에서 47%로 크게 증가하였음을 알 수 있다.45)

그리고 EMNID 여론조사기관에서는 한국전쟁 이전에 여론조사를 실시하지 않아서 전쟁전과 비교해 볼 수 없는 약점은 있지만 한국전쟁 이후 매달 여론조사가 실시되어 여론의 추이를 살펴볼 수 있을 뿐만 아니라 다른 여론조사기관에서 실시된 한국전쟁 이전의 결과와 비교해볼 수도 있겠다. 이 조사에서 '3년 안에 세계대전이 일어날 수 있을

---

44) Die neue Zeiturg vom 30. September 1950.
45) Elisabeth Noelle/E.P.Neumann, Jahrbuch der öffentliche Meinung 1947-1955, Allensbach o.J., S. 354f.

까'라는 질문에서 7월에 83%, 8월에는 82% 그리고 9월에는 74%가 긍정적으로 대답하였다. 이 응답에서 각 사회계층 간의 명백한 분류가 이루어지지 않았지만 일반적으로 연령층이 낮을수록 전쟁 가능성이 높다고 답하였다. 또한 자영업자나 자유직업인들이 현 상황을 낙관적으로 생각한 반면, 사무원이나 공무원들은 일반적으로 전쟁 가능성을 우려하고 있었다.[46)

독일 재무장에 대한 여론조사에서는 미국 점령지역에서 발행되고 미국 점령군 사령부에 의해 재정적 원조를 받고 있었던 *Neue Zeitung* 의 여론조사 결과가 다른 여론조사기관보다 항상 높은 비율로 재무장에 동의하는 것으로 나타났다. EMNID의 여론조사에 의하면 '현 상황에서 군대에 복무할 의향이 있는가?'라는 질문과 '당신의 남편과 아들이 다시 군대에 복무하는 것이 옳다고 생각하느냐?'라는 질문에 1949년 이래로 한국전쟁 이전까지 증가 추세로 부정적인 답변을 하였다 (1949년 7월 : 60% → 1949년 12월 : 75% → 1950년 3월 : 82%) 이렇게 EMNID의 여론조사 결과에 따르면 대부분 국민들이 한국전쟁 이전까지 독일의 재무장에 대해 매우 부정적인 태도를 보이고 있음을 알 수 있다. 한국전쟁 이후에도 이러한 경향은 크게 바뀌지 않았다. 재무장으로 인한 국민개병제의 도입에 대해서는 한국전쟁 발발 이후 몇 년 동안 여전히 70% 이상의 국민이 반대하였다. 그러나 유럽 통합군에의 서독의 군사적 참여에 대해서는 1950년 3월 33%였던 지지율이 한국전쟁 발발 이후 1950년 11월에는 40%로 증가하였다. 그리고 일반적인 독일의 재무장에 반대했던 응답자 중 1/4 정도는 어떤 확실한 조건이 선행될 경우 유럽군에 독일 군대가 참여하는 데 동의할 수 있다고 대

---

46) Emnid-Informationen, Eminid-Institute für Meinungsforschung, Bielefeld 4. Nov. 1950, S. 1f.

답하였다. 그 선행조건이란 독일 군대에 대한 독일군 장교의 지휘권, 독일 명예의 회복 특히, 독일군의 명예회복, 부당하게 전범자로 구속된 사람들의 석방, 점령조례의 폐지와 평화조약의 체결 등이었다.47)

1950년 12월 *Der Spiegel*에서도 독자들에게 같은 질문을 던졌는데 82%가 독일 재무장에 반대하였다. 이는 *Der Spiegel*이 아데나워 정책에 대한 강력한 비판자였던 것을 감안하면 이해할 만한 결과이다.48) *Neue Zeitung*의 여론조사에서는 1949년 12월 26%만이 독일 재무장을 지지한 데 비해 1950년 9월에는 17%가 증가하였다. 특히 베를린에서는 48%에서 73%로 크게 상승하였다. 베를린이라는 특수한 지역적 상황으로 이곳 주민들의 위기의식을 감안하면 이 여론조사 결과는 당연한 것이었다.49) 그리고 1950년 10월 *Allensbacher* 여론조사에서는 유럽통합군에 서독의 군사적 참여에 대해 찬성 34%, 반대 45% 그리고 무응답 21%로 나타났다.50)

여론조사에서 독일 재무장에 반대한 사람들은 서독이 제2차 세계대전에 대한 책임을 져야 될 국가로서 재무장을 한다는 것은 시기적으로 아직 일러서 갓 태어난 자유민주주의의 발전을 저해할 뿐만 아니라 또다시 군국주의의 발흥을 야기시킬 것이라고 생각하였다(50%). 그들의 또 다른 중요한 논거는 독일 재무장이 독일의 분단을 고착화시켜 통일을 저해한다는 것이었다(42%). 그리고 일부는 독일의 재무장이 군사전략적인 측면에서 얼마나 효과가 있을지에 대해 회의적이었다(6%). 반면 재무장을 지지하였던 사람들의 일반적인 논거는 재무장이 군수산업에 활기를 가져옴으로써 경제 전반의 침체를 자극하여 현재의 심각

---

47) Ebenda, S. 2.
48) Der Spigel vom 25. Dez. 1950, 52 Jg. S. 22f.
49) Die Neue Zeitung vom 19. Nov. 1950.
50) Noelle, E. : a.a.O., S. 354.

한 실업자 문제를 비롯한 경제위기를 타개할 수 있으리라는 기대가 있었으며(43%), 단순히 군사전략적인 측면에서 소련과 동독 인민경찰의 위협으로부터 벗어날 수 있으리라고 생각하였다(42%). 그리고 아데나워의 정치적 목표였던 완전한 주권의 회복에 대한 기대는 예상외로 적은 비율을 나타냈다(12%).[51]

이렇게 여론조사 결과가 서로 차이가 남에도 불구하고 우리는 서독 재무장에 대한 여론의 변화 양상에서 공통분모를 찾을 수 있다. 공산주의의 위협에 대한 여론의 반응은 언론과 마찬가지로 한국전쟁으로 인해 커다란 변화를 겪게 되었지만 재무장에 대한 그들의 태도변화는 매우 완만하였다. 이것은 독일 국민들이 재무장으로 얻어질 수 있는 이해득실을 저울질할 시간을 필요로 했으며, 재무장이 진실로 통일을 저해할 것인가 하는 문제와 또다시 군국주의의 발흥을 야기시키지나 않을까 하는 문제 속에서 자신들의 태도를 결정하는 데 매우 혼란스러워하였음을 보여준다.

완만하기는 하지만 꾸준히 지속된 지지율의 증가에는 첫째, 소련의 위협에 직면하여 재무장에 대한 현실적인 대안이 없음을 인식하였고 둘째는 한국전쟁에 자극을 받은 독일경제의 부흥과 재무장에 대한 긍정적인 평가로 변화된 국제정세가 중요 요인이 되었다. 여기서 또 하나의 특기할 만한 사실은 재무장에 대한 지지도와 아데나워의 정치에 대한 일반적인 지지도가 항상 병행하지는 않았다는 것이다. 이러한 사실은 독일 국민들이 재무장 문제가 정치적·사회적으로 초미의 관심사였음에도 불구하고 아데나워 정책의 단지 한 부분으로만 인식하였음을 반증한다.[52]

---

51) Ebenda, S. 355ff.
52) 1952년 초 Allensbach에서 25세~32세 사이의 남자들을 대상으로 조사한 바

지금까지의 여론조사를 종합적으로 분석해 볼 때, 주의해야 할 점은 여론조사 방법, 여론조사 시기, 여론조사 대상, 여론조사 지역 그리고 여론조사의 질문 내용에 따라 매우 다양한 양상의 결과를 보인다는 것이다. 특히 여론조사 질문 내용에서는 궁극적으로는 같은 의미이지만 용어의 선택에 따라 현격한 차이를 나타냈다. 예를 들면 "당신은 다시 군인으로 복무할 생각이 있느냐?"라는 질문에 대해서는 대부분의 응답자가 부정적인 답변을 하였지만 유럽군 조직에의 서독의 군사적 참여에 대해서는 40% 정도의 응답자들이 긍정적으로 답하였다. 특히, 군사적인·정치적인 면에서 동등한 권리를 보장하는 조건 하에서의 서독의 군사적 참여에 대해서는 60% 이상이 지지를 하였다. 이것은 서독정부뿐 아니라 SPD조차도 그러한 조건을 제시하였고 또한 많은 언론들이 서독 재무장에 대한 그들의 입장이 변화하는 과정 속에서 제시하였던 요구사항이다. 이런 점에서 정치가들이나 언론을 통해 공론화된 내용들이 여론 형성에 어느 정도 영향을 끼쳤으리라는 추측은 가능하다.

에 따르면 현재의 가장 주된 관심은 경제문제의 해결이라고 답한 사람이 31%였으며 그 다음이 재무장 문제(27%), 독일의 통일(21%) 순이었다. Institut für Demoskopie, Allensbach am Bodensee März 1952, S. 7.

Ⅶ. 독일 재무장에 대한 원칙적인 결정

1. 미국의 주도권

한국전쟁 발발 한 달 전 공화당 소속의 국무성 고문 덜레스(John Foster Dulles)는 미국의 안보정책에 대해 다음과 같이 주장하였다.

> 국제정치에서 우리의 태도가 소극적으로 뒷걸음질을 쳐서 세계적인 문제로 되는 지역들이 소련의 지배 하에 들어가게 된다는 것이 우리의 외교정책을 의미한다면 많은 국가들은 우리가 NATO 조약국과 미국을 제외한 다른 지역에서 소련의 위협에 대해 무관심하다고 생각할 것이다.[1]

이런 점에서 한국전쟁의 발발은 미국의 정치사에서 커다란 전환점을 의미한다. 당시 미국정부는 한국전쟁을 스탈린에 의해 교묘히 사주된 대리전쟁으로 간주했을 뿐 아니라 서방국가들이 한국전쟁에 대해 어떻게 대처할 것인가라는 첫 실험으로 생각하였다. 이런 점과 관련해서 서방 강대국 특히 미국에서는 한국전쟁이 NATO 안보정책과 일반적인 군비증강정책에 미치는 결과에 대해 심각한 논의가 있었다. 1950

---

1) FRUS 1950, Vol. I, S. 314.

년 5월 이미 서유럽에서 30사단의 전력 증강에 대한 NATO 상임위원회의 결정은 NATO 동맹체제 내에서 전략상의 동의를 의미하였다. 즉, 한국전쟁은 오래 전부터 필요하다고 인식되었던 서방세계의 군비증강과 전력증강정책을 가속화시켰다.

한국전쟁의 발발과 서유럽 국가들의 재래식 무기의 열세라는 상황에 직면하여 미국은 전력증강정책 면에서 지금까지의 소극적인 태도를 과감히 포기하기로 결정하였다. 또한 미국정부는 한국전쟁에 적극적으로 대처함으로써 서유럽 국가들에게 확신과 믿음을 줄 수 있는 기회라고 생각했었다. 이때 미국정부는 1950년 4월 7일의 NSC-68에 의존하였다. 이런 점에서 서독의 재무장 문제는 새롭게 중요성을 띠기 시작하였다. 그러나 서독의 재무장 문제는 앞에서 살펴본 바와 같이 군사적인 측면만을 고려해서 쉽게 해결될 수는 없는 것이었다. 1950년 5월 2일 합참은 서독의 재무장은 전략적인 면에서 서유럽 안보에 매우 중요하다는 의견을 정식으로 표명하였다. 특히 한국전쟁의 발발로 전략적 측면이 갖는 중요성이 그 어느 때보다 커지고 서유럽에서의 군사력 증강이 빠른 시일 내에 반드시 필요하다는 사실이 인식되었을 때 미국의 고위급 장성들은 그들의 의견을 관철시키려고 하였다. 이는 특히 서독 재무장을 통해 서유럽의 안보 상황을 짧은 시일 내에 개선시키려는 데에 목적이 있었다.[2]

이때 독일 군대의 많은 이점들이 제기되었다. 독일 군대는 소련과 전쟁경험을 가진 유일한 군대였고 소련과 유럽 사이에 전쟁이 일어날 경우 초기단계에는 독일지역에서 일어날 가능성이 매우 높았으므로 지역에 대한 인지도가 높았을 뿐만 아니라 자신들의 국토를 방어해야 한다는 점에서 전투정신의 투철을 기대하였다. 이러한 군사적 측면뿐

---

2) Mai, G. : Sicherheitspolitik, S. 26f.

만 아니라 정치적·경제력이 필요하다는 인식 하에 서독을 마셜 플랜에 포함시켰었다. 그리고 군비증강에 중요한 역할을 담당하며 1950년 5월부터 서방국가들에 의해 합의가 이루어진 서독의 경제적 기여는 서독을 서방세계에 통합시키는 데 크게 공헌할 것이었다. 여기에서 과중한 재정적 부담을 분할한다는 의미에서뿐 아니라 일반적으로 경제적인 측면에서 서독의 산업이 서유럽의 효율적인 안보에 필요하다는 인식이 있었다. 또한 중요한 이유 중 하나는 서독을 결국에는 서방세계에 묶어 놓음으로써 서독의 군사적·경제적 그리고 정치적 잠재력을 소련에게 넘겨주지 않게 된다는 기대도 있었다. 이러한 의도는 합참안에서 지배적이었다.

　　독일 군대를 NATO에 편입시킴으로써 서독을 서방세계에 연계시켜 결국에는 정치적·경제적 조처가 크게 효과를 발휘하게 됨을 알게 될 것이다.[3]

　　이제 한국전쟁의 발발로 서독의 재무장 문제는 논의 단계가 아니라 결정 단계에 와 있었다. 한국전쟁 직후 합참은 이 문제에 대해 주도권을 잡고 그들의 의견을 관철시키려 하였다. 이때 그들은 1950년 5월 초 애치슨에게 제출되어 거부된 그들의 각서에 의존하였다. 이 각서 안에는 그들의 확고한 의지가 표현되어 있었다. 군사전략적 측면에서 서독을 빠른 시일 내에 재무장시키는 길만이 소련의 위협에 대한 서유럽의 안보에 크게 기여하리라는 것이 그들의 기본전제였다. 여기서 그들은 정치적 문제를 고려하여 독일의 재무장에 통제를 가하는 데에도 소홀하지 않았다. 1950년 7월 27일 군 고위급 장성들이 작성한 각서에서 서

---

3) FRUS 1950, Vol. Ⅲ, S. 815.

독 재무장의 첫 단계로서 '연방경찰'의 창설을 요구하였다. 이것은 동독지역에서의 '인민경찰'을 겨냥한 것으로 그 규모는 동독지역과 비슷한 수준으로 계획하였다. 그리고 연방경찰의 통제관리는 점령국가들이 맡게 하고 서독이 NATO에 가입한 후에는 NATO가 그 일을 맡게 하자는 것이었다. 이런 방법으로 강력한 서독에 위협을 느끼고 있던 서유럽 국가들의 우려를 불식시킬 수 있다는 것이었다. 그리고 독일 군대를 NATO에 편입시킬 때 독일 국민군대를 그대로 수용하자는 것이었다. 이것은 그들이 과거에 주장했던 초국가적인 총사령관 하에 독일 군대를 편입시키는 것보다 전략적인 면에서 더 효율적이라고 생각했기 때문이다.

이러한 합참의 계획은 국무성의 반발을 가져왔다. 그렇다고 국무성이 한국전쟁 발발 후 독일 재무장의 필요성을 완전히 무시했다는 의미는 아니었다. 국무성은 무엇보다 성급한 대책에 반대했고 특히 독일 국민군대의 편성에 반대하였다. 국무성은 성급한 독일 재무장이 소련을 자극시켜 예방전쟁(Präventivkrieg)을 일으키게 할 수도 있다고 생각하였다. 국무성도 서독의 재무장이 유럽 안보에 가져다줄 이익과 유럽정치에 가져다줄 손해 사이에서 매우 조심스럽게 저울질을 하였다. 숙고 끝에 국무성은 후자에 비중을 두게 되었다. 그들은 서독의 국내 상황에 비춰볼 때, 그리고 현재의 슈망 플랜 협상을 고려해서 독일 재무장을 시기적으로 이르다고 판단하였던 것이다. 특히 독일 재무장이 결국에는 독일을 위협적인 존재로 만들어 이웃국가들을 또다시 두려움에 떨게 할 수도 있다는 프랑스의 입장도 국무성은 심각하게 숙고하였을 뿐만 아니라 독일 국내문제서도 독일 재무장이 보수적이고 군국주의적인 비민주적 인사들을 대두시켜 그들의 권력 장악에 일조할 것이라고 우려하였다.[4] 이러한 국무성의 입장은 7월 6일 국가안전위원회를 위하여 작성된 두 개의 각서에 잘 나타나 있다. 이 두 개의 각서 안에서 독일 재무장을 아직 시기상조라고 전제하면서 미국은 두 가지 문제에 봉착해 있음을 지적하였다. 즉 하나는, 소련의 위협에 효율적으로 대처하기 위한 군사력 증강 문제―이것을 위해서 서방세계의 단결이 반드시 필요하지만 독일 재무장은 이러한 단결을 방해할 것이다―, 둘째는 새로운 독일의 위협에 대한 안보 문제였다. 그래서 독일 재무장 문제는 갓 탄생한 독일연방공화국이 민주적으로 더 성장할 때까지 유보해야 한다는 것이었다.5)

1950년 7월 말부터 국무성은 유럽에서의 안보정책에 대한 분위기 변화와 한국전쟁에서의 UN군의 불리한 전황으로 그들의 입장을 근본적으로 수정하기 시작하였다. 런던, 파리 그리고 본으로부터 외교관들이 수없이 보낸 전보 내용은 당시 유럽의 변화된 여론을 반영하는 것이었다.6) 그 중 가장 중요한 전보는 국무성의 정책 결정에 결정적인 영향을 끼친 맥클로이로부터 날아 들어왔다. 그는 원래 한국전쟁이 발발하기 전까지 서독의 재무장에 반대해 왔었다. 그러나 그도 한국전쟁 발발 후에는 입장을 바꾸었다. 1950년 7월 14일까지만 하더라도 그는 한국의 상황과 독일 상황의 유사점을 부인하였지만 그 후 시간이 지남에 따라 제2의 한국전쟁이 독일에서 일어날 수 있다는 쪽으로 생각이 바뀌었다. 그는 동독의 위협과 공산주의 선전으로 서독 내에 만연되어 있는 불안에 직면하여 서방세력이 군사력을 증강시킴으로써 나타나는 군사적 효과뿐 아니라 심리적인 효과도 매우 중요하다고 생각하면서 이제는 서유럽체제에 서독의 경제적·정치적 참여뿐만 아니라 군사적

---

4) FRUS 1950, Vol. Ⅳ, S. 691ff.

5) Ebenda, S. 694f.

6) Acheson, Dean : Present at the Creation. My Years in the State Departement, New York 1969, S. 436f.

참여가 서유럽 안보에 크게 기여할 것이라고 확신하게 되었다.[7] 애치슨도 7월 말부터는 서독의 군사적 기여의 필요성을 인식하였지만 국방성과는 달리 독일 군대가 유럽국가 공동의 관리통제 하에 유럽군이나 NATO 군으로 편입되어야 한다는 주장을 내세웠다. 다시 말해서 애치슨은 일종의 독일 '국민군대'(Nationalarmee)에 대해서는 원칙적으로 반대하였다.

이것으로 미행정부에서는 이제 독일 재무장에 대한 가부가 문제가 아니라 언제, 어떤 방식으로 실현되느냐가 관건이 되었다. 미국 행정부 내에서는 독일 재무장에 대한 원칙적인 사전 결정이 이루어졌지만 대통령의 최종 승인이 남아 있었다. 더욱이 대통령에게 제출할 미행정부의 구체적인 최종 요구안도 작성이 안 된 상태였다. 이를 위해서는 우선 국무성과 국방성 간의 의견차이를 조정해야 했다. 8월 초부터 중순까지 협상을 통해 국무성과 국방성은 유럽 방어선을 훨씬 동쪽으로 이동시킨다는 점과 서유럽에 미국의 군사력을 증강시킨다는 점에 대해서는 합의를 보았지만 독일군의 편성문제를 둘러싸고는 여전히 의견차이를 좁히지 못하고 있었다. 국방성은 계속 자신들의 입장을 고수하면서 서독의 NATO 가입과 즉각적인 재무장을 요구하면서 독일 국민군대의 편성을 조건으로 내세웠다. 즉 미국 군사력의 증강은 서유럽 국가들이 독일 국민군대의 편성에 동의한다는 조건 하에 이루어져야 한다는 것이었다.

한편 미국무성은 서유럽 국가들 특히 프랑스가 쉽게 동의할 수 있는 방법을 모색하려고 하였다. 그리하여 1950년 8월 16일 국무성은 「유럽 방위군의 창설」(Etablishment of a European Defense Force)이라는 제목 하의 각서를 작성하여 구체적인 제안을 하였다. '유럽방위군'의 창

---

7) FRUS 1950, Vol. III, S. 180ff.

설을 요구한 이 각서에 따르면, 이 군대는 미국, 캐나다 그리고 서독을
포함하는 서유럽 국가들의 군대가 통합되어 미국 총사령관의 지휘 하
에 초국가적인 형태를 갖추는 것이었다. 이 체제 안에서 중앙기구가
무기의 생산, 조달 및 군수품 일체를 관리·통제하였다. 그리고 유럽방
위군은 단지 NATO의 통제 하에서만 작전을 수행할 수 있고 독일의
국민군과 군 참모부는 거부되었다. 그리고 앞으로 창설될 서독 국방부
의 권한은 징집과 군수물자 조달 그리고 군 행정직원의 기능만 가지며
이러한 기능이 완료될 때까지만 한시적으로 존재하게 되었다. 또한 독
일 군대는 사단 병력을 초과할 수 없고 다른 국가들의 군대와 통합되
며 독일장교는 사단장급 이상의 직위를 가질 수 없다는 것이었다. 동
시에 해군과 공군은 창설할 수 없으며 무기생산도 제한을 받는다는 내
용이 포함되어 있었다. 이러한 조치는 당연히 서유럽 국가들에 대한
정치적인 배려였다. 이런 방법으로 국무성은 독일의 군사적 잠재력을
별 무리 없이, 특히 프랑스의 반대 없이 이용할 수 있으리라고 생각했
었다.[8]

　이에 대해 국방성과 군 고위급 인사들은 국무성의 계획이 전략상 효
율적이지 못하다는 이유를 들어 반대의사를 표명하였다. 합참은 여전
히 NATO 체제 안에서 서독을 포함하는 각 국가들의 국민군 편입을
주장하였다. 이러한 방법으로 서독을 정치적으로도 서방세계에 더욱
확고하게 연합할 수 있게 하여 독일에 대한 통제 역시 가능하다는 것
이었다. 독일이 자체 내의 국방부, 참모부 그리고 군수산업의 설립으로
또다시 이웃국가들을 침략할지도 모른다는 국무성의 우려에 대해 국
방성은 이를 근거없는 것으로 일축하였다. 즉, 국방성의 판단으로는
NATO의 조직과 관리 하에 독일이 군대를 침략에 이용하는 일을 사전

---

8) FRUS 1950, Vol. Ⅲ, S. 211-219 ; Steininger, R. : a.a.O., S. 164f.

에 막을 수 있다고 확신하였다. 여기에서 그들에게 더욱 중요했던 것은 독일 재무장에 대한 결정이 더 이상은 지체될 수 없다는 것이었다.9)

국방성과 국무성의 의견이 좀처럼 좁혀질 조짐이 보이지 않자, 트루먼은 9월 5일까지 최종 결정안을 제출하라는 명령을 내렸다. 최종적인 결정안은 한 달 후에 개최될 뉴욕 외상회담에서 미국 측이 제안할 예정이었다. 한국에서는 UN군의 전세가 더욱 불리해지고 정치적으로나 안보 면에서 점증하는 서유럽 국가들의 위기의식 그리고 곧 개최될 외상회담에 대한 시간 압박이 결국 애치슨을 국방성 계획에 동조하게 만들었다. 그리하여 9월 초 국방성과 국무성 사이에 합의가 이루어져 9월 8일 공동으로 작성된 합의서가 대통령에게 제출되었다. 이 합의서 안에서 우선적으로 서유럽의 군사력 증강과 유럽안보에 대한 미국의 군사적 의무가 강조되었다. 여기에는 미국의 군사적 원조의 증강과 미국의 유럽 주둔군의 증강 그리고 NATO 체제구조의 개선과 NATO 체제 하의 유럽 다국적 통합군 창설이 담겨 있었다. 또한 이 합의서는 서유럽 동맹국들에게 군비증강에 더욱 노력해줄 것, 즉각적인 서독 국민군의 창설, 서독의 NATO 가입을 통한 서독이 가진 군사적 잠재력의 흡수에 협조해 줄 것을 요구하였다.10) 사실 NATO 동맹국들이 이러한 요구에 쉽게 응할 수 있을지는 누구도 장담할 수 없었다.

그리고 이 합의서는 안보정책에 관한 많은 요구사항들을 NATO 동맹국들이 모두 수용하든지 아니면 전체를 거부할 수밖에 없는 '단일안건(One-Package) 방법'을 주장하였다. 즉 NATO 동맹국들이 미국이 제한하는 많은 요구사항들 중에서 자신들한테 유리한 몇 가지만을 선

---

9) Wiggershaus, N. : Die Entscheidung, S. 355.
10) FRUS 1950, Vol. III, S. 273-278.

택할 수 없다는 것이었다. 그래서 NATO 동맹국들은 군사력 증강을 위한 미국의 원조를 기대하기 위해서는 즉각적인 서독 재무장을 수용하든지, 아니면 서독 재무장을 거부함으로써 미국의 원조를 받을 수 없게 되는 양 갈림길에 서게 될 것이었다. 이렇게 미국은 서유럽 국가들 특히 인도차이나 문제로 군사적·경제적 위기에 처해 있는 프랑스가 미국의 군사적·경제적 원조에 의존할 수밖에 없다는 확신 하에 의도적으로 '단일안건 방법'을 압력 수단으로 사용하려고 하였다.

트루먼은 1950년 9월 11일 국무성과 국방성이 합의해서 공동으로 작성한 요구안을 승인하였다. 이에 앞서 9월 2일 애치슨은 영국과 프랑스의 외무장관들에게 뉴욕 외상회담에서 독일 재무장을 포함하는 서유럽 방위문제가 회담의 주요 의제가 될 것이라고 통보하였다. 이렇게 한국전쟁은 동·서 양대 블록의 정치적·안보적 상황을 더욱 경화시켰을 뿐만 아니라 서방세계가 독일에 대해 가지고 있던 증오와 두려움들을 불가피하게 완화시켰다.

2. 영국의 관망적 태도

1950년 9월 2일의 애치슨의 통보에 영국 외무부 장관 베빈은 즉시 독일 재무장에 대한 영국정부의 입장을 표명하였다.

영국정부의 현재 입장은 서독의 재무장에 동의할 수 없지만 이 문제에 관해 점령국가들이 논의하고 결정하려는 데에는 이의를 제기할 마음이 없다.[11]

---

11) FRUS 1950, Vol. Ⅲ, S. 264-266.

한국전쟁은 영국정부에게도 서방세계에 대한 심각한 도전을 의미하였다. 영국 수상 애틀리(Clement Attlee)는 7월 5일 의회에서 영국군 파병이 결정되었으며 한국전쟁은 전 세계 어디서든지 일어날 수 있는 공산주의 위협의 한 표본이라고 발표하였다. 영국의 군사전문가들도 북한의 침략은 소련이 주도하는 세계정책의 한 계획이라고 단정하였다. 야당의 지도자인 처칠도 *The Times*에 한국전쟁에 대한 자신의 의견을 게재하였다.

나는 한국에서 일어나고 있는 상황이 제3차 세계대전의 위험성을 더욱 고조시킬 것이라고는 단언하지 않겠다. 그러나 이러한 위험성은 과거에 이미 시작되었고 그동안 공산주의의 위협과 침략은 전 세계에 걸쳐 계속되고 있다는 사실은 누구도 부인할 수 없다.[12]

그러나 영국정부는 미국정부와 마찬가지로 후에 한국전쟁에 대한 보고서에 나타난 것처럼 한국전쟁으로 세계가 심각한 전쟁위기에 처해 있는 상황은 아니라고 간주하였다.[13]

여하튼 한국전쟁은 서유럽에서의 미국의 군사력 증강을 전보다 더욱 시급한 문제로 대두시켰다. 영국정부는 우선적으로 모든 수단을 동원해서라도 미국을 서유럽 방위에 적극 참여하도록 하는 데 노력을 경주하였다. 1950년 6월 27일 영국 내각은 한국전쟁에 대해 논의하면서 한국전쟁에 미국의 적극적인 참여결정을 적절한 조치하고 환영하였다. 여기에서 영국정부는 아시아에서의 영국의 이해관계에 많은 관심을 가졌다. 영국과 중국인민공화국의 외교문제, 한국전쟁으로 중국이 홍

---

12) The Times vom 16. Juli 1950.
13) Loth. W. : Der Koreakrieg, S. 341f.

콩을 침략할지도 모른다는 우려와 극동에서와 동남아시아 그리고 근동에 이르기까지 영국의 경제적, 전략적 이해관계 등이 논의되었다. 그러나 여기에서 독일 재무장 문제는 논의되지 않았으며, 사실 독일 재무장에 대한 영국정부의 기본 입장은 한국전쟁 이전과 마찬가지로 근본적으로 바뀌지 않았다.

동시에 영국정부는 향후 3년 동안 국방비 예산을 매년 2배 이상으로 늘릴 계획을 세우는 등 자체적으로 군사력 증강에 많은 투자를 하려고 시도하였다. 국방부 장관 신웰(Emanuel Shinwell)은 7월 26일 영국하원에서 군사력 증강을 위한 1억 파운드의 추가경정예산이 필요하다고 역설하였다. 또한 정부의 한 백서에서 군대 복무기간을 18개월에서 2년으로 연장할 것을 계획하고 있다고 밝혔다.14) 이로써 77,000명의 병력이 증가할 수 있었다. 또한 영국정부는 전술한 바와 같이 유럽에서의 군사력 열세에 직면하여 유럽방위에 대한 미국의 보다 적극적인 원조와 참여를 유도하는 데 노력하였다. 사실 영국은 미국이 한국전쟁으로 인해서 아시아 안보에 더 큰 중요성을 부여함으로써 유럽을 소홀히 할지도 모른다는 두려움을 갖고 있었다. 더욱이 영국정부는 군사력 증강이 아직도 전쟁의 영향에서 벗어나지 못하고 있는 영국경제에 심각한 타격을 줄 것이라는 판단 아래서 미국의 군사적 · 경제적 원조는 필수적이었다. 다른 모든 서유럽 NATO 동맹국들도 마찬가지로 군사력 증강으로 인한 경제적 부담이라는 점에서는 영국경제가 유럽에서의 경제력에서는 뒤쳐지지는 않을 것이라는 기대도 있었지만 그러나 서독만은 이러한 부담에서 벗어날 수 있었다. 다시 말해서 서유럽 국가들이 군사력 증강을 위해 많은 투자를 하는 동안 서독은 군대를 가지고 있지 않았고 또한 서독 안보가 점령국들의 권한이었기 때문에 경제

---

14) The Times vom 31. 8. 1950.

발전에만 전념할 수 있었다. 그래서 영국정부는 서독도 서유럽 방위를 위해 어느 형태로든 경제적 부담을 지게 한다는 계획도 고려하고 있었다.15)

영국군 참모들이 한국전쟁 이전에 이미 서유럽 방위에 독일의 잠재력을 이용할 것을 주장했던 반면, 영국 외무성은 한국전쟁 직후에도 독일 재무장에 여전히 반대하였다. 이러한 영국정부의 태도에 대해 처칠은 사태의 심각성을 지적하면서 독일과 프랑스 간의 화해와 협상의 표시로서 서독을 포함하는 '유럽군' 창설을 주장하였다. 이 유럽군은 서유럽 방위에서 군사력 열세를 극복하고 강력한 전선을 구축하기 위해 60~70개 사단으로 구성되어야 한다는 것이었다(프랑스 군대 15~20개 사단, 미국 군대 10개 사단, 캐나다 군대 2~3개 사단, 영국 군대 6~8개 사단, 독일 군대 10개 사단, 이탈리아 군대 10개 사단, 베네룩스 군대 4개 사단, 스칸디나비아 군대 2~3개 사단).16)

한편 영국정부도 8월 이후에는 독일의 잠재력을 활용할 방안을 현실적으로 적극 검토하기 시작하였다. 영국 수상 애틀리는 독일이 자신의 군대를 가지고 있지 않은 데 대해 언제까지나 만족하고 있으리라고는 생각하지 않았으며 또한 서방 강대국들이 언제까지나 독일의 재무장을 거부할 수도 없다는 것을 알고 있었다. 그래서 그로서는 독일 재무장을 오랜 기간 동안 거부하는 것이 진정 의미가 있는지를 다시 한번 숙고하도록 요구하였으며, 국내 여론도 다음의 분쟁지역은 유럽, 특히 독일이 될 것이라는 두려움에 휩싸여 있었다.17) 그래서 영국의 서유럽 방위계획은 동독에서의 군사력 증강에 직접적으로 위협을 느끼

---

15) Kirkpatrick, Sir Ivon : The Inner Circle, London 1959, S. 242 ; Schubert, K.
    v. : Wiederbewaffnung, S. 33f.
16) The Times vom 13. Sep. 1950.
17) Documents on British Policy Overseas (DBPO), Serie II, Bd. 3. Nr. 3.

고 있던 독일에 초점을 맞추게 되었다. 이 계획에서 동독의 전력으로 미루어볼 때 전쟁 발발시 18개월 내에 서독을 장악할 수 있고 동독의 인민경찰과 서독 내의 공산주의 세력과의 긴밀한 협조로 그 위기가 고조될 수 있으리라고 판단하였다. 이러한 위기를 극복하기 위해서 베빈은 동독의 인민경찰에 대항할 수 있는 서독의 경찰병력의 증강을 구상하였다. 애틀리도 베빈의 구상에 동조하면서 서독의 연방경찰은 준군사적 형태를 띨 것이며 후에는 점령국가들의 동의 하에 정식 군대로 전환하는 초석이 될 수도 있을 것이라고 예측하였다. 그러나 서유럽 방위체제에의 독일 참여문제에 대해서는 외부로부터의 공격에 대한 서독의 안보는 점령국가들의 책임이며 서독에 진주하고 있는 점령국 군대에 대한 공격은 NATO 조약에 근거해 동맹국들이 이에 대처할 것이라고 역설하면서 서독의 참여는 단지 서유럽 공동방위체제 안에서 고려해 볼 수 있지만 그렇게 간단히 해결될 문제는 아니라고 주장하였다.[18] 이러한 점에서 본다면 영국정부는 공식적으로 즉각적인 독일의 재무장은 거부하였지만 어느 형태로든 독일의 잠재력을 활용하는 측면에서 시간을 가지고 좀더 깊이 있는 논의가 필요다는 점에 대해서는 인정하고 있었던 것 같다.

3. 프랑스의 완강한 거부

한국전쟁은 프랑스에게도 큰 충격을 주었다. 한국전쟁에 대한 프랑스의 첫 공식적인 입장 표명은 국내정치의 위기로 늦어졌다. 프랑스의 새 수상인 플레벤(Rene Pleven)은 7월 11일 정부의 공식입장을 표명하

---

18) FRUS 1950, Vol. Ⅲ, S. 1656 ; Steininger, R. : a.a.O., S. 116f.

면서 국방비 우선 예산의 증액을 요구하였다. 7월 25일에는 의회의 예산결산위원회에서 서유럽 방위체제에서 군사력 증강이 경제적으로나 재정적으로 미치는 영향에 대하여 연설하였다. 플레벤은 1951년 예산에서 올해(1950년도)보다 8천만 프랑 증액된 5억 프랑을 국방비 예산으로 책정해야 할 것이라고 주장하였다. 그러면서도 그는 동시에 경제적·재정적 회복의 필요성에 대해서도 역설하였다. 이것이 가능하기 위해서는 NATO 국가들이 각각의 국민경제력에 알맞게 인력, 군 장비 그리고 재정을 서로 분담해야 한다는 것이었다. 즉 과도한 국방비 지출로 국내문제에서 경제적으로나 사회적으로 위기에 봉착해서는 안 되기 때문에 공동방위를 위해서는 각 국가들이 가능한 한도 내에서 각출하는 공동적립금으로 재정을 확보해야 한다는 것이다.[19]

한편 국방부 장관 모크(JulesMoch)는 7월 28일 한국전쟁을 냉전의 질적으로 새로운 단계로 파악하고 다음날 의회에서 프랑스의 방위정책에 대해 연설하였다.

> 프랑스는 집단안보체제를 원한다. 이를 위해서는 공동의 전략계획, 서유럽 국가 간의 군사력 균형, 공동의 재정적인 기금 확보 그리고 긴밀한 기술적 협조가 요구된다. 그러나 현재 군사력 증강의 일환으로 군인 복무기간의 연장은 고려하지 않고 있다. …… 그리고 다른 국가들은 프랑스가 25년 사이에 두 번이나 전쟁으로 폐허가 되었다는 것과 현재는 인도차이나에서 전쟁을 수행하고 있다는 사실을 감안해 주기 바란다. 그래서 공동방위를 위한 재정기금은 반드시 서유럽 국가들에 의해 분담되어져야 한다.[20]

---

19) AdG 1950, S. 2504.
20) Ebenda, S. 2510.

한국전쟁으로 인한 공산주의 위협은 드골에 의해서 가장 구체적으로 언급되었다. 7월 11일 한 인터뷰에서 야당의 지도자인 드골은 서방세계는 앞으로 발생할지도 모를 소련과의 전쟁에 대비해 모든 준비를 갖추어야 한다고 경고하였다. 여기서 그는 서방세계의 군사력 열세를 지적하면서 과감한 재무장을 요구하였을 뿐만 아니라 서독의 군사적 참여도 거론하였다.

한국전쟁은 유럽에서 소련이 일으킬 전쟁의 준비단계이다. 이런 점에서 유럽대륙은 현재 세계에서 가장 위험한 지역이다. 이를 위해서 서유럽 국가들은 공동방위체제를 구축해야 하며 이에 따르는 군사력 증강도 병행해야만 한다. 이러한 공동방위체제에 이제는 독일도 군사적으로 참여시켜야만 한다. 이를 위해 우선은 프랑스와 독일 사이에 화해와 이해가 이루어지고 나중에는 유럽연방의 성립에 기여해야 할 것이다. 그리고 현재 미국은 유럽에서 단지 몇 개 사단만을 전쟁에 투입할 수 있고 프랑스는 6개 사단 그리고 영국은 단지 2개 사단만 투입할 수 있다는 것은 현재의 위기 상황으로 볼 때 어이없는 일이다. 또한 어느날 갑자기 동독이 통일을 핑계로 소련군의 도움으로 혹은 도움없이도 서독을 공격하리라는 것은 쉽게 예상할 수 있다. 이러한 위기 상황에서 서독에게 무슨 권한으로 스스로 방어할 기회를 주지 않는 것인가? 서독이 민주적인 서유럽을 동요시키지 않고 스스로 방어할 수 있게 된다면 서독과 프랑스는 우선 협정을 체결해야만 할 것이다. 이런 화해와 협정의 기초 위에서 서독을 포함하는 하나의 유럽이 탄생해야만 한다.[21]

한국전쟁으로 프랑스에서도 안보정책에 대한 새로운 국면을 맞게

---

21) Ebenda, S. 2477.

되었지만 한국전쟁 이전부터 계속 견지해 온 안보정책의 근본원칙은 크게 변하지 않았다. 이 원칙이란 두 가지 세력균형의 개념으로 묘사될 수 있다. 즉 유럽에서의 군사적·정치적 균형은 소련의 위협에 강력히 대처해야 할 뿐만 아니라 서유럽 국가들 사이의 평화에도 이바지해야 한다는 것이다. 이런 점에서 프랑스는 NATO 동맹국들의 군사력 증강과 안보체제는 서독의 위협에 대해서도 중요한 역할을 담당해야 한다는 것이다. 다시 말해서 프랑스의 안보정책은 미국이나 영국과는 달리 여전히 독일을 겨냥하고 있었다. 그러나 다른 한편으로는 프랑스 정부는 서유럽 방위체제에 대한 서독의 경제적 기여를 검토하기 시작하였다. 이를 위한 가장 중요한 도구가 슈망 플랜이었다. 전술한 바와 같이 슈망 플랜이 실행될 경우 독일은 무기와 군수물자를 생산함으로써 서유럽 안보에 대해 경제적 기여를 할 수 있을 뿐만 아니라 이러한 생산이 석탄철강공동체의 통제와 관리 하에 이루어지기 때문에 서독의 군사적 위협을 방지할 것이었다. 그리고 다른 형태의 경제적 기여에는 상품으로나 재정적으로 도움을 줄 수 있는 사항도 포함되어 있었다.[22] 그러나 이러한 모든 경제적 기여는 슈망 플랜이 완전히 체결되고 서유럽 방위체제가 새롭게 확립된 이후에나 가능한 것이었다.

여하튼 한국전쟁은 프랑스의 불가피한 군사력 증강을 초래하였지만 이 문제는 단순히 군사적 측면만을 고려할 수는 없었다. 프랑스 정부는 미국 측에게 프랑스 자체의 군사력을 증강시키기기 위한 세 가지 조건을 제시하였다. 하나는 미국의 군사원조였다. 미국의 군사원조는 프랑스의 국방비 예산증가로 파생될 여러 가지 경제적 위기를 극복하는 데 도움을 줄 뿐만 아니라 경제재건과 재정의 균형을 유지시켜 주리라 기대되었다. 둘째는 유럽지역에서의 미국과 영국 군대의 증강이

---

22) FRUS 1950, Vol. III, S. 157.

었으며 마지막으로는 서유럽 방어선의 동쪽으로의 이동이었다.23) 이런 점에서 본다면 한국전쟁 이후 변화된 프랑스의 안보정책은 미국을 장기간에 걸쳐 유럽방위에 적극 참여시킨다는 데 그 목적이 있었다. 그러나 프랑스의 이러한 정책은 재정적으로나 물질적으로 미국의 원조에 의지할 수밖에 없게 됨으로써 프랑스는 독일 재무장 논의에서 미국의 압력에 무방비 상태에 놓이게 될 가능성이 높아졌다.

그 밖에도 프랑스는 냉전의 또 다른 중요한 격전지로서 인도차이나 특히 베트남 문제로 골머리를 앓고 있었다. 한국전쟁 이전부터, 특히 1949년 가을 중국 공산당의 정권 수립 이후 프랑스 군대는 인도차이나에서 매우 어려운 상황에 놓여 있었다. 중국 공산당 군대는 프랑스 지배 하에 있던 베트남 국경까지 출몰하여 위협을 가하기 시작하면서 1950년 여름에는 통킹 삼각지대와 사이공 주변 지역을 제외한 많은 지역들이 중국 공산당의 원조로 더욱 강력해진 베트민의 지배 하에 들어갔다. 이러한 상황 속에서 프랑스는 매년 1억 5천만 프랑과 15만 명의 프랑스 군인을 투입하고 있었다. 트루먼은 이러한 프랑스의 어려운 상황을 인식하고 우선적으로 군사물자의 원조를 약속하였다.24) 이 같은 미국의 원조 또한 프랑스를 경제적으로나 정치적으로 미국에 의존하게 만들었다.

한편 미국은 미국대로 1950년 7월 23일의 각서에서 군사원조를 해주는 대가로 프랑스를 포함한 서유럽 국가들의 군사력 증강을 강력히 촉구하였다. 여기에서 미국은 프랑스 정부에 대해 15개 사단의 증강과 앞으로 3년간 2억 프랑의 국방비 추가예산을 요구하였다. 플레벤은 이러한 미국측 요구에 대한 답변 형식으로 9월 2일 슈트라스부르크에서

---

23) Ebenda, S. 151-159.
24) AdG 1950, S. 2487.

연설을 하였다.

한국전쟁으로 야기된 공산주의의 위협 속에서 서유럽을 보존하고 방어하기 위해서 서방세계는 공동으로 단시일 내에 군사력을 증강시켜야 한다. 이를 위해 프랑스는 20개 사단을 증강시킬 것이며 군인 복무기간을 12개월에서 18개월로 연장할 것이다.

이 밖에도 플레벤은 서독의 재무장에 대해 프랑스 정부의 입장을 천명하였다.

우리는 서독의 위험한 상황을 잘 알고 있다. 동독은 군대와 다를 바 없는 강력한 경찰병력으로 서독을 위협하고 있는 것이 현실이다. 이러한 동독의 위협 속에서 아데나워 수상이 서독의 경찰병력 증강을 요구하는 것은 이해할 수 있다. 그러나 이러한 경찰병력이 아데나워 수상이 주장하는 것처럼 서독 중앙정부에 의해 지배되어서는 안 될 것이며 단지 지방 주정부의 권한에 의해 통제·관리되어야만 한다. 이로써 경찰병력이 차후에라도 군대로 전환하는 근거를 제공하지 못하도록 하는 것이다.[25]

슈망은 외상회담을 위하여 뉴욕에 도착한 직후 가진 기자회견에서도 프랑스 정부의 입장을 재천명하였다.

외부로부터의 위협에 대한 독일의 안보는 점령국 군대의 권한이다. 프랑스는 국내의 안전과 질서를 위한 경찰병력의 증강에는 동의하지만 이것이 군대 창설을 위한 도구가 되어서는 결코 안 된다고 생각한

---

25) Wettig, G. : a.a.O., S. 340에서 재인용.

다. 그리고 프랑스의 군사력 증강이 완료될 때까지 서독의 재무장에 관해서는 논의도 있을 수 없다.[26]

이로써 프랑스 정부는 공식적으로 서독의 군대 창설뿐만 아니라 아데나워나 영국정부가 요구하는 연방경찰의 창설에도 강력히 반대입장을 표명하였다.

4. 뉴욕 외상회담과 NATO 동맹국 회의-원칙적인 결정

뉴욕 외상회담은 한국에서 UN군의 전세가 매우 불리한 상황이었기 때문에 우울한 분위기 속에서 시작되었다. 여기서 서방 세 강대국들은 서유럽의 안보와 군사력 증강문제 그리고 서유럽 방위체제에의 서독의 참여를 논의하고, 서독의 점령조례 수정에 관한 점령군 조사위원회의 권고를 다룰 예정이었다. 우선 3국 외상들과 고등판무관들은 조사위원회의 조사결과와 이에 대한 결정사항 문제를 다루었다.

회의를 거듭하는 동안 초기의 의견차이를 좁히면서 3국 외상들은 독일의 채무와 지불계획의 기본노선에 관하여 합의점을 찾았다. 그리고 외교문제에서는 미국과 프랑스의 의도가 관철되어 서독정부에 외교관을 허용하지는 않지만 서독정부가 서방 점령국들에 외교관 신분이 아닌 행정관료를 파견할 수 있는 권한을 위임받았다. 이 대표자들의 업무는 외교 외의 문제로 한정되어 있었다. 또한 3국 외상들은 차후의 점령조례 수정시 외교 분야에서 서독정부에게 외교권을 부여함으로써 외교권 회복을 위한 조약 체결을 결의하였으며, 시기는 국제정치

---

26) AdG 1950, S. 2577.

상황과 확고한 서유럽 방위체제의 상황을 고려하여 결정하기로 하였다.27)

안보정책에 대한 논의에서 애치슨은 미국은 NATO 체제 내에서 통합된 방위군에 적극 참여하고 빠른 시일 내에 더 많은 숫자의 미국 군대를 유럽대륙에 배치할 것이며, NATO 명령체제 내에서 공동의 참모부와 협력할 것과 이를 위해 미국이 사령관을 파견한다는 것을 다른 외상들에게 통보하였다. 이외에도 애치슨은 NATO 체제 내에서 조직 개편을 강화할 것이며 서유럽 동맹국들의 군사력 증강에 재정적 원조를 실시할 것이라고 주장하였다.

이러한 미국 측의 제안은 서유럽 국가들이 한국전쟁 발발 이후 미국 측에 기대했던 요구 사항들과 크게 다를 바 없었다. 그러나 애치슨은 이러한 계획에 대한 전제조건으로 서유럽 동맹국들의 군사력 증강을 위한 노력과 참여를 제시하였다. 이때 애치슨은 서독의 군대창설 이전에 먼저 NATO 참모부의 설립과 NATO 동맹들의 군사력 증강이 선행되어야 한다고 주장하였다. 이는 NATO 동맹국들이 군사력 면에서 훨씬 강력한 군사력을 확보하려는 것이었다. 그러면서도 애치슨은 서독의 군사적 참여에서 군사력 면이나 지리적인 위치상 서독의 중요성을 부각시키면서 조속한 결정을 요구하였다. 동시에 애치슨은 서유럽 국가들의 우려를 고려하여 서독의 군사적 참여가 서독이 군국주의로 전환하는 도구가 되어서도 안 되며, 되지도 않을 것이라고 강조하였다. 이에 대한 대책으로 애치슨은 서독 군대는 통합된 NATO군 체제 안에서만 작전 수행을 할 수 있으며 오랜 기간 동안 외국의 무기와 군시설에 의존해야 할 것이라고 주장하였다. 새로 탄생될 독일 군대의 형태는 초국가적인 군대와 국민군대의 중간 형태가 될 것이라고 밝혔다.

---

27) FRUS 1950, Vol. III, S. 1291.

마지막으로 영국정부가 회담 이전부터 주장하였던 서독 재무장의 첫 단계로서의 연방경찰의 창설은 군사·전략적인 면에서 비효율적이고 비능률적이라고 거부되었다.[28]

베빈과 슈망은 미국의 군사적·재정적 원조에 대해서는 크게 환영하였지만 서독의 군사적 참여 문제에 대해서는 반대하였다. 베빈은 여전히 동독의 인민경찰에 대항할 수 있는 서독 연방경찰의 창설을 요구하였으며, 슈망은 미국의 제안과 영국의 제안을 모두 거부하였다. 슈망은 우선적으로 NATO 동맹국들이 군사력을 강화시키고 통합된 유럽 방위군이 창설된 뒤에 독일 군대의 창설문제를 논의해야 할 것이라고 전제하면서 다음과 같이 반대 이유를 밝혔다.

> 독일 국민군의 창설은 독일의 전통적인 군국주의의 부활에 기여할 것임에 틀림없다. 이러한 위험을 방지하는 것은 전 유럽의 평화에 이바지할 뿐만 아니라 서독의 민주화에도 크게 기여할 것이다. 그러나 사실 서독의 협조 없이 NATO 동맹국들이 서독 안보를 책임진다는 것은 논리적이지 못하며 미국이 이러한 제안을 하게 된 상황을 이해 못하는 바는 아니지만 서독 재무장에 대해 프랑스 의회와 여론으로부터 동의를 얻어 내기는 현 시점에서 볼 때 불가능하다. 더욱이 서독의 여론이 재무장을 지지하지 않을 것이라는 점도 고려해 보아야 할 것이다.[29]

이에 대한 대안으로 슈망은 독일의 경제적 기여나 준군사적인 형태의 '봉사 그룹' 활용방안을 검토해 보자고 제안하였다.[30] 이렇게 슈망

---

28) Ebenda, S. 288, 298, 1199.
29) Ebenda, S. 287f ; Acheson, D. : a.a.O., S. 442 ; Monnet, J. : a.a.O., S. 432.
30) FRUS 1950, Vol. Ⅲ, S. 296-297.

은 가능한 여러 가지 방법으로 독일 재무장에 대한 대안을 구상하였으며 심지어 최후수단으로 독일 재무장을 수락하는 전제조건들을 검토하고 있었다. 여하튼 프랑스의 기본 입장은 서독 군대가 창설되기 이전에 프랑스의 군사력 증강이 완료되어야 하고 군사적·재정적 지원이 독일보다 우선적으로 서유럽 동맹국들에게 돌아가야 하며 NATO 체제 내의 통합된 군대가 확립되어야 한다는 것이었다. 그러면서도 슈망은 프랑스 측의 확고한 입장을 표명하기를 주저하였다. 이것이 바로 서독의 재무장 문제에서 앞으로 프랑스가 취하게 되는 결정유보정책 또는 지연작전의 시작이었다.

한편 베빈은 개인적으로는 서독의 군사적 참여에 원칙적으로 지지하는 경향을 보였지만 프랑스가 완강히 반대할 것은 당연하였고 소련이 예민한 반응을 보일지도 모른다는 우려, 영국 국민의 반독감정을 고려하지 않을 수 없었다. 특히 영국정부의 공식적 입장은 그때까지 서독 재무장에 원칙적으로 반대하였기 때문에 베빈은 난처한 입장에 처하게 되었다.[31]

첫 회담이 이렇다 할 결실을 맺지 못하자 애치슨은 비공식적으로 슈망과 베빈을 만나 미국의 제안에 동의해 줄 것을 강력히 요구하였다. 슈망은 여전히 확실한 답변을 회피하면서 NATO가 완전히 제 기능을 발휘하기 전까지는 서독의 재무장 문제를 논한다는 것이 시기상조라는 과거의 입장을 되풀이하였다. 그러면서도 슈망은 서독의 재무장 문제에 대한 결정권을 자신에게 위임해 달라고 정부에 요청한 상태라고 하면서, 정부의 통고가 있기 전에 자신은 이 문제에 대해 왈가왈부할 수 없다고 잘라 말하였다.[32]

---

31) Acheson, D. : a.a.O., S. 442.
32) FRUS 1950, Vol. III, S. 295-301.

애치슨은 첫 회담 결과를 트루먼에게 보고하였다. 여기서 애치슨은 현재 영국의 입장은 부정적이긴 하지만 태도 변화의 가능성이 많으나 프랑스의 경우에는 매우 부정적이어서 설득에 많은 어려움이 있다고 고백하였다. 그럼에도 애치슨은 조만간 만족할 만한 결과가 나올 것이라고 단언하면서 문제는 프랑스와의 신경전에서 누가 더 오랫동안 침착성을 잃지 않느냐 하는 데에 달려 있다고 전했다.[33]

협상이 난항을 거듭하자 3국 외상들은 각국 정부와 이 문제에 대해 논의하기 위해 4일간의 정회를 선언하고 9월 18일에 다시 회담을 속개하기로 결정하고, 9월 15일에 개최될 NATO 상임위원회 회담에서 이 문제를 계속 토의하기로 합의하였다. 여기에서 유럽 방어선을 현재의 위치에서 훨씬 동쪽으로 이동시키는 문제는 쉽게 합의에 도달했으며 미국, 캐나다 그리고 영국의 병력을 유럽 대륙에 증강시킨다는 문제는 어느 누구도 이의를 제기하지 않았다. 그러나 여기서도 문제는 독일 재무장에 대한 안건이었다. 애치슨은 또다시 미국 측의 군사적·재정적 원조를 독일 재무장과 연계시켜 이 두 가지 문제가 동시에 수락되어야 하며 어느 하나만을 선택해서는 안 되는 '단일 안건'를 강조하였다. 또한 그는 1년 반에서 2년 사이에 유럽의 방위체제를 완성하기 위해서는 이 회담에서 모든 결정이 이루어져야 한다고 주장했다.[34]

그 사이에 슈망과 베빈은 그들 정부로부터 새로운 지령을 받았다. 프랑스 정부는 그동안 견지해 온 입장을 바꾸지 않은 반면에 영국정부는 미국의 적극적인 군사력 증강정책과 재정원조의 중요성을 인식하고 어쩔 수 없이 미국 제안에 동의하기로 결정하였다. 영국정부는 현

---

33) Ebenda, S. 308f.
34) Yasamee, Heather J. : Großbritannien und die Westintegration der Bundes-
    republik 1948-1951, in : Herbst, L./Bührer, W./Sowade, H. : Vom Marshall-
    plan zur EWG, München 1990, S. 558.

재의 상황을 현실적으로 직시하고 군사적인 면에서 미국을 서유럽에 확고하게 묶어 놓는 것이 무엇보다 중요하다고 판단하였던 것이다.

결국 두 번째 NATO 동맹국 외상회담에서 프랑스를 제외한 모든 동맹국들은 미국의 제안에 원칙적으로 동의를 표명하였다. 하지만 독일의 군사적 참여 형태나 시기에 대해서는 의견이 분분하였다. 프랑스는 이로써 뉴욕 회담에서 고립되었다. 이러한 고립 속에서도 슈망은 다른 동맹국들에게 과거 독일의 군국주의를 환기시키면서 독일의 재무장이 서유럽의 안전을 해칠 수도 있다는 점을 여전히 배제할 수 없기 때문에 이 문제는 시간을 가지고 상세히 검토할 것을 주장하면서 졸속 결정에 대해 비난하였다. 그는 또한 여기서도 NATO 동맹국들의 군사력 증강에 우위를 두어야 한다는 점을 강조하면서 나치 하에서 자라난 독일 청년들을 오랜 기간 동안 민주주의 교육을 받게 함으로써 독일의 군국주의나 나치즘으로부터 완전히 벗어나게 하는 것이 서방 국가들의 독일정책이라는 점을 부각시켰다.[35]

애치슨은 프랑스에게 그들의 입장을 다시 한 번 검토할 시간적 여유를 주기 위해 며칠 간 정회를 제안하고 파리 주재 미국대사 브루스(David Bruce)에게 프랑스가 계속해서 미국의 제안을 거부할 경우에는 미국 의회와 여론에서 반프랑스 정서가 들끓을 것이라는 미국의 입장을 프랑스 정부에 전달하라는 특별지령을 하달했다.

한편 9월 18일 3국 외상들과 고등판무관들은 독일 재무장을 제외한 독일문제에 대해 논의하였다. 그들은 여기서 서독에 대한 어떠한 침략도 점령국에 대한 공격으로 간주할 것임을 천명하고 서독에 대한 안전보장 의지를 더욱 확고히 하기 위해 서독에 진주해 있는 점령국 병력을 대규모로 증강시킬 것을 결의하였다.

---

35) FRUS 1950, Vol. III, S. 311-313.

그 사이 프랑스 정부는 미국의 제안을 다시 한 번 자세히 검토하였다. 내각에 참여한 모든 장관들은 서독의 군사적 참여에 대한 조속한 결정을 반대하였지만 과반수 이상의 장관들은 시간이 어느 정도 지난 후에 구체적인 논의를 하는 데 대해서는 반대하지 않았다. 그리고 차후의 독일 재무장에 대한 의견은 두 그룹으로 나뉘어져 있었다. 국방부 장관 모크를 대표로 하는 한 그룹은 어떤 형태로든 독일 재무장이나 심지어는 이에 대한 논의에도 반대하였고, 슈망을 대표로 하는 또 다른 한 그룹은 NATO 동맹국들의 군사력 증강이 완성되고 NATO 통합군이 완전한 체제를 확립한 이후에 이 문제를 검토하는 데 대해서는 지지를 표명하였다.

프랑스 정부 내에서의 이러한 의견차이는 정책의 설정에 많은 어려움을 주었다. 그 밖 국내문제의 압력도 미국의 압력보다 결코 적은 것이 아니었다. 프랑스의 사회주의자들 중에서는 독일 재무장에 강력히 반대를 표하는 인사들이 많았기 때문에 만일 뉴욕에서 프랑스 정부가 미국의 제안에 긍정적인 답변을 하게 된다면 여당인 '인민공화파'(MRP)와 오랜 동안 협조관계를 유지하고 있는 사회주의자들이 내각에서 탈퇴함으로써 심각한 위기를 야기할 수 있었다. 이러한 우려는 정책 결정과 관련하여 슈망의 활동영역을 크게 제한하였다. 그래서 슈망과 프랑스 정부는 다른 대안을 모색할 시간을 벌기 위해서 노력을 기울였다.

미국 측도 프랑스 정부의 어려움을 모르는 바가 아니었다. 특히 프랑스 국방부 장관 모크는 특히 그의 부친이 제2차 세계대전 당시 레지스탕스로 활약하다 독일군에게 사살되어 독일에 대한 증오심이 대단했다. 그래서 그는 서독의 재무장에 반대하는 사회주의 정당의 상징적인 인물이었다. 프랑스 주재 미국대사 브루스도 애치슨에게 보낸 한 보고서에서 그를 매우 까다롭고 독단적이며 국민적 자부심이 대단한 사람으로 평가하였다. 브루스는 개인적으로 모크에게 독일 재무장에 대한 반대는 서유럽에 대한 미국의 원조를 불가능하게 만든다는 것을 재차 강조하였지만 그의 태도는 수그러들 줄 몰랐다. 이러한 사실을 보고받은 애치슨은 모크를 NATO 동맹국 회담에 끌어들이자는 슈망의 제의를 흔쾌히 받아들였다.

그리하여 9월 22일과 23일에 개최된 특별회의에서는 외무장관들 외에도 국방부 장관들이 참여하였다. 여기에서도 미국 측은 군사력 증강과 재정원조 그리고 무기원조에 대한 미국정부와 의회의 결정에 대한 선행조건으로서 서독의 군사적 참여를 제시하였지만 프랑스는 기존의 입장을 계속 고수하였다. 슈망과 모크는 독일의 위협보다 소련의 위협이 더 심각하다는 점을 부인하지 않았지만 독일의 재무장으로 인한 새로운 군국주의의 발흥을 무시할 수는 없다고 답변하였다.[36]

휴회 동안 가진 미국 대표와의 개인면담에서 슈망은 복잡한 프랑스 국내문제를 인식시키려고 노력하였다. 여기서 슈망은 프랑스 정부가 독일 재무장에 동의하더라도 의회는 결코 동의하지 않을 것이라는 논리를 제시하면서 자신의 동의는 아무 의미가 없음을 강조하였다. 사실 슈망은 개인적으로 독일 재무장에 대한 미국 측의 논거가 불합리하다고는 생각하지 않았지만 프랑스 여론과 의회는 아직도 독일 재무장에 대해 매우 민감한 반응을 보일 것이라고 생각하였다.[37]

이에 미국 측도 압력의 고삐를 늦추지 않고 설득작업에 몰두하였다. 미국 측은 뉴욕 회담에서 독일 재무장에 대한 원칙적인 합의가 이루어

---

36) Ebenda, S. 338ff.
37) Acheson, D. : Sketches from Life of Men I have known, New York 1961, S. 47.

지지 않는다면 미국 의회가 서유럽의 안전을 위한 어떠한 조치도 결정하지 않을 것이라고 위협하면서 프랑스가 미국의 제안에 원칙적으로 동의를 한다면 즉시 프랑스에 대한 군사원조와 재정원조 문제를 협의할 것이라고 유혹하였다. 앞서 서술한 바와 같이 사실 프랑스는 군사력 증강에서 미국의 무기원조나 재정원조에 의존할 수밖에 없는 상황이었고 국방비 증액은 인플레를 조장할 뿐 아니라 경제위기를 초래할 것이 자명하였다. 그리고 프랑스 정부는 이러한 부담을 미국이 해소해 주리라는 기대를 갖고 있었던 것도 사실이다. 이러한 점에서 프랑스 측은 결정적인 약점을 갖고 있었다.

베빈의 제안으로 3개 국 국방부 장관들만이 독일 재무장 문제를 계속 다루게 되었다. 여기서 예상 외로 국방부 장관들은 합의점을 찾는 초석을 마련하였다. 이들은 서독이 다양한 방법으로 서유럽 방위에 기여할 수 있는 문제에 합의점에 도달하였다. 우선적으로 주(州) 관할 하의 경찰 병력을 대폭 증강하고 서독의 노동력을 군사시설 건설에 활용하며 몇몇 군사장비들을 생산할 수 있도록 조치를 취한다는 것이었다. 이러한 내용은 즉각 시행할 수 있는 최소한의 조처들이었으며 궁극적으로 서유럽의 방위체제에 서독의 군사적 참여를 가능하게 하는 조치라는 데 3국 국방부 장관들은 합의하였다. 이로써 프랑스는 미국 측의 제안에 대한 결정을 어느 정도 유보시킬 수 있었고 미국 측은 나름대로 이러한 조치들을 시작으로 해결의 실마리를 찾을 수 있으리라고 기대했다. 팽팽한 의견 대립 속에서 양측은 이런 방식으로 서로 조금씩 양보하면서 유연성을 보이기 시작했다.

그리하여 9월 23일 마지막 외상회담에서 애치슨은 서독 재무장에 대한 원칙적인 결정을 일단 유보시킨다고 선언하면서 약 한 달 간의 결정유예기간을 두었다. 그 기간 동안 미국과 프랑스 측은 미국이 제공할 군사적·재정적 원조에 대한 협상을 하였다. 그리고 애치슨은 한 달 후 NATO 동맹국 회의 때까지 독일 재무장에 대한 프랑스의 최종적인 결정이 이루어져야 하며 더 이상의 유예는 있을 수 없음을 경고하였다.[38] 슈망과 모크가 미국 측과 이러한 합의를 하게 된 배경은 한 달이라는 기간 동안 의회의 동의를 얻어내는 데 필요한 조처를 취할 수 있으리라는 기대뿐 아니라 미국의 제안에 대하여 서독의 군사적 참여의 형태를 어느 정도 수정을 가할 수 있으리라는 의도가 숨어 있었다. 뉴욕에서 외상회담을 하는 동안 프랑스 현대화 계획의 책임자인 모네는 이미 이에 대한 작업을 진행하고 있었다.[39] 그리고 미국 측도 이러한 문제로 프랑스 정부의 실각을 우려했으며 특히 사회주의 정당들이 발호하여 국내위기를 초래할 수도 있다는 점을 충분히 고려하였다.

양측의 합의로 이제 프랑스를 포함한 서방국가들에게 독일 재무장 문제는 가능성의 여부가 아니라 언제, 어떤 형태로 이루어지느냐가 중요한 관건이 되었다. 그래서 이러한 합의는 NATO 군사안보위원회로 하여금 NATO 체제 내에서의 통합군의 실현을 위한, 특히 서독의 군사적 참여를 위한 준비계획을 세우게 하였다. 뉴욕 회담 결과에 대한 코뮈니케에도 나타난 바와 같이 NATO 동맹국들은 독일이 서유럽 안보체제의 확립에 크게 기여할 것이라는 데에 의견일치를 보았을 뿐만 아니라 가능한 한 동맹국 국민군으로 형성되는 통합군의 창설을 결정하였고 최고 명령권자의 임명과 다국적 참모부의 설립을 결의하였다.

서독정부는 뉴욕 회담의 결과를 환영하였다. 아데나워는 뉴욕 회담의 결정은 서독이 앞으로 자유민주적인 서방세계의 공동체에 적극적

---

38) FRUS 1950, Vol. Ⅲ, S. 342-344 ; McGeehan, R. : a.a.O., S. 60.
39) Monnet, J. : a.a.O., S. 433ff.

으로 참여하게 되는 매우 중요한 초석을 제공한 것이라고 평가하였다. 아데나워는 특히 서방세계가 서독의 안전을 보장하는 문제와 독일과의 전쟁 상태를 종결지으려는 확고한 의지를 높이 평가하면서 앞으로 점령국들과 서독과의 관계에서 어려운 문제들을 쉽게 해결할 수 있으리라고 기대하였다. 미국의 고등판무관 맥클로이는 뉴욕 회담의 결정 사항을 아데나워에게 설명하는 자리에서 서방국가들이 서독의 군사적 참여에 대한 최종적인 결정은 보지 못하였지만 원칙적으로는 결정이 난 것과 다를 바 없다면서 앞으로 탄생할 서독의 군대는 다른 동맹국 군대와 동일한 권한을 가지며 중앙 참모사령부 안에서도 동일한 권한을 갖게 하는 것이 미국의 입장임을 밝혔다.40) 그러나 프랑스의 고등 판무관 퐁세는 맥클로이와 다른 의견을 가지고 있었다. 그는 서독 대통령 호이스(Theodor Heuß)와의 면담 자리에서 서독이 통합유럽군에 참여할 경우 서독은 다른 서유럽 국가들에 비해 매우 적은 역할만을 담당하게 될 것이라고 밝혔다.41)

고등판무관들이 주장하는 서방국가들의 입장 차이에도 불구하고 아데나워는 어떠한 형태로든 서독의 군사적 참여가 조만간 이루어지리라는 기대감에 부풀어 있었다. 더욱이 독일의 재무장과 더불어 피점령국으로서 독일에 대한 제약 조건들이 폐지될 것이고 결국 독일의 주권도 완전히 회복될 것이었다. 이렇게 서독이 서방세계와 더욱 긴밀한 협조체제를 이룩함에 따라 독일의 통일문제는 점점 뒷전으로 밀려나게 되었다. 여하튼 변화된 새로운 국제정치 상황 속에서 이제 아데나워는 지금까지 밀실에서 추진해 오던 재무장 정책을 공개적이고 적극적으로 추진할 수 있게 되었다.

---

40) Adenauer, K. : a.a.O., S. 370-373.
41) Ebenda, S. 373 ; Wiggershaus, N. : Die Entscheidung, S. 388.

참고문헌

1. 1차 사료

Adenauer‒Briefe, Rhöndorfer Ausgabe, hrsg. von Rudolf Morsey und Hans-Peter Schwartz für die Stiftung-Bundeskanzler-Adenauer-Haus, bearb. von Hans Peter Mensing.
Bd 1 : 1945-1947, Bd 2 : 1947-1949, Bd 3 : 1949-1951, Berlin 1983/1984/1986

Adenauer-Teegespräche 1950-1954, Rhöndorfer Ausgabe, hrsg. von Rudolf Morsey und Hans-Peter Schwarz für die stiftung-Bundeskanzler-Adenauer-Haus, bearb. von Hanns Jürgen Küsters, Berlin 1984.

Adenauer und die Hohen Kommissare. Akten zur Auswärtigen Politik der Bundesrepublik Deutschland, hrsg. im Auftrag des Auswärtigen Amtes von Hans-Peter Schwaz in Verbindung mit Reiner Pommerin, bearb. von Frank-Lothar Kroll und Manfred Nebelin, Bd. 1 : 1949-1951, München 1989.

Akten zur Auswärtigen Politik der Bundesrepublik Deutschland. Hrsg. von Hans-Peter Schwarz, Bd. 1, München 1989.

Akten zur Vorgeschichte der Bundesrepublik Deutschland 1945-1949
Bd. 1 : September 1945-Dezember 1946(bearb. von Walter Vogel und Christoph Weisz), München/Wien 1976.
Bd. 2 : Januar-Juni 1947 (bearb. von Wolfram Werner), München/ Wien 1979.
Bd. 3 : Juni-Dezember 1947 (bearb. von Gunter Plum), München/ Wien 1982.
Bd. 4 : Januar-Dezember 1947(hearb. von Christoph Weisz, Hans-Dieter Kreikamp und Bernd Steger), München/Wien 1983.
Bd. 5 : Januar-September 1949 (bearb. von Hans-Dieter Kreikamp), München/Wien 1981.

Der deutsche Verteidgungsbeitrag. Dokumente und Reden, hrsg. von Aus-
    wärtigen Amt, Bonn 1954.
Bulletin des Presse-und Informarionsamtes der Bundesregierung, Bonn 1949
    -1952.
Documents on British Policy Oversaes (DBPO), Serie II, Bd. 2, London 1987.
Documents on Germany 1944-1961, Committee on Foreign Relations. United
    States Senate, New York 1961.
Documents on Germany under Occupation 1945-1954, hrsg. von Beate Ruhm
    von Oppen, London/New York/Toronto 1955.
Fischer, Alexander(Hrsg) : Teheran- Jalta-Potsdam. Die sowjetischen Proto-
    kolle der Kriegskonferenzen der "Großen Drei", Köln 1968.
Foreign Relations of the United States(FRUS), United States Government
    Printing Office,Washington 1967-1985
FRUS 1943, I : General.
FRUS The Conferences at Cairo and Teheran 1943.
FRUS 1945, I : General : The United Nations.
FRUS 1945, II : General : Political and Economic Matters.
FRUS 1945, III : European Advisory Commision; Austria;Germany.
FRUS 1945, IV : Europe.
FRUS 1945, V : Europe.
FRUS The Conferences at Cairo and Teheran 1945.
FRUS The Conference of Berlin Vol. I and II 1945.
FRUS 1947, I : Germany, The United Nations.
FRUS 1947, II : Council of Foreign Ministers; Germany and Austria.
FRUS 1947, III : The British Commonwealth; Europe.
FRUS 1947, IV : Eastern Europe;The Soviet Union.
FRUS 1948, I : Genral : United Nations.
FRUS 1948, II : Germany and Austria.
FRUS 1948, III : Western Europe.
FRUS 1948, IV : Eastern Europe; The Soviet Union.
FRUS 1949, I : National Security Affairs; Foreign Economic Policy.
FRUS 1949, III : Council of Foreign Ministers; Germany and Austria.
FRUS 1949, IV : Western Europe.

FRUS 1949, V : Eastern Europe; The Soviet Union.

FRUS 1950, I : National Security Affairs; Foreign Economic Policy.

FRUS 1950, III : Western Europe.

FRUS 1950, IV : Central and Eastern Europe; The Soviet Union.

FRUS 1950, VII : Korea.

FRUS 1950, VII : Korea(1976)

Görtemaker, M./ Wetting, G. (Hrsg.) : USA, UdSSR Dokumente zur Sicherheitspolitik, Opladen 1987.

Die Jalta-Dokumente. Vollständige deutsche Ausgabe der offizielle Dokumente des U.S.State Departments über die Konferenz von Jalta, Göttingen 1956.

Die Kabinettsprotokolle der Bundesregierung, hrsg. für das Bundesarchiv von Hans Booms.

    Bd 1 : 1949, bearb. von Ulrich Enders und Konrad Reiser, Boppard a. Rh. 1982.

    Bd 2 : 1950, bearb. von Ulrich Endoers und Konrad Reiser, Boppard a. Rh. 1984.

    Bd 3 : 1950,(Wortprotokolle), bearb. von Ulrich Enders und Konard Reiser, Boppard a. Rh. 1984.

Der Kampf um den Wehrbeitrag.

    Bd. 1 : Die Feststellungsklage, München 1952.

    Bd. 2 : Das Gutachterverfahren, München 1953.

Lademacher, Horst/ Mühlhausen, Walter (Hrsg.) : Sicherheit-Kontrolle-Souveränität.

    Das Petersberger Abkommen vom 22. November 1949. Eine Dokumentation.

    Reihe : Kasseler Forschungen zur Zeitgeschichte, Bd. 3, Melsungen 1985.

Münch, Ingo von (Hrsg.) : Dokumente des geteilten Deutschland, Stuttgart 1968.

NATO. Organisation des Nordatlantikvertrages. Tatsachen und Dokumente, Paris 1963.

Der Kampf um den Wehrbeitrag.

Bd 1 : Die Feststellungsklage, München 1952.

Bd 2 : Das Gutachterverfahren, München 1953.

NATO-Tatsachen und Dokumente. Hrsg. von NATO, Informationsabteilung, Brüssel 1982.

Der Parlamentarische Rat 1948-1949. Akten und Protokolle, hrsg. für den Bundestag von Kurt Georg Wernicke und für das Bundesarchiv von Hans Booms.

Bd 1 : Vorgeschicte, Boppard a. Rh. 1975.

Bd 2 : Der Verfassungskonvent auf Herrenchiemsee, Boppard a. Rh. 1981.

Bd 3 : Ausschuß für Zuständigkeitsabgrenzung, Boppard a. Rh. 1986.

Bd 4 : Ausschuß für das Besatzungsstatut, Boppard a. Rh. 1989.

Ruhl, Klaus-Jorg(Hrsg.) : Neubeginn und Restauration. Dokumente zur Vorgeschichte der Bundesrepublik Deutschland 1945-1949, München 1982.

Schubert, Klaus von(Hrsg.) : Sicherheitspolitik der Bundesrepublik Deutschland. Dokumentation 1945-1977, Bd. I, Bonn 1977.

Siegler, Heinrich von(Hrsg.) : Dokumentation zur Deutschlandfrage. Von der Atlantik-Charta 1941 bis zur Berlin-Sperre, Hauptband I : Von der Atlantik-Charta 1941 bis zur Aufkündigung des Berlin-Statuts durch die UdSSR, Bonn/ Wien/ Zürich 1961 (2.erg. und erweiterte Auflage).

Siegler, Heinrich von (Hrsg.) : Dokumentation zur Europäischen Integration. 1946-1961, unter besonderer Beachtung des Verhältnisses EWG-EFTA. Von der Züricher Rede Winston Churchills 1946 bis zur Bewerbung Großbritanniens um die Mitgliedschaft bei der EWG 1961, Bonn/Wien/Zurich 1961.

Siegler, Heinrich von(Hrsg.) : Wiedervereinigung und Sicherheit Deutschlands. Eine dokumentarische Diskussionsgrundlage(Dokumentation der Deutschen Gesellschaft für Auswärtige Politik), Bd a : 1944-1963, Bonn 1967(6. Aufl.).

2. 저서 및 논문

Abelshauser, Werner : Probleme des Wiederaufbaus der westdeutschen Wirtschaft 1945-1953, in : Heinrich August Winkler(Hrsg.) : Politische Weichenstellungen im Nachkriegsdeutschland 1945-1953, Göttingen 1979,S. 208-253.

Abelshauser, Werner : Die Rekonstruktion der westdeutschen Wirstschaft und die Rolle der Besatzungsmachte, in : Claus Scharf/Hans-Jurgen Schroder(Hrsg.) : Politische und ökonomische Stabilisierung Westdeutschlands 1945-1949, Wiesbaden 1977, S. 1-17.

Abelshauser, Werner : Wiederaufbau vor dem Marshall-Plan. Westeuropas Wachstumschancen und die Wirtschaftspolitik in der zweiten Hälfte der vierziger Jahre, in : VfZ, 29. Jg.(1981),Heft 4, S. 545-578.

Abelshauser, Werner : Wirtschaft in Westdeutschland 1945-1948. Rekonstruktion und Wachstumsbedingungen in der amerikanischen und britischen Zone(Schriften der Vierteljahreshefte für Zeitgeschichte, Bd. 30), Stuttgart 1975.

Acheson, Dean : Present at the Creation. My Years in the State Department, New York 1969.

Acheson, Dean : Sketches from Life of Men I Have Known, New York 1961.

Achilles, Theodore : Die Rolle der Vereinigten Staaten bei den Verhandlungen über das Atlantische Bündnis, in : NATO-Brief 5/ 79.

Adenauer, Konard : Pankow gab den Anstoß. Warum Wiederbewaffnung? Das Sicherheritsmemorandum vom 29. August 1950, in : Raven, Wolfram v. : Armee gegen den Krieg, Stuttgart 1966.

Aron, Raymond : Die imperiale Republik; Die USA und die übrige Welt seit 1945, Stuttgart 1973.

Asholt, W./Thoma, H. : Frankreich, ein unverstandener Nachbar(1945-1990), Bonn 1990.

Atzerodt, A.(Hrsg.) : Die Sicherheitspolitik der BRD im Rahmen des Ost-West-Konflikts, München 1988.

Azzola, Axel Ch. : Die Diskussion um die Aufrüstung der Bundesrepublik Deutschland im Unterhaus und in der Presse Großbritanniens,

November 1949-Juli 1952 (Marburger Abhandlungen zur Politi-schen Wissenschaft, Bd. 12), Meisenheim 1971.

Backer, John H. : Die deutschen Jahre des Generals Clay. Der Weg zur Bundesrepublik 1945-1949, München 1983.

Backer, John H. : The Decision to Divide Germany. American Foreign Policy in Transition, Durham, N.C. 1978, deutsch : Die Entscheidung zur Teilung Deutschlands. Aerikas Deutschlandpolitik 1943-1948, München 1981.

Badstübner, R./Thomas, S. : Restautation und Spaltung, Köln 1975.

Balfour, Michael : Vier- Mächte-Kontrolle in Deutschland 1945-1946, Düsseldorf 1959.

Bandulet, Bruno : Adenauer zwischen West und Ost, München 1970.

Baring Arnulf : Außenpolitik in Adenauers Kanzlerdemokratie. Westdeutsche Innenpolitik im Zeichen der Europäischen Verteidigungs-gemeinschaft. Mit einem Vorwort von Gilbert Ziebura, 2Bde., ungeküzte, vom Autor durchgesehene Aufl., München 1971(dtv), (Beitrag Foerster).

Baring Arnulf : Sehr verehrter Herr Bundeskanzler! Heinrich v. Brentano im Briefwechsel mit Konard Adenauer 1949-1964, Hamburg 1974.

Baring, A./ Sase, M.(Hrsg.) : Zwei zaghafte Riesen;Deutschland und Japan seit 1945, Stuttgart 1977.

Barwich, H./Barwich, E. : Das rote Atom, Frankfurt a. M./Hamburg 1970.

Benz, Wolfgang : Von der Besatzungsherrschaft zur Bunderepublik. Stationen einer Staatsgründung 1946-1949, Frankfurt 1984.

Benz, Wolfgang : (Hrsg.) : Die Bundesrepublik Deutschland. Geschichte in drei Bänden. Politik, Gesellschaft, Kultur, Frankfurt 1983.

Benz, Wolfgang : Die Gründung der Bündesrepublik. Von der Bizone zum souveränen Staat, München 1984.

Benz, Wolfgang : Grundgesetz der Alliierten? Die Entscheidung für die Staatsgründung im Sommer 1948, in : Politische Meinung, 24 (1979), S 6-17.

Benz, Wolfgang : Versuche zur Reform des öffentlichen Dienstes in Deutschland 1945-1952. Deutsche Opposition gegen alliierte

Initiativen, in : VfZ. 29. Jg.(1981), Heft 2, S. 216-245.

Benz, Wolfgang : Wirtschaftspilitik zwischen Demontage und Währungsre-
form, in : Westdeutschlands Weg zur Bundesrepulik 1945-1949,
hrsg. vom Institut für Zeitgeschichte, München 1976, S. 69-89.

Berghoff, Kurt : Zur Entscheidung der Grenzpolizei im Osten Deutschlands
im Jahre 1946, in : Zeitschrift für Militärgeschichte, 8. jg.

Besson, Waldemar : Die Außenpolitik der Bundesrepublik, München 1970.

Blankenhorn, Herbert : Verständnis und Verteidigung. Blatter eines politi-
schen Tagebuchs 1949-1979, Frankfurt a. M./Berlin/Wien 1980.

Bluhm, Georg : Die Oder-Neiße-Linie in der deutschen Außenpolitik,
Freiburg 1963.

Blum, L. : Blick auf Meissner, B.(Hrsg.) : Die Überwindung der europäi-
schen Teilung und die deutsche Frage, Köln 1986.

Blumenwitz, Dieter/Gotto, Klaus/Maier, Hans/Repgen, Konrad/Schwarz,
Hans-Peter(Hrsg.) : Konrad Adenauer und seine Zeit. Politik und
Persönlichkeit des ersten Bundeskanzlers.
Bd. 1 : Beiträge von Weg-und Zeitgenossen, Stuttgart 1976.
Bd. 2 : Beiträge der Wissenschaft, Stuttgart 1976.

Bolling, Klaus : Die zweite Republik. 15 Jahre Politik in Deutschland, Köln/
Berlin 1963.

Borch, Herbert von : Friede trotz Krieg. Spannungsfelder der Weltpolitik
seit 1950, München 1966.

Borgert, Heinz-Ludger : Zur Entscheidung, Entwicklung und Struktur der
Dienstgruppen in der britischen und amerikanischen Besatzungs-
zone Westdeutschlands 1945-1950, in : MGFA(Hrsg.) : Dienstgruppen,
S. 89-133.

Brähler, Rainer : Der Marshallplan. Zur Strategie weltmarktorientierter
Krisenvermeidung in der amerikanischen Westreuropapolitik 1933-
1952, Köln 1983.

Brügel, J. W. : Die Atlantik-Charta, in : EA 1951,S. 4219-4226.

Brzezinski, Zbigniew : The Soviet Union. Her Aims, Problems and
Challenges to the Condukt of East-West-Relations in the 1980s,
London 1985.

Buchheim, Christoph : Die Währungsreform 1948 in Westdeutschland, in :
　　VfZ, 36. Jg.(1988), Heft 2, S. 189-231.
Buchheim, Christoph/ Buhrer, Werner/ Goschler, Constantin : Der Schuman-
　　plan als Instrument französischer Stahlpolitik. Zur historischen
　　Wirkung eines falschen Kallküls, in : VfZ, 37. Jg. (1989), Heft 2,S.
　　171-206.
Buchheim, Hans : Adenauers Sicherheitspolitik 1950-1951, in : Aspekte der
　　deutschen Wiederbewaffnung bis 1955. Hrsg. vom MGFA S. 119-
　　133.
Buczylowski, Ulrich : Kurt Schumacher und die deutsche Frage. Sicherheits-
　　politik und strategische Offensivkonzeption vom August 1950 bis
　　September 1951, (=Zeitpolitik, Reihe 2 Bd. 13), (=Schriftenreihe der
　　Studiengesellschaft für Zeitprobleme e. V.,Bad Godesberg).
Bundeswehr. Autorenkollektiv des deutschen Instituts fur Militärgeschichte,
　　Berlin(Ost) 1969.
Buttlar, Wallrab von : Ziele und Zielkonflikte der sowjetischen Deutschland-
　　politik 1945-1947, Stuttgart 1980.
Byrnes, James F. : In aller Offenheit, Frankfurt a. M. 1947.
Byrnes, James F. : Speaking Frankly, London 1947.
CDU/CSU-Reden und Taten. Hrsg. Parteivorstand der SPD, Bonn o. J.
CDU/CSU von A-Z. Hrsg. Vorstand der Spd, Bonn o. J.
Churchill, W. : Der Zweite Weltkrieg, Bd.IV/2 : Die Befreiung Afrikas, Stutt-
　　gart/Hamburg 1952.
Claude, Henri : Der Marshallplan, Berlin 1949.
Claude, Henri : Der Marshallplan, in : Mendelson/ Claude/ Ulbricht : Die
　　Weltherrschaft des USImperialismus, Münster 1972, S. 44.
Clay, Lucius D. : Entscheidung in Deutschland, Frankfurt a. M. 1959.
Clemens, Diane Shaver : Yalta, New York 1970.
Colville,J. : Downing Street, Tagebücher 1939-1945, Berlin 1988.
Cornides, Wilhelm : Die Weltmächte und Deutschland, Tübingen 1957.
Cornides, Wilhelm : Die Illusion einer selbständigen französischen Deutschland-
　　politik(1944-1947), in : EA 1954, S. 6731-1742.
Cornides, W./Volle, H. : Atlantikpakt und EVG, in : EA 1952, S. 4613-4626.

Cornides, W./Volle, H. : Der "Modus-Vivendi" in Europa, in : EA 1949, S 2383
    -2398.

Cornides, W./Volle, H. : Die Diskussion über den deutschen Verteidigungs-
    beitrag, in : EA 1950, S. 3576-3593.

Cornides, W./Volle, H. : Um den Frieden mit Deutschland, Oberursel 1948.

Cornides, W./Volle, H. : Die Vorgeschichte des Brüsseler Fünfmächte-
    Packtes(1948), in : EA 1949, S. 1755-1767.

Czempiel, Ernst- Otto : Das amerikanische Sicherheissystem 1945-1949,
    Berlin 1966.

Czempiel, E.-O./Schweitzer, C.-Ch. : Weltpolitik der USA nach 1945, Bonn
    1984.

Daniel, Ute : Dollardiplomatie in Europa. Marshallplan, Kalter Krieg und
    USs-Außenwirtschaftsdiplomatie 1945-1952, Düsseldorf 1982.

Delmas, Claude : Frankreich und die Entstehung des Atlantischen Bünd-
    nisses, in : NATO-Brief 4/80, Sss. 24.

Dennewitz, Bodo : Vor-und Entstehungsgeschichte des Bonner Grund-
    gesetzes, Hamburg 1950.

Deppe, F.(Hrsg.) : EWG, Reinbek 1975.

Deuerlein, Ernst : Die Einheit Deutschlands, Frnkfurt 1957.

Deuerlein, Ernst : Deutschland nach dem 2. Weltkrieg 1945-1955, Konstanz
    1964.

Deuerlein, Ernst(Hrsg.) : Postdam 1945, München 1963.

Deuerlein, Ernst : Deklamation oder Ersatzfrieden? Die Konferenz von Postam
    1945, Stuttgart 1970.

Deuerlein, Ernst : Frankreichs Obstruktion deutscher Zentralverwaltungen
    1945, in : DA 1971. S.466.

Der deutsche Soldat in der Armee von morgen. Wehrverfassung,
    Wehrsystem, Inneres Gefüge, hrsg. in Zusammenarbeit mit dem
    Institut fur Europäische Politik und Wirtschaft, Frankfurt a. M.,
    München 1954.

Deutscher, Isaac : Stalin London 1949.

Deutschland heute. Hrsg. PIAB, Wiesbaden 1959.

Deutschland- Union-Dienst(DUD). Pressedienst der CDU und CSU, Frankfurt.

Diebold, William jr. : Imponderables of the Schuman- Plan, in : Foreign
　　　　Affairs, 29(1950),S.114-129.

Dierske, Ludwig : Der Bundesgrenzschutz, in : Der Grenzjäger, 14. Jg., Nr. 9.

Dierske, Ludwig : Die Geschichte des Bundesgrenzschutzes(Chronologische
　　　　Übersicht).
　　　　　　Teil I : Von der Aufstellung bis zum 31. März 1963; Teil II :
　　　　　　　　Anlagen, Zusammengestellt und bearbeitet von Ministerial-
　　　　　　　　dirigent a. D.Ludwig Dierske unter Mitwirkung von Manfred
　　　　　　　　Michler und Günter Mehwald, o. O., O. Jg.(um 1965).

Dietzfelbinger, Eckart : Die Westdeutsche Friedensbewegung 1948 bis 1955,
　　　　Köln 1984.

Domes, Jürgen : Politik und Herrschaft in Rotchina, Stuttgart 1965.

Dormann, Manfred : Demokratische Militärpolitik, Die alliierte Militär-
　　　　strategie als Thema deutscher Politik 1949-1968, Freiburg 1970
　　　　(=Sozialwissenschaft in Theorie und Praxis, Bd. 11).

Duhnke, Horst : Stalinismus in Deutschland, Köln 1955.

Eden, Robert A. : The Eden Memoirs, Part 3, London 1965.

Engel, Franz-Wilhelm (Hrsg.) : Handbuch der NATO, Frankfurt 1957.

Erdmann, Karl Dietrich : Die Zeit der Weltkriege. Abschnitt E : Das Ende
　　　　des Reiches und die Entstehung der Republik Österreich, der Bundesre-
　　　　publik Deutschland und der Deutschen Demokratischen Republik,
　　　　Stuttgart 1976, S. 593-804(=Gebhardt, Handbuch der Deutschen
　　　　Geschichte, 9. Aufl., hrsg. von Herbert Grundmann, Bd. IV, 2)

Erdmenger, Klaus : Das folgenschwere Mißverständnis, Bonn und Die
　　　　Sowjetische Deutschlandpolitik 1945-1955, Freiburg 1967.

Etzolt, Thomas H. : / Gaddis, J. : Containment. Documents on American
　　　　Policy and Strategie 1945-1950, New York 1978.

Faust, Fritz : Das Potsdamer Abkommen und seine völkerrechtilche Bedeu-
　　　　tung, Frankfurt a. M. 1969.

Feis, Herbert : Zwischen Krieg und Frieden. Das Potsdamer Abkommen,
　　　　Frankfurt a. M./Bonn 1962 (Originalausgabe : Between War and
　　　　peace. The Potsdamer Conference, Princeton 1960)

Feis, Herbert : Chunchill, Roosevelt, Stalin, Princeton 1957.

Ferrell, Robert H. : George C. Marshall, New York 1966.

Fischer, Alexander (Hrsg.) : Wiederbewaffnung in Deutschland, Berlin 1986.

Fischer, Alexander : Sowjetische Deutschlandpolitik im Zweiten Weltkrieg 1941-1945, Stuttgart 1975.

Fischer, Alexander Die Deutschlandfrage und die Anfänge des Ost- West- Konflikts 1945-1949, Berlin 1984.

Fischer, Alexander(Hrsg.) : Teheran-Jalta-Potsdam, Köln 1985.

Fischer, Alexander : Sowjetische Reaktionen auf die Gründung der NATO, in : Maier, Klaus A./Wiggershaus, N.(Hrsg.) : Das Nordatlantische Bündnis, S. 55-68.

Fischer, Alexander : Antifaschistisch-demokratischer Neubeginn, in : DA 1975, S. 362.

Fischer, A./Moltmann, G.(Hrsg.) : Rußland-Deutschland-Amerika, Wiesbaden 1978.

Fischer, Heinz-Dietrich : Parteien und Presse in Deutschland seit 1945, Bremen 1971.

Fischer, Heinz-Dietrich : Pioniere der Nachkriegspresse, Köln 1986.

Fischer, Heinz-Dietrich : Politische Presse in Deutschlands 1480-1980, Düsseldorf 1981.

Fischer, Johannes : Dienstgruppen und westdeutscher Verteidigungsbeitrag, in : MGFA(Hrsg.) : Dienstgruppen, S. 1-10.

Foerster, Roland G. : Innenpolitische Aspekte der Sicherheit Westdeutschlands, in : MGFA(Hrsg.) : Anfänge, S. 403-575.

Forntran, Erhart : Die USA und Europa. Erfahrungen und Perspektiven transatlantischer Beziehungen seit dem 1. Weltkrieg, Baden-Baden 1991.

Forster, Thomas M. : Die NVA (Nationale Volksarmee), Köln 1979.

Foschepoth, Josef(Hrsg.) : Adenauer und die deutsche Frage, Göttingen 1988.

Foschepoth, Josef (Hrsg.) : Kalter Krieg und deutsche Frage, Göttingen 1985.

Foschepoth, Josef : Die Oder- Neiße- Frage im Kalkül der britischen Außenpolitik 1941-1947, in : Spittmann- Rühle, I./Helwig, G. (Hrsg.) :

Die beiden deutschen Staaten im Ost-West- Verhältnis, Köln 1982.

Foschepoth, Josef : Konflikte in der Reparationspolitik der Alliierten, in :
Ders.(Hrsg.) : Kalter Krieg, S. 175-197.

Foschepoth, Josef : Britische Deutschlandpolitik zwischen Jalta und Potsdam,
in : VfZ 1982, S. 675-714.

Foschepoth, J/Steininger, R. (Hrsg.) : Britische Deutschland- und Besatzungs-
politik 1945-1949, Poderborn 1985.

Freeland, Richard M. : The Truman Doctrine and the Origins of McCarthy-
ism, New York 1972.

Fritz-Bournazel, Renate : Die Sowjetunion und die deutsche Teilung,
Oplaten 1979.

Fritz-Bournazel, Renate : Frankreich und die deutsche Frage 1945-1949, in
: Göttinger Arbeitskreis(Hrsg.) : Die Deutschlandfrage, s. 85.

Frohn, Axel : Neutralisierung als Alternative zur Westintegration. Frankfurt
a. M. 1985.

Gaddis,John Lewis : Strategies of Contsinment. A Critical Appraisal of
Post-war American National Security, New York 1982.

Gaddis, John Lewis : The United States and the Origins of the Cold War,
1947-1947. New York 1972.

Gantzel, Klaus Jurgen(Hrsg.) : Kapitalistische Penetration in Europa,
Hamburg 1976.

Gantzel, K.J./Meyer-Stamer, J. : Die Kriege nach dem Zweiten Weltkrieg
bis 1984, München 1986.

Geiling, Martin : Außenpolitik und Nuklearstrategie. Eine Analyse des
konzeptionellen Wadels der amerikanischen Sicherheitspolitik
gegenüber der Sowjetunion (1945-1963), Köln/ Wien 1975.

Gelber, H.G. : Der Morgenthaur-Plan, in : VfZ 1965, S. 372-402.

Geyer,D. : Deutschland als Problem der sowjetischen Europapolitik am Ende
des Zweiten Weltkrieges, in : Foschepoth, J.(Hrsg.) : Kalter Krieg,
S. 50-65.

Geyer, Rolf : Bundeswehr und Nationale Valksarmee, in : Riemer, R.(Hrsg.)
: Streitkäfte im geteilten Deutschland, München 1976.

Gietz, Axel : Die neue Alte Welt, München 1986.

Gillingham, John : Die französische Ruhrpolitik und die Ursprünge des Schuman-Plans. Eine Neubewertung, in : VfZ, 35. Jg.(1987), Heft 1, S. 1-24.

Gillingham, John : Zur Vorgeschichte der Montan-Union, Westeuropas Kohle und Stahl in Depression und Krieg, in : VfZ, 34. Hg.(1986), Heft 3, S. 381-405.

Gimbel, John : Byrnes' Stuttgarter Rede und die amerikanische Nachkriegspolitik in Deutschland, in : VfZ, 20.Jg.,(1972), Heft 1, S. 39-62.

Gimbel, John : American Occupation of Germany Politics and the Military, 1945-1949. Stanford 1968; deutsch : Amerikanische Besatzungspolitik in Deutschland 1945-1949, Frankfurt 1971.

Gimbel, John : Byrnes und die Bizone- Eine amerikanische Entscheidung zur Teilung Deutschlands? in : Wolfgang Benz/Hermann Graml : Aspekte deutscher Außenpolitik im 20. Jahrhundert. Aufsätze. Hans Rothfels zum Gedächtnis (Schriftenreihe der Vierteljahreshefte für Zeitgeschichte, Sondernummer) Stuttgart 1976, S. 193-210.

Gimbel, John : Die Konferenzen der deutschen Ministerpräsidenten 1945-1949, Ihre Bedeutung fur die politische Entwicklung der Bundesrepublik, in : APuZ, B 31/1971,S. 3-28.

Gimbel, John : The Origins of the Marshall-Plan, Stanford 1976.

Göttinger Arbeitskreis(Hrsg.) : Die Deutschlandfrage und die Anfänge des Ost-West-Konflikts 1945-1949, Berlin 1984.

Göttinger Arbeitskreis(Hrsg.) : Deutschland, westliches Bündnis und Wiedervereingung, Berlin 1985.

Gosztony, Peter(Hrsg.) : Zur Geschichte der europäischen Volksarmeen, Bonn-Bad Godesberg 1976.

Gosztony, Peter : Die rote Armee, Wien/München/Zürich/New York 1980.

Gottlieb, Manuel : The German Peace Settlement and the Berlin Crisis, New York 1960.

Graml, Hermann : Die Alliierten und die Teilung Deutschlands, Frankfurt a. M. 1985.

Greiner, Christian : Die Alliierten militärstrstegischen Planungen zur Vertei-
digung Westeuropas 1947-1950, in : MGFA(Hrsg.) : Anfänge, S.
119-132.

Grewe, Wilhelm G. : Deutsche Außenpolitik der Nachkriegszeit, Stuttgart
1960.

Grosser, Alfred : Das Bündnis. Die Westeuropäischem Länder und die USA
seit dem Krieg. München/Wien 1978.

Grosser, Alfred : Deutschlandbilanz. Geschichte Deutschlands seit 1945,
Münchem 1980(8.).

Grosser, Alfred : Geschichte Deutschlands seit 1945. Eine Bilanz, München
1974.

Grosser, Alfred : Frankreich und seine Außenpolitik 1944 bis heute, München
1986.

Gritewohl, otto : Im Kampf um die einige Deutsche Demokratische Republik,
Bd. 2, Berlin(Ost) 1954.

Grünewald, Wilhard : Die Münchener Ministerpräsidenten-Konferenz 1947.
Meisenheim 1971.

Guillen, Pierre : Die französische Generalität, die Aufrüstung der Bundes-
republik und die EVG(1950-1954), in : Volkman, H.-E./Schwengler,
W. : Die Europäische Verteidigungsgemeinschaft, S. 125-157.

Guition, Raymond J. : Die Sowjetunion in der Europa- und Deutschland-
politik Frankreichs 1940-1954, Rheinfelden 1990.

Haberl, Othmar Nikola(Hrsg.) : Der Marshall-Plan und die europaische
Linke, Frankfurt a. M. 1986.

Hacke, Christian(Hrsg.) : Jakob Kaiser. Wir haben Brücke zu sein. Reden,
Äußerungen und Aufsätze zur Deutschlandpolitik, Köln 1988.

Hacker, Jens : Der Ostblock, Baden-Baden 1983.

Hacker, Jens : Legenden um das Potsdamer Abkommen, Köln 1965.

Hänsch, Klaus : Frankreich zwischen Ost und West.Die Reaktion auf den
Ausbruch des Ost- West- Konflikts 1946-1948, Berlin/ New York
1972.

Haftendorn, Helga : Adenauer und Die europäische Sicherheit, in : Dieter
Blumenwitz u. a. (Hrsg.) : Konrad Adenauer und seine Zeit, Band

2, Stuttgart 1976, S. 92-110.

Halle, Louis J. : Der Kalte Krieg, Frankfurt a. M. 1969.

Hahn, Carl Horst : Der Schuman-Plan, München 1955.

Hammond, Paul Y. : Directives for the Occupation of Germany : The Washington Controversy, in : Harold Stein(Ed.) : American Civil-Military Decisions,A Book of Case Studies, Birmingham, Ala. 1963, S. 311-464.

Hanrieder, Wolfram F. : Die stabile Krise. Ziele und Estscheidungen der bundesrepublikanischen Außenpolitik 1949-1969, Düsseldorf 1971.

Hanrieder, Wolfram F. : West German foreign Policy 1949-1963. International Pressure and Domestic Response, Stanford 1967.

Heinemann, Gustav W. : Was Dr. Adenauer vergißt. Notizen zu einer Biographie, in : Gustav Heinemann : Im Schnittpunkt der Zeit. Reden und Aufsätze. Darmstadt 1957, S. 89-114.

Heller, Francis H. : The Korean War, Kansas 1977.

Henke, Klaus-Dietmar : Politik der Widersprüche. Zur Charakteristik der französischen Militärregierung in Deutchland nach dem Zweiten Weltkrieg, in : VfZ, 30. Jg (1982), Heft 3, S. 500-537.

Herbst, Ludolf : Option für den Westen. Vom Marshallplan bis zum deutsch-französischen Vertrag, München 1989.

Herbst, Ludolf/Bührer, W./Sowade, H. (Hrsg.) : Vom Marshallplan zur EWG. Die Eingliederung der BRD in die westliche Welt, München 1990.

Herzfeld, Hans : Berlin, in der Weltpolitik 1945-1970, Berlin/ New York 1973.

Hillgruber, Andreas : Zweierlei Untergang, Berlin 1986.

Hillgruber, Andreas : Der Zweite Weltkrieg, Stuttgart 1982.

Hirsch, Kurt(Hrsg.) : Deutschlandpläne, München 1967.

Holborn, Hajo : American Military Government, Washington 1947.

Holch, Martin : Die Konferenz von Teheran 1943 und ihre Vorgeschichte seit Casablanca, Diss., Köln 1967.

Holloway, D. : The Soviet Union and Arms Race, New Haven/London 1970.

Hrbek, Rudolf : Die SPD, Bonn 1972.

Huntington, Samuel T. : The Common Defens, New York/London 1961.

Hurwitz, Harold : Die Stunde Null der deutschen Press, Köln 1972.

Ipsen, Knut : Rechtsgrundlage und Institutionalisierung der atlantisch-westeuropäischen Verteidigung, Hamburg 1967.

Ireland, Timothy P. : Creating the Entangling Alliance. The Origins of the North Atlantic Treaty Organization (European Studies, No. 6); Westport/London 1981.

Jahrbunch der SPD 1948/49, hrsg. vom Vorstand der SPD, Hannover o. J.

Jones, James Mathew : Britische Bedrohungsanalysen in den 50er Jahren, in : Schweitzer, C.-Ch.(Hrsg.) : Bedrohung.

Jürgensen, Kurt : Elemente britischer Deutschlandpolitik, in : Scharf, C./Sschroder, H.-J.(Hrsg.) : Die Deutschlandpolitik Großbsritanniens, S. 103.

Der Kampf um den Wehrbeitrag, Bd. 2, München 1953.

Kapferer, Reinhard : Charles de Gaulles, Stuttgart 1985.

Kaplan, Lawrence S.,A Community of Interests : NATO and the Military Assistance Program 1948-1951, Washington 1980.

Kaplan, Lawrence S. : The United States and NATO, Lexington 1984.

Kennan, George F. : Memoiren eines Diplomaten, München 1982.

Kettenacker, Lothar : The anglo-Soviet alliance and the problem of Germany 1941-1945, in : JCH 1982, S. 435.

Kettenacker, Lothar(Hrsg.) : Das Andere Deutschland im Zweiten Weltkrieg, Stuttgart 1977.

Kettenacker, Lothar : Krieg zur Friedenssicherung, Göttingen 1982.

Kiersch, Gerhard : Die französische Deutschlandpolitik 1945-1949, in : Scharf, C./Schröder, H.-J.(Hrsg.) : Stabilisierung. S. 61-76.

Kimball, Warren F. : Aus der Sicht Washingtons, in : Messerschmidt, M.(Hrsg.) : Die Zukunft des Reiches, Herford 1990.

King, James E. jr. : Towards Stability in central Europe, in : Wolfers, A. : Changing East-West Relations and the Unity of the West, Baltimore 1964.

Kirkpatrick, Ivone : The Inner Circle : Memoirs of Ivone Kirkpatrick, London 1959(Deutsche Ausgabe : Im inneren Kreis. Erinnerungen eines Diplomaten, Berlin 1964).

Klein, F./Meissner, B.(Hrsg.) : Das Potsdamer Abkommen und die Deutschland-
        frage, Stuttgart 1977.

Klessmann, christoph : Der Doppelt Staatsgründung 1945-1955, Göttingen
        1991.

Knapp,   Manfred : Die Anfänge westdeutscher Außenwirtschafrts- un
        Außenploitik im bizonalen Vereininten Wirtschaftgebiet(1947-1949),
        in : Manfred Knapp (Hrsg.), Von der Bizonengründung zur poloitisch-
        ökonomischen Westintegration, Frankfurt 1984, S. 13-93.

Knapp,   Manfred(Hrsg.) : Von der Bizonengründung zur politisch-
        ökonomischen Westintegration. Studien zum Verhältnis zwischen
        Außenpolitik und Außenwirtschaftsbeziehungen in der Entstehung-
        sphase der Bundesrepublik Deutschland(1947-1952), Frankfurt 1984.

Knapp,   Manfred(Hrsg.) : Die deutsch-amerikanischen Beziehungen nach
        1945, Frankfurt a. M./New York 1975.

Knapp,   Manfred : Deutschland und der Marshallplan. Zum Verhältnis
        zwischen oolitischer und ökonomischer Stabilisierung in der
        amerikanischen Deutschlandpolitik nach 1945, in : Claus Scharj/
        Hans-Jürgen Schröder : politische und ökonomische Stabilisierung
        Westdeutschlands 1945-1949, Wiesbaden 1977, S. 19-43.

Knapp, Manfred : Das Deutschlandproblem und die Ursprünge des Europäi-
        schen Wiederaufbauprogramms. Eine Auseinandersetzung mit John
        Gimbels Untersuchung "The Origins of the Marshall Plan", in :
        PVS, 19(1978), Nr. 1, S. 48-65.

Knauß, Rudolf : Deutsche Wiederaufrüstung, in : Der Büger im Staat, 1. Jg.,
        April 1951.

Koch, Diether : Heinemann und die Deutschlandfrage, München 1972.

Köuner, K. : Die alliierten Deutschlandkonferenzen, in : Schwarz, Hans-
        Peter(Hrsg.) : Handbuch der deutschen Außenploitik, München
        1975.

Kogon, Eugen : Man braucht Deutschland. ... Auch deutsche Soldaten?, in :
        Frankfurter Hefte, 4. Jg. 1949.

Kolko, Joyce/Kolko, Gabriel : The Limits of Power 1945-1954, New York
        1972.

Kopp, Fritz : Chronik der Wiederbewaffnung in Deutschland, Köln 1958.

Koszyk, Kurt : Pressepolitik für Deutsche 1945-1949. Geschichte der deutschen Presse, Berlin 1986.

Kraus, Herber : Der völkerrechtliche Status der deutschen Ostgebiete innerhanlb der Reichsgrenzen nach dem Stande vom 31. Dezember 1937, Göttingen 1964.

Kreikam, Hans-Dieter : Die amerikanische Deutschlandpolitik im Herbst 1946 und die Byrnes-Rede in Stuttgart, in : VfZ, 29. Jg. (1981), Heft 2, S. 269-285.

Kretzschmar, Winfried F. : Auslandshilfe als Mittel der Außenwirtschafts- politik. Eine Studie über die amerikanische Auslandshilfe von 1945 bis 1956 unter Berücksichtigung sowohl wirtschaftlicher als auch praktisch-politischer Gesichtspunkte, München 1964.

Krieger, Wolfgang : General Lucius D. Clay und die amirikanische Deutschland- politik 1945-1949. Forschungen und Quellen zur Zeitgeschichte, Band 10, Stuttgart 1987.

Krieger, Wolfgang : Gründung und Entwiclung des Brüsseler Paktes 1948-1950, in/l Wiggershaus, N./Foerster, R. G : Sicherheits- gemeinschaft, S. 191-207.

Krieger, Wolfgang : Die Amerikanischen Atomwaffen und der Kalte Krieg 1945-1950, in : NPL, 28/2(1983), S. 209.

Kuczynski, Jürgen : So war es wirklich, Berlin(Ost), 1969.

Lademacher, H./Mühlhausen W. : Sicherheit, Kontrolle, Souveränität. Das Petersberger Abkommen vom 22. November 1949, Melsungen 1985.

Lapp, Peter J. : Frontdienst im Frieden. Die Grenztruppen der DDR, Koblenz 1986.

Latour, Conrad F./Vogelsang, Th. : Okkupation und Wiederaufbau, Stuttgart 1973.

Le, Thanh Khoi : 3000 Jahre Vietnam, München 1979.

Lemmer, Ernst : Manches war doch anders. Erinnerungen eines deutschen Demokraten, Frankfurt 1977.

Lipgens, Walter : Die Anfänge der europäischen Einigungspolitik 1945-1950, Bd. I, Stuttgart 1977.

Lipgens, Walter(Hrsg.) : Europa-Föderationspläne der Wiederstands-
    bewegungen 1940-1945, München 1968.

Lipgens, Walter : Innerfranzösische Kritik and der Außenpolitik de Gaulles
    1944-1946, in : VfZ 1976, S. 136-198.

Lipgens, Walter : Bedingungen und Etappen der Außenpolitik de Gaulles
    1944-1946, in : VfZ 1973, S. 52-102.

Löwenthal, R./Schwarz, H.-P.(Hrsg.) : Die zweite Republik, Stuttgart 1974.

Löwenthal, Richard : Vom Kalten Krieg zur Ostpolitik, in : Löwenthal,
    R./Schwarz, H.-P.(Hrsg.) : Die zweite Republik.

Löwke, Udo F. : Die SPD und die Wehrfrage 1949 bis 1955, Bonn-Bad
    Godesberg 1976.

Loth, Wilfried(Hrsg.) : Die Anfänge der europäischen Integration 1945-1950,
    Bonn 1990.

Loth, Wilfried : Die Formierung der Blöcke, in : Wiggershaus, N./Foerster,
    R.G. : Sicherheitsgemeinschaft, S. 7-23.

Loth, Wilfried : Ost-West-Konflikt und deutsche Frage, München 1989.

Loth, Wilfried : Die europäische Integration nach dem Zweiten Weltkrieg in
    Französischer Perspektive, in : Helmut Berding(Hrsg.) : Wirtschaft-
    liche und Politische Integration in Europa im 19. und 20.
    Jahrhundert, Göttingen 1984, S. 225-246.

Loth, Wilfried : Die europäischen Regierugen und der Anstoß durch Marshall,
    in : Walter Lipgens : Die Anfänge der europäischen Einigungs-
    ploitik 1945-1950, Band 1, Stuttgart 1977, S. 491-514.

Loth, Wilfried : Die Franzosen und die deutsche Frage 1945-1949, in : Claus
    Scharf/Hans-Jürgen Schröder : Die Deutschlandpolitik Frankreichs,
    Wiesbaden 1983, S. 27-48.

Loth, Wilfried : Der Korea-Krieg und die Staatswerdung der Bundes-
    republik, in : Kalter Krieg und Deutsche Frag, hrsg. von Josef
    Foschepoth, Göttingen/Zürich 1985, S. 335-361.

Loth, Wilfried : Sozialismus und Internationalismus. Die französischen
    Sozialisten und die Nachkriegsordnung Europas 1940-1950, Stuttgart
    1977.

Loth, Wilfried : Die Teilung der Welt 1941-1955, München 1980(1.).

Lowry, Montecqe J. : The Forge of West German Rearmament, New York/Bern/Frankfurt a. M./Paris 1990.

Lüders, Carsten : Die Bedeutung des Ruhrstatuts und seiner Aufhebung für die außenpolitische und außenwirtschaftliche Emanzipation Westdeutschlands(1948-1952), in : Manfred Knapp(Hrsg.) : Von der Bizonengründung zur politisch-ökonomischen Westintegration, Frankfurt 1984, S. 95-185.

Mai, Gunther : Der Churchill-Plan vom August 1950. Ein Aktenvermerk aus dem Nachlaß Hermann Pünders, in : MGM, 2/1978, S. 137-144.

Mai, Gunther : Westliche Sicherheitspolitik im Kalten Krieg. Der Korea-Krieg und die deutsche Wiederbewaffnung 1950(Reihe : Militärgeschichte seit 1945, Band 4), Boppard A. Rh. 1977.

Maier, Klaus A./Wiggershaus, N.(Hrsg.) : Das Nordatlantische Bündnis 1949-1956, München 1993.

Maillard, Pierre : De Gaulle und Deutschland, Bonn 1991.

Maiski, Ivan M. : Memoiren eines sowjetischen Botschafters, Berlin 1967.

Marienfeld, W. : Konferenzen über Deutschland, Hamburg 1962.

Matin, Lawrence W. : The American Decision to rearm Germany, in : Stein, H.(Hrsg.) : American Civil-Military Decisions, Birmingham 1963, S. 645-655.

Mayers, David : Soviet War Aims and the Grand Alliance. George Kennan's Views, 1944-1946, in : JCH 1986, S.57.

McGeehan, Robert : The German Rearmament Question. American Diplomacy and European Defense after War II, Urbana/Chicago/London 1971.

Meissner, Boris : Rußland. Die Westmächte und Deutschland, Hamburg 1954.

MGFA(Hrsg.) : Verteidigung im Bündnis. Planung, Aufbau und Bewährung der Bundeswehr 1950-1972, München 1975.

MGFA(Hrsg.) : Entmilitarisierung und Aufrüstung in Mitteleuropa 1945-1956, Bonn 1983.

MGFA(Hrsg.) : Aspekte der deutschen Wiederbewaffnung bis 1955, Boppard a. Rh. 1975.

MGFA(Hrsg.) : Dienstgruppen und Westdeutscher Verteigungsbeitrag,

Boppard a. Rh. 1982.

MGFA(Hrsg.) : Anfänge westdeutscher Sicherheitspolitik 1945-1956, Bd. I : Von der Kapitulation bis zum Pleven-Plan, München/Wien 1982.

Militärpolitik für Sozialisums und Frieden, Berlin(Ost) 1976.

Milward, A.S. : The Reconstrution of Western Europe 1945-1951, London 1984.

Molotow, W.M. : Fragen der Außenpolitik. Reden und Erklärungen April 1945-Juni 1948, Moskau 1949.

Moltmann, Günter : Amerikas Deutschlandpolitik im 2. Weltkrieg 1941-1945, Heidelberg 1958.

Monnet, Jean : Erinnerungen eines Europäers, München/Wien 1978.

Morsey, Rudolj(Hrsg.) : Konrad Adenauer und die Gründung der BRD, Stuttgart 1979.

Mosely, Philip E. : Die Friedenspläne der Alliierten und die Aufteilung Deutschlands, in : EA 1950, S. 3032-3043.

Myant, Marin : Socialism and Edmocracy in Czechoslovakia 1945-1948, New York 1981.

Nicholls, Antony J. : American Views of Germany's Future during World War II, in : Kettenacker, L.(Hrsg.) : Das Andere Deutschland, S. 77-87.

Niclauß, Karlheinz : Restauration oder Renaissance der Demokratie?, Berlin 1982.

Niedhart, Gottfried(Hrsg.) : Der Westen und die Sowjetunion, Paderborn 1983.

Noack, Paul : Die Außenpolitik der BRD, Stuttgart 1981.

Noack, Paul : Deutsche Außenpolitik seit 1945, Stuttgart 1972.

Noelle, E./Neumann, E.P. : Jahrbuch der öffentlichen Meinung 1947-1955, Allensbach o.J.

Nolte, Ernst : Deutschland und der Kalte Krieg, München/Zürich 1974.

Nübel, Otto : Die amerikanische Reparationspolitik, Frankfurt a. M. 1980.

Obermann, Emil(Hrsg.) : Verteidigung, Stuttgart 1970.

Die Organisation des Nordaltankikvertrages. Hrsg. von der Informationsabteilung der NATO, Paris 1962.

Osgood, Robert E. : NATO. The Entangling Alliance, Chicago 1962.

Osterhelk, Horst : Konrad Aenauer, Bonn 1973.

Overesch, Manfred : Gesamtdeutsche Illusionen und westdeutsche Realität, Düsseldorf 1978.

Penrose, Ernest F. : Economic Planning for the peace, Princeton 1953.

Pieck, Wilhelm : Reden und Aufsätze, Bd.2, Berlin (Ost) 1951ff..

Pingel, Falk : "Die Russen am Rhein?" Zur Wende der britischen Besatzungspolitik im Frühjahr 1946, VfZ 1982, S. 98-116.

Piontkowitz, Heribert : Anfänge westdeutscher Außenpolitik 1946-1949. Das Deutsche Büro für Fridensfragen, Stuttgart 1978.

Poidevin, Raimond : Die Neuorientierung der französischen Deutschland- politik 1948/49, in : Foschepoth, J.(Hrsg.) : Kalter Krieg, S.129-144.

Poidevin, Raimond : Der Faktor Europa in der Deutschlandpolitik Robert Schuman(Sommer 1948 bis Frühfahr 1949), in : VfZ,. 33. Jg.(1985), Heft 3, S. 406-419.

Roidevin, Raimond : Frankreich und das Problem der EVG. Nationale und internationle Einwirkungen(Sommer 1951 bis Sommer 1953), in : Die Europäische Verteidigungsgemeinschaft(MIlitärgeschichte seit 1945, Band 7), Boppard a. Rh. 1985, S. 101-124.

Poidevin, Raimond : Die französische Deutschlandpolitik 1943-1949, in : Claus Scharf/Hans-Jürgen Schröder : Die Deutschlandpolitik Frank- reichs, Wiesbaden 1983, S. 15-25.

Poidevin, Raimond : Robert Schumans Deutschland- und Europapolitik zwischen Tradition und Neuorientierung(Schriften der Philosophi- schen Fachberiche der Universität Augsburg, Nr. 3), München 1976.

Prittie, Terence : Konrad Adenauer. Vier Epochen deutscher Geschichte, Frankfurt 1976.

Pütz, Helmuth : Die CDU, Bonn 1971.

Rauschning, Dietrich : Die Gesamtverfassung Deutschlands, Frankfurt a. M. 1962.

Rautenberg, Hans-Jürgen/Wiggershaus, Norbert : Die "Himmeroder Denk-

schrift" vom Oktober 1950. Politische und militärische Über-
legungen für einen Beitrag der Bundesrepublik Deutschland zur
westeuropäischen Verteidigung, in : MGM 1/1977, S. 135-206.

Regierung Adenauer 1949-1963. Hrsg. Presse- und Informationsamt der
Bundesregierung, Wiesbaden 1965.

Rendel, Alexander M. : Der Nordatlantikvertrag stand bis zuletzt auf der
Messerschneide, in : NATO-Brief 2/80.

Riklin, Alois : Das Berlinproblem, Köln 1964.

Roberts, H.L./Wilson, P.A. : Britian and the United States, London 1953.

Rostow, Walt : The United States in the World Arena, New York 1960.

Rothstein, Siegmar : Die Londoner Sechsmächtekonferenz 1948 und ihre
Bedeutung für die Gründung der BRD, Diss., Freiburg 1968.

Rothwell, Victor H. : Großbritannien und die Anfänge des Kalten Krieges,
in : Foschepoth, J.(Hrsg.) : Kalter Krieg, S. 88-110.

Ruehl, Lothar : Vietanam. Brandherd eines Weltkonflikts, Frankfurt a.
M./Berlin 1967.

Puhl, Klaus-Jörg(Hrsg.) : "Mein Gott, was soll aus Deutschland werden?";
Die Adenauer-Ära 1949-1963, München 1985.

Rupieper, Herman-Josef : Der besetzte Verbündete. Die amerikanische
Deutschlandpolitik 1949-1955, Opladen 1991.

Sainsbury, Keith : British Policy and German Unity at the end of Second
World War, in : EHR 1979, S. 786.

Salzmann, Rainer : Die CDU/CSU im Parlanmentarischen Rat, Stuttgart
1981.

Scharf, Clause/Schröder, Hans-Jürgen(Hrsg.) : Die Deutschlandpolitik
Frankreichs und die französische Zone 1945-1949, Wiesbaden 1983.

Scharf, Claus/Schröder, Hans-Jürgen(Hrsg.) : Die Deutschlandpolitik Groß-
britanniens und die britische Zone 1945-1949, Wiesbaden 1979.

Scharf, Claus/Schröder, Hans-Jürgen(Hrsg.) : Politische und ökonomische
Stabilisierung Westdeutschlands 1945-1949. Fünf Beiträge zur
Deutschlandpolitik der westlichen Alliierten, Wiesbaden 1977.

Schilling, Warner R./Hammond, Paul Y./Synder, Glenn H. : Strategy,
Politics and Defense Budgets, New York 1962.

Schmid, Carlo : Erinnerungen, Bonn/München/Wien 1979.

Schmitt, Walter E. : Zwischenrufe von der Seine, Stuttgart 1958.

Schoenbaum, David : Deutschland als Gegenstand der amerikanischen Nackriegsplanung, in : Herbst, L.(Hrsg.) : Westdeutschland.

Schreiner, Reinhard : Bidault, der MRP und die französische Deutschlandpolitik 1944-1948, Frankfurt a. M. 1985.

Schröder, Hans-Jürgen(Hrgs.) : Marshall-Plan und westdeutscher Wiederaufstieg, Stuttgart 1990.

Schubert, Klaus von : Wiederbewaffnung. Die innere Auseinandersetzung um die militärische und außenpolitische Orientierung der Bundesrepublik Deutschland 1950-1952(Schriftenreihe der Viertel -jahreshefte für Zeitgeschichte, Band 20), Stuttgart 1970.

Schumacher, Kurt : Deutschlands Beitrag für Frieden und Freiheit, hrgs. vom Vorstand der SPD, Dortmund o. J.

Schuman, Robert : Für Europa, Hamburg/Paris 1963.

Schunck, Peter : De Gaulle und seine deutschen Nachbarn bis zur Begegnung mit Adenauer, in : Loth, W./Picht, W. : De Gaulle, Deutschland und Europa, Opladen 1991, S. 21-43.

Schwabe, Klaus(Hrsg.) : Die Anfänge des Schuman-Plans 1950/51, BadenBaden 1988.

Schwabe, Klaus : Die amerikanische Besatzungspolitik in Deutschland und die Entstehung des "Kalten Krieges"(1945/46), in : RußenDeutschland-Amerika, Festschrift für Fritz T. Epstein, Wiesbaden 1978, S. 311-332.

Schwabe, Klaus : Die Außen- und Sicherheitspolitik der Bundesrepublik Deutschland 1948-1960, in : MGM 1/1973, S. 150-166.

Schwabe, Klaus : Konrad Adenauer und die Aufrüstung der Bundesrepublik(1949-1955), in : Blumenwitz, D. (Hrsg.) : Konrad Adenauer und seine Zeit II, S. 15-36.

Schwarz, Hans-Peter : Adenauer. Der Aufstieg : 1876-1952, Stuttgart 1986.

Schwarz, Hans-Peter : Adenauer und Europa, in : VfZ, 27.Jg.(1979), Heft 4, S. 471-523.

Schwarz, Hans-Peter : Die außenpolitischen Grundlagen des westdeutschen

Staates, in : Richard Löwenthal/Hans-Peter Schwarz(Hrsg.) : Die zweite Republik, Stuttagart 1974, S. 27-63.

Schwarz, Hans-Peter : Vom Reich zur Bundesrepublik Deutschland im Widerstreit der außenpolitischen Konzeptionen in den Jahren der Besatzungsherrschaft 1945-1949, Stuttgart 1980(2. erw. Aufl.).

Schweitzer, Carl-Christoph(Hrsg.) : Bedrohung durch die Sowjetunion, Baden-Baden 1989.

Sethe, Paul : Zwischen Bonn und Moskau, Frankfurt a. M. 1956.

Sherwood, Robert E. : Roosevelt und Hobkins, New York 1948.

Snell, John L. : Wartime Origins of the East-West Dilemma over Germany, New Orleans 1959.

Soell, Harmut : Fritz Erler. Eine politische Biographie. Bd. I, Berlin/ Bonn-Bad Godesberg 1976.

Spaak, Paul Henri : Memoiren eines Eruopäers, Hanbrug 1969.

Speide, Hans : Aus unserer Zeit, Berlin/Frankfurt a. M./Wien 1977.

Statz, Albert : Zur Geschichte der westeuropäischen Integration bis zur Gründung der EWG, in : Deppe, F.(Hrsg.) : EWG, S. 110-174.

Steininger, Rolf : Wiederbewaffnung, Erlangen/Bonn/Wien 1989.

Steininger, Rolf : Westdeutschland, ein Bollwerk gegen den Kommunismus?, in : MGM 1985(2), S. 163.173.

Steininger, Rolf : Deutschland und die sozialistische Internationale nach dem Zweiten Weltkrieg, Bonn 1979.

Steininger, Rolf : Die britische Deutschlandpolitik in den Jahren 1945/46, in : APuZ 1982, S. 28-47.

Die Streitkräfte der UdSSR, Berlin(Ost) 1974.

Strobel, Robert : Adenauer und der Weg Deutschlands, Luzenrn/Frankfurt a. M. 1965.

Stürm, Walter : Überlegungen über die Verwendung der deutschen Dienst- gruppen als Verteidigungsbeitrag seit 1950, in : MGFA(Hrsg.) : Dienstgruppen, S. 135-209.

Tang, Tsou : America's Failure in China 1941-1950, Chicago 1963.

Thilenius, Richard : Die Teilung Deutschlands, Hamburg 1957.

Tigrid, Pavel : The Prague Coup of 1948, in : Hammond, Th. (Hrsg.) : The

Anatomy of Communist Takeovers, New Haven 1975, S. 300.

Tönnis, Norbert : Der Weg zu den Waffen, Köln 1957.

Tournoux, J.R. : Die Tragödie des Generals, Düsseldorf 1988.

Truman, Harry S. : Memoirs, Bd. 2, Garden City 1956.

Tyrell, Albrecht : Großbritannien und die Deutschlandplanung der Alliierten 1941-1945, Ffankfurt a. M. 1987.

Tyrell, Albrecht : Die amerikanische Deutschlandplanung 1941-1945, in : Hauser, O.(Hrsg.) : Das geteilte Deutschland in seinen internationalen Verflechtungen, Göttingen 1987, S. 45-77.

Tyrell, Albrecht : Die deutschlandpolitischen Hauptziele der Siegermächte im 2. Weltkrieg, in : APuZ 1985(B13), S. 23-39.

Ulbricht, Walter : Zur Geschichte der deutschen Arbeiterbewegung, Bd. 3, Berlin(Ost) 1971.

Uschakow, Alexander : Stalins Anteil an der Entstehung der Oder-Neiße-Linie, in : Klein, F./Meissner, B.(Hrsg.) : Das Potsdamer Abkommen, S. 67-91.

Verdroß, Alfred : Die völkerrechtliche Stellung Deutschlands von 1945 bis zur Bildung der westdeutschen Regierung, Tübingen 1951/52.

Vogelsang, Thilo : Das geteilte Deutschland, München 1966.

Vogelsang, Thilo : Die Bemühungen um eine deutsche Zentralverwaltung 1945/46, in : VfZ 1970, S, 510-528.

Volkmann, H.-E./Schwengler, W.(Hrsg.) : Die europäische Verteidigungsgemeinschaft.. Militärgeschichte seit 1945, Boppard a. Rh. 1985.

Volle, Hermann : Schumanplan und Atlantikplan, in : EA 1950, S. 3147-3158.

Volle, Hermann : Die Außenministerkonferenz in New York vom 4. November bis zum 11. Dezember 1946, in : EA 1946/47, S. 321-336.

Wagner, Wolfgang : Die Teilung Europas, Stuttgart 1960.

Ward, Patricia Dawson : The Threat of peace. James F. Byrnes and the Council of Foreign Ministers 1945-1946, Kent 1979.

Watt, Donald C. : Hauptprobleme der britischen Deutschlandpolitik 1945-1949, in : Scharf, C./Schröder, H.-J.(Hrsg.) : Die Deutschlandpolitik Großbritanniens, S. 15-28.

Watt, Donald C. : Die Sowjetunion im Urteil des britischen Forign Office 1945-1949, in : Niedhart, G.(Hrsg.) : Der Westen, S. 235-252.

Webb, R.G. : Britain and the Future of Germany, Diss., Ann Arbor 1984.

Weber, W./Jahn, W.(Hrsg.) : Synopse zur Deutschlandpolitik 1941-1973, Göttingen 1973.

Weidenfeld, Werner : Jalta und die Teilung Deutschlands, Andernach 1969.

Weidenfeld, Werner : Konrad Adenauer und Europa. Die geistigen Grundlagen der westeuropäischen Integrationspolitik des ersten Bonner Bundeskanzlers, Bonn 1977.

Weisenfeld, Ernst : Charles de Gaulle, München 1990.

Weisenfeld, Ernst : Welches Deutschland soll es sein? Frankreich und Einheit seit 1945, München 1986.

Welschke, Bernhard : Außenpolitische Einflußfaktoren auf die Entwicklung der westdeutschen Außenwirtschaftsbeziehungen in der Frühphase der BRD(1949-1952), in : Knapp, M.(Hrsg.) : Von der Bizonen-gründung, S. 187-286.

Wengst, Udo : Staatsaufbau und Regierungspraxis 1949-1953, Düsseldorf 1984.

Wettig, Gerhard : Entmilitarisierung und Wiederbewaffnung in Deutschland 1943-1955, München 1967.

Wettig, Gerhard : Die politischen Überlegungen bei der ostdeutschen Wiederbewaffnung 1947-1952, in : MGFA(Hrsg.) : Aspekte, S. 1- 30.

Weymar, Paul : Konrad Adenauer. Die autorisierte Biographie, München 1955.

Wiggershaus, N./Foerster, Roland G.(Hrsg.) : Die westliche Sicherheits-gemeinschaft 1948-1950, Boppard a. Rh. 1988.

Wiggershaus, Norbert : Die Entscheidung für einen westdeutschen Verteidigungsbeitrag 1950, in : MGPA(Hrsg.) : Anfänge, S. 325-402.

Wiggershaus, Norbert : Bedrohungsvorstellungen Bundeskanzler Adenauers nach Ausbruch des Korea-Krieges, in : MGM 25(1979), S. 79-122.

Wiggershaus, Norbert : Zur Frage der Planungen für die verdeckte

Aufstellung westdeutscher Verteidigungskräfte in Konrad Adenauers sicherheitspolitischer Konzeption 1950, in : MGFA(Hrsg.) : Dienstgruppen, S. 11-88.

Wiggershaus, Novert : Zum Problem einer militärischen Integration Westdeutschlands 1948-1950, in : Wiggershaus, N./Foerster, Roland G.(Hrsg.) : Sicherheitsgemeinschaft, S. 311-341.

Wiggershaus, Nobert : Überlegungen und Pläne für eine militärische Integration Westdeutschlands 1948-1952, in : Foschepoth, J.(Hrsg.) : Kalter Krieg, S. 314-334.

Wiggershaus, Nobert : Die Überlegungen für einen westdeutschen Verteidigungsbeitrag von 1948 bis 1950, in : MGFA(Hrsg.) : Entmilitarisierung, S. 93-115.

Wighton, Charles : Adenauer. Demokratic Dictator, London 1963.

Williams, W.A. : The Tragedy of American Diplomacy, New York 1959.

Willis, Frank R. : The French in Germany 1945-1949, Stanford 1962.

Willis, Frank R. : France, Germany and the New Eorope 1945-1967, London 1968.

Winkler, Heinrich A. (Hrsg.) : Politische Weichenstellungen im Nachkriegsdeutschland 1945-1953, Göttingen 1979.

Wolfe, Th. W. : Soviet Power and Europe 1945-1970, Baltimore 1970.

Woodward, Sir Llewellyn : British Foreign policy in the Second World War, Vol. V, London 1962.

Wucher, Albrecht : Wie kam es zur Bundesrepublik?, Freiburg/Basel/Wien 1968.

Yergin, Daniel : Der zerbrochene Frieden. Der Ursprung des Kalten Krieges und die Teilung Europas, Bielefeld 1979.

Yong, John W. : The Foreign Office, The French and the post-war division of Germany 1945-1946, in : RIS 1986, S. 223.

Zeittafel 1949 bis 1968. Zur Militärgeschichte der DDR, Berlin (Ost) 1969.

Ziebura, Gilbert : Die deutsch-französischen Beziehungen seit 1945. Mythen und Realitäten, Pfullingen 1970.

Zieger, Gottfried : Die Teheran-Konferenz 1943. Hannover 1967.

Zieger, Gottifried : Berliner Erklärung und Postdamer Abkommen, in :

Blumenwitz, D./Meissner, B. (Hrsg.) : Die Überwindung, S. 47.
Zieger, Gottfried : Alliierte Kriegskonferenzen 1941-1943, Hannover 1964.

3. 신문 및 학술지

(Keesing's) Archiv der Gegenwart(AdG)
Aus Politik und Zeitgeschichte(APuZ)
Der Bürger im Staat
Christ und Welt
Deutschland-Archiv(DA)
The English Historical Review(EHR)
Europa-Archiv(EA)
Frankfurter Allgemeine Zeitung(FAZ)
Frankfurter Hefte
Frankfurter Rundschau
Freie Demokratische Korrespondenz(fdk)
Freies Volk
Hannoversche Prsse(HP)
Historische Zeitschrift(HZ)
Industriekurier(I)
International Relations
International Studies Quarterly
Journal of Contemporary History
Kölnische Rundschau(KR)
Michael
Militärgeschichtliche Mitteilungen(MGM)
Neues Deutschland
Neue Policische Literatur(NPL)
Neuer Vorwärts(NV)
Neue Würtembergische Zeitung
Die Neue Zeitung
New York Times
North Korea Quarterly

Politische Meinung
Politische Vierteljahresschrift(PVS)
Review of International Studies(RIS)
Rhein-Neckar Zeitung
Rheinischer Merkur
Rheinische Post(RP)
Der Spiegel(S)
Stuttgarter Zeitung
Süddeutsche Zeitung
Tagesspiegel
The Times
Vierteljahreshefte für Zeitgeschichte(VFZ)
Die Welt(W)
Die Zeit(Z)
Zeitschrift für politik

찾아보기

【ㄱ】

고립주의 79
공중보급(Luftbrücke) 82
구세프(Gusew) 28
국가안보위원회 각서 68호(NSC-68) 101,
    102, 196
국내문제를 위한 독일행정부(DVdI) 95
국민군대(Nationalarmee) 200
국제 루르 당국(International Ruhrbehörde)
    89, 111
군국주의 214, 218
기동경찰(Bereitschaftspolizei) 148
김블(John Gimbel) 39, 63

【ㄴ】

나이세(Görlitzer Neiße) 27
나토(NATO) 72, 79, 95, 99~103, 108,
    109, 114, 117, 118, 124, 130, 132,
    144, 147, 149, 154, 173, 195, 197~
    202, 205, 207, 208, 210, 214~219,
    222
나토 군 105
나토 조약 72, 87
뉴욕 외상회담 186, 202, 203, 213

【ㄷ】

다르다넬즈(Dardanelles) 58
다리 이론(Brückentheorie) 122
단일안건(One-Package) 방법 202, 203
대리전쟁 195
대서양 헌장 21, 22, 31
덜레스(John Foster Dulles) 195
덩커크 조약(Treaty of Dunkergue) 72
도이치마르크(DM) 81
독일 국경경찰(DeutscheGrenzpolizei : DGP)
    96
독일 내의 소련 점령지역 군사정부(SMAD)
    95, 96
독일분할위원회(Dismemberment Committee)
    25
드골(Charles de Gaulle) 40, 41, 65, 69, 209

【ㄹ】

라인(Rhein) 66, 68
라인란트(Rheinland) 22, 32, 41
런던 외상회담 66, 67, 70, 105, 109, 116,
    118
런던 회담의 제안(Londoner Empfehlung) 72
레쉬케(Erich Reschke) 95
레스턴(James Reston) 117

레지스탕스 40
렌취(Hermann Rentzsch) 96
로버트슨 82, 138
로이터(Ernst Reuter) 85
롤백 전략 51
롬멜(Erwin Rommel) 124
루르(Ruhr) 32, 41, 44, 45, 47, 52, 66, 68,
    70~72, 83, 85, 86, 113
루르 관리기구 89
루르 국제관리위원회 71
루르 조례(Ruhrstatut) 114
루즈벨트(Franklin D. Roosevelt) 21, 22,
    24~26, 28, 31~34, 38, 58, 93

【ㅁ】

마셜(G. C. Marshall) 57
마셜 플랜(Marshall Plan) 59, 61, 63~65,
    69, 70, 75, 80, 97, 197
마셜 플랜 회담 64
마이스너(B. Meissner) 67
맥클로이 115, 134, 137, 151, 162, 199,
    223
모겐소(Henry Morgenthau Jr.) 32
모겐소 플랜 33, 64
모네(Jean Monnet) 109, 113, 115, 222
모스크바 외상회담 23, 59, 61
모크(Jules Moch) 208, 219, 220, 222
몰로토프(Wjatscheslaw Molotow) 23, 25,
    51, 52, 60, 64, 66
몽고메리(Bernard Montgomery) 40, 105

【ㅂ】

바우쉬(Paul Bausch) 123
바이조니아(Bizonia) 54, 65, 71, 107

바이조니아 협정 54
바이츠(Heinrich Weitz) 120
반(反) 히틀러 동맹(Anti-Hitler-Koalition) 21,
    22, 67
반덴버그 결의안(Vandenberg Resolution) 77
번스(Byrnes) 29, 38, 49, 53~55, 57, 97
번스 플랜(Byrnes Plan) 51, 52
베를린 봉쇄 76, 80~83, 87, 94, 96~98,
    119, 127, 142
베빈 51, 60, 66, 73, 89, 98, 105, 203, 207,
    215~217
베빈 플랜 59, 66
베스트팔렌(Westfalen) 32
병영인민경찰(Kasernierte Volkspolizei) 96
보불전쟁 107
보스포루스(Bosporus) 58
봉사 그룹(Dienstgruppe) 137, 215
봉쇄이론(Containment Theory) 59
봉쇄정책 97
부체리우스(Gerd Bucerius) 182
브루스(David Bruce) 218, 219
브뤼셀 조약 72~74, 77, 79, 80, 154
블랑켄호른(Herbert Blankenhorn) 146, 150
블룸(Leon Blum) 41
비군사화 26, 49, 50, 52, 55, 60, 104
비나치화 37, 52, 55, 60
비도(Georges Bidault) 44, 51, 66, 68, 73
비도 정부 107
비무장화 26, 37, 49~51, 95, 104, 135
비쉰스키(Wyschinskij) 87
비시(Vichy) 정권 43
비토 전략 40, 45

【ㅅ】

사민당(SPD) 172

사벤야긴 95
서유럽 방위체제 163
서유럽 연합(Westeuropäische Union) 73, 120
석탄철강공동체(Montan Union) 109, 210
소련 적군(Rote Armee) 25
소련관리위원회(SKK) 96
소코로프스키(Marshall Sokolowski) 72
수데텐란트(Sudetenland) 22, 30
슈마허(Kurt Schumacher) 143, 155~158, 170
슈망(Robert Schuman) 80, 108, 110, 111,
　　115, 215~218, 220, 222
슈망 플랜(Schuman-Plan) 109, 110, 112~
　　118, 198, 210
슈미트(Carlo Schmid) 85
슈베린(Graf von Schwerin) 135, 137, 150
슈코프(Schukow) 40
슈투트가르트 연설 54
슈파이델(Hans Speidel) 124, 127, 148, 149
스탈린(Joseph V. Stalin) 22, 24~27, 30, 128,
　　142, 178, 195
스테티니어스(Edward R. Stenttinius) 25
스파크(Paul Henri Spaak) 73, 74
시소 정치(Shaukelpolitik) 121
신웰(Emanuel Shinwell) 205
실험전쟁(Probekrieg) 145

【ㅇ】

아놀드(Karl Arnold) 123
아데나워 85, 86, 88~90, 111, 118~122,
　　124, 126~130, 132, 133, 137, 139,
　　142, 144~153, 155, 157, 158, 182,
　　186, 187, 192, 222, 223
아욱슈타인(Rudolf Augstein) 186
아이젠하워(Eisenhower) 40
애치슨(Dean G. Acheson) 61, 62, 89, 108,
　　116, 118, 144, 197, 200, 202, 203,
　　214, 216~222
애틀리(Clement Attlee) 106, 204, 206, 207
얄타(Yalta) 24
얄타 회담(Yalta Conference) 25~27, 29, 35,
　　43, 95
에버하르트(Fritz Eberhardt) 125
연방경찰 133, 134, 137, 139, 146, 148,
　　152, 153, 162, 166, 180, 181, 183,
　　185, 187, 198, 207, 213, 215
연합국 고등판무관위원회(AHK) 87~89,
　　133~135
연합국관리위원회 26, 40, 47, 53, 71, 73,
　　96
연합국위원회 27
예방전쟁(Präventivkrieg) 198
오더-나이세(Oder Neiße) 선 44
오일러(Martin Euler) 183
외무사무소(Dienststelle für auswärtige
　　Angelegenheite) 146
원자폭탄 48, 75
유럽경제협력기구 80
유럽경제협력위원회(CEEC) 64
유럽경제협의기구(OEEC) 80, 107, 112
유럽공동체 110
유럽부흥계획European Recovery Program：
　　ERP) 62, 71, 76, 103
유럽석탄철강연합 115
유럽연방주의자 126
유럽자문위원회(European Advisory
　　Committee) 23, 37, 43
유럽통합군 190, 191
유럽평의회(Europarat) 89, 148, 151, 162,
　　163, 166, 176, 184
유엔(UN) 28, 50, 93
유예정책(policy of postponement) 34

의회평의회 84, 85
이든(Anthony Eden) 21~23, 25, 28, 35
인민경찰(Volkspolizei) 95, 97, 127, 129,
      130, 134, 142~144, 147, 148, 150~
      153, 157, 168~170, 175, 180, 185,
      187, 198, 207, 215
인민공화파(MRP) 219
인터뷰 정치 132

【ㅈ】

자르(Saar) 32, 41, 44, 68, 110
자르란트(Saarland) 53
점령조례 83, 84, 85, 87, 89, 117, 119,
      133, 135, 149, 166, 184, 186, 191,
      213
JCS-1067 33, 48, 64
JCS-1779 64
제5열(fifth Column) 173

【ㅊ】

처칠(Winston Churchill) 21, 24, 25, 35,
      97, 106, 148, 151, 162, 163, 166,
      184, 204

【ㅋ】

카르타고(Carthago) 평화원칙 29
카사블랑카 회담 22
카이저(Jakob Kaiser) 122~124, 142
커즌 선(Curzon Linie) 24
케난(George F, Kennan) 58, 59, 75
코곤(Eugen Kogon) 126, 160
코민포름(Kominform) 65
코블렌츠 회담 84

코프(Hinrich Kopf) 85
쾨니히(Koenig) 40, 45, 82
쿠라토프 95
퀘벡 회담(Quebec Conferences) 33
크납(M. Knapp) 63
클레이(Lucius D. Clay) 47, 49, 53, 76,
      81, 82
탈군사화 78, 86

【ㅌ】

테헤란 회담 24
통일사회당(SED) 165, 169
통화개혁 80
트루먼(Henry Truman) 34, 58, 74, 76, 80,
      102, 108, 202, 203, 217
트루먼 독트린(Truman Doctrine) 55, 57,
      59, 65, 97
틸레니어스(Richard Thilenius) 54

【ㅍ】

파리 외상회담 52
8000단어 전보 58
페터스베르크 조약 104
페터스베르크 협정(Petersberger
      Abkommen) 88, 90, 108
평화문제 독일사무소(DBfF) 125
포겔(Rudolf Vogel) 125
포러스틀(Forrestal) 75, 98
포스터(Dirk Forster) 125
포츠담 조약 47, 49
포츠담 회담 28, 36, 38~40, 43, 44, 49, 59
퐁세(Francois Poncet) 138, 223
프랑크푸르트 문서 83, 84, 85
플레벤(Rene Pleven) 207, 208, 211, 213

【ㅎ】

하이네만(Gustav Heinemann) 152, 159
한국 붐(Korea-Boom) 184
해리먼 62
핵폭탄 94, 95, 98~100, 105, 106, 130, 160
핸디(R. Handy) 137

헌법위원회(Verfassungskonvent) 85
헌법제정회의 83, 85
헐(Cordell Hull) 23
헤렌힘제(Herrenchiemsee) 85
호이스(Theodor Heuß) 88, 223
히틀러(Adolf Hitler) 135
힘의 정치(eine Politik der Stärke) 58, 122

지은이 **최 형 식**

홍익대학교 역사교육학과 졸업(B. A.)
독일 뒤셀도르프 하인리히 하이네 대학 역사 전공(M. A., Ph. D.)
현재 국제교과서연구소 연구위원, 홍익대학교 겸임교수

저서 및 연구논문

『서양문화사』(공저, 홍익대출판부)
「한국전쟁을 전후로 한 Adenauer의 안보정책」(『국제정치논총』 36-2, 1997)
「한국전쟁이 서독 재무장의 원칙적인 결정에 있어서 서방 강대국들에 미친 영향」
              (『한국정치학회보』 30-4, 1997)
「독일 재무장에 대한 언론의 영향」(『서양사론』 52, 1997)
「19세기 독일 유태인의 해방과 유태인의 인구변화를 통해서 본 사회적 지위 상승」
              (『실학사상연구』 12, 1999)
「독일 유태인들의 직업구조를 통한 경제적·사회적 지위 상승」
              (『실학사상연구』 15·16합집, 2000)

독일의 재무장과 한국전쟁

최형식 지음

2002년 8월 9일 초판 1쇄 인쇄
2002년 8월 16일 초판 1쇄 발행

펴낸이 · 오일주
펴낸곳 · 도서출판 혜안
등록번호 · 제22-471호
등록일자 · 1993년 7월 30일
⑨ 121-836 서울시 마포구 서교동 326-26번지 102호
전화 · 3141-3711~2 / 팩시밀리 · 3141-3710

E-Mail hyeanpub@kornet.net
ISBN 89‒8494‒165‒4 93920

값 16,000 원